台灣同運三十

一位平權運動參與者的戰鬥發聲

喀飛——著

The 30-year Crusade of LGBT Rights Movements in Taiwan

—Viewpoints from an Activist

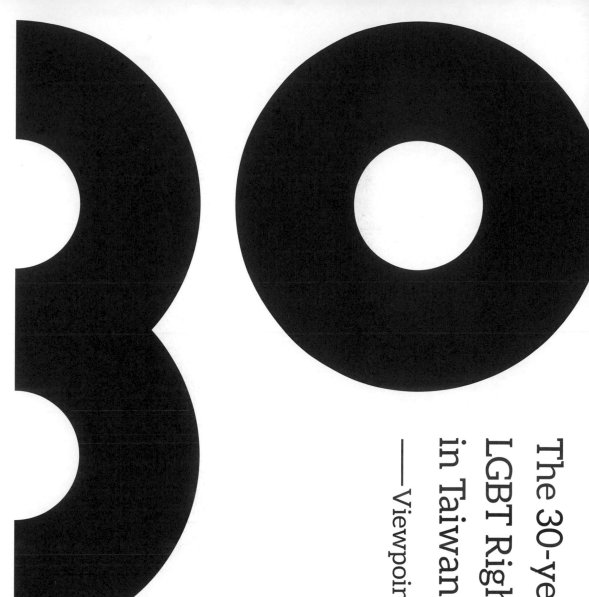

目次

第三個十年：二〇一〇至二〇二〇

推薦序

在現場

紀大偉／《同志文學史》作者，國立政治大學台灣文學研究所副教授

我在一九九〇年代認識Gofyy（喀飛），至今已經將近三十年。早在二〇一〇年左右，一些朋友就已經慫恿Gofyy撰寫回憶錄，倒不是要看他寫他自己，而是要透過他個人長達二十年的參與經驗，看他帶出台灣同運的歷史。雖然同運前輩不少，但是Gofyy在現場的廣度、深度、持久度都很罕見：廣度，是指他像手機基地台一樣觸及廣大地理範圍；深度，是指他在現場（包括警察惡意臨檢同志空間的街頭）的涉入程度夠深；持久度，是指他見證整體同運成長的時間夠長。

但二〇一〇年那時候，Gofyy仍是肩負多種同運任務，沒有時間寫社運回憶錄。有人提議一個替代方案：Gofyy找寫手合作「口述歷史」，只要他開口，不用他親自執筆，但還是遲遲沒有下文。怎知道，在過去十年間，Gofyy大噴發，的確參與了口述歷史工作，雖然焦點不是他自己的現場，而是老年同志的生涯——部分成果為《阿媽的女朋友》這本得獎好書。在疫情期間，他更定下心來，交出《台灣同運三十》這本書。這罈美酒的年分從當年大家期待的二十年，赫然升級成三十年，讓人又驚又喜。

我也要馬上接著說明，前仆後繼參與同運的許多朋友，雖然沒有像Gofyy一樣展現驚人的廣度

深度持久度，都有值得被理解的苦衷。那些「遲到」、「早退」、「中離」的同運過來人，未必「沒有定性」，未必「不願投入」，但必定承受同運帶來的種種挑戰（出櫃壓力——要跟家人出櫃嗎？財務壓力——沒有穩定收入怎麼辦？健康壓力——血壓怎麼降不下來？）。參加其他社運也會遇到類似挫折，但是在同志長期承受汙名的台灣社會，同運參與者肩負了額外的為難。再說，一般營利企業都未必可以留住人才了，那麼超時工作卻又未必給予等價酬勞的志願性社運工作，又要怎麼把人留住？我希望讀者一方面試著體諒來來去去的同運新舊臉孔，另一方面也可以用力珍惜 Gofyy 等等罕見動物。我很納悶，Gofyy 等等這些老骨頭怎麼可以老老實實留這麼久？錢夠用嗎？身體要來點刮痧嗎？（請讀者自行找 QR Code 捐錢去……）

書名所指的「台灣同運」，並沒有定於一尊的定義。既然各界一再詮釋什麼是「同運」，那麼我就不續貂了。我反而想問，「台灣」是什麼？我認為「台灣」這個詞跟「同運」這個詞交逢的時候，至少包含三塊領域：政府，民間，以及媒體（含網路媒體）。人們在說台灣同志很幸福的時候，話裡的台灣未必是指台灣政府，卻大可能是指台灣民間和台灣網路。當然，「政府」、「民間」、「媒體」這三者根本難以分割：在台灣，民間偶爾影響政府；政府總愛插手媒體；媒體持續操控民意。但我仍要暫時策略性地區分這三者，這樣才可以清楚描繪《台灣同運三十》的貢獻。在討論其他國家的同志現況時，討論者也可以靈活思考這三者的區分：在某些台灣觀光客熟悉的其他國家，民間和網路的同志明明生龍活虎，豔光四射，但因為他們的政府嚴酷壓制民間和網路，結果那些民間和網路的同志根本喘不過氣，難以為繼。今日台灣同志或許覺得政府、民間、媒體三者相安無事，但是歷史顯示，昔日這三者在台灣的關係也充滿衝突矛盾，所以當年熱血人士才會迫不及待投入同運，試圖改變社會。我們不能將政府、民間、媒體三者看似和平共處的現象視為歷史的常數，反而要看成隨時可能走樣的變數。

這篇文章題目「在現場」，泛指種種同志運動的戰場。而Gofyy所在的現場，主要是在民間和媒體這兩塊交錯的領域。從一九九〇年代開始，Gofyy的現場包括他白天任職的平面報刊、一度主持的電台廣播節目，還有晚上巡弋的BBS（網路已經是當時新興媒體），從空中到地面的各種空間都包括在內。我初次認識Gofyy，是在電話撥接上網年代的BBS同志討論區（也就是MOTSS板）。那年頭，網友都不露臉——畢竟當時連數位傻瓜相機都很少見，智慧型手機更無法想像，一般民眾沒有能力上傳個人照片。在MOTSS發言的網友，要不是求即時桃花，就是找長久緣分，但是Gofyy不同，他想要做點嚴肅的事情。他毫不花俏地張貼整理過的同志相關新聞：文字檔用有色字體標示他抓出來的重點，而且還附加他的評語。這個差事說起來簡單，但不見得有多少人願意真的動手去做，而且持之以恆。雖然不時有人在MOTSS隨手張貼藝文新聞，但是路遙知馬力，只有Gofyy始終分享剪報，簡直是「同志社群」的盡責義工。平心而論，Gofyy在MOTSS頻頻貼新聞文字檔的時候，「同志社群」在網路上其實還沒有成型。我反而認為，先有Gofyy以及其他各種網友在BBS無償付出，BBS才開始慢慢展現同志社群的雛形。國內外社會弱勢的多種社群都有類似起源：許多成員並不是一開始就享受一個已經壯大的社群，而是由成員在百廢待舉的情況下，毫無頭緒東摸西摸，社群才開始浮現輪廓。

當時網路主要平台——BBS，只有文字沒有圖象。接下來，網友就從只有文字的BBS，進軍到可以展現照片、音樂的部落格等等平台，某些第一代或第二代網紅就以「部落格主」之姿出道了，開始糾集人氣，甚至置入行銷。我說部落格主可能是第一代也可能是第二代，因為有些網路小說家在BBS時期就憑藉文字魅力成為第一代網紅。但是接受商家紅包打各種日常用品廣告的第一代，似乎還是部落格主吧？我說起這些陳年往事，是因為熟悉媒體生態的Gofyy在BBS提供新聞剪報之後，雖然他已經是個初階的「自媒體」，卻並沒有隨同媒體吆喝進駐影音俱全的網路平台。我不知道Gofyy內心有沒有想過利用網路賺錢並且成為自媒體網紅，但是看他多年來的人生選擇，他應該不走那條康莊大道。他總是愛走不討好的路。在網路展現更多利益、更加張牙舞爪之際，Gofyy反而逆向操作，反而從網路轉向民間日常生活，結交活生生的同志伙伴去了。我想，一直想要留在網路發揮影響力的人，可能會要求自己在網路一再升級，追求網路明星夢，至少要當個如今臉書仍然常見的「鍵盤評論家」；但是，想要發展同志運動的人，未必對網路聲望有興趣，反而想要從網路下凡到民間。在網路發達之際，Gofyy當然仍然使用網路，但他在網上仍然只是素樸的剪報分享者；他似乎把更多時間精力放在網路之外的現場：同志被警方臨檢的街頭，以及同志跟官員對質的公聽會。

除了上述這些劍拔弩張的現場之外，溫馨的串連聚會也是Gofyy的現場。他那時候在線下人生，到底在忙什麼？多年之後，我才後知後覺發現，他在一九九〇年代已經投入「同志家庭／同志家族」

的打造：主流社會常說，同性戀不能生養小孩；但是台灣全國各地的多種同志團體證明，同志團體就是同志青少年的另類家庭／另類家族，培養下一代的同志。性少數青少年可能被主流異性戀家庭或是學校拋棄，卻在這些團體發現新的歸屬感，找到獲得教養的機會。Gofyy參與的某些團體，後來都開枝散葉，成為同志跨世代大家庭。他參與同志青少年網站的創建，終究也是在教養下一代——這就是同志文化的「社會複製」（social reproduction）。家，未必是同志必然要逃離的凶案現場；同志也可能另外打造出讓同志一代接續一代的家，可以互助的情感現場。同志家族像是大樹，除了往下扎根，也可以向上開花：Gofyy參與觀察老年同志的口述歷史，成績斐然，除了剛才提及的《阿媽的女朋友》，還有十年前記錄老年男同志的《彩虹熟年巴士》。

時至二〇二一年，國內外各界都愛說，因為台灣政府領導有方，所以同志人權在亞洲——甚至全世界——都名列前茅。但比對《台灣同運三十》來看，讀者就知道這種說法是片面之詞。根據《台灣同運三十》，當前執政者並不是同志人權的長期耕耘者，而是晚近的收割者。不過，我要請支持政府的讀者別擔心，收割未必是負面的詞：許多通過同婚的國家根本都是社運成果的收割者，例如歐巴馬時期的美國；那些拒絕收割社運成果並且持續恐同的國家，才叫人心寒。歷史紀錄顯示，在同志相關政策可以明確兌換選票之前，台灣執政者曾經長期鄉愿，冷眼冷語打發同志人權。多虧民間持續施壓，政府才在猶豫之間把同志人權拿出冷凍庫解凍。

想起一個可以類比的例子。Gofyy和我都經歷過從戒嚴到解嚴的國家轉型。國內外各界也愛說，因為當時蔣經國解除戒嚴，所以台灣才開始民主化。這也是嚴重的片面之詞，將被動的執政者美化成主動的改革者，並且遺忘那些為了督促政府不惜犧牲的民間人士（其中不乏家破人亡的良心犯）。如果大家相信台灣解嚴之後同運才得以浮現，那麼光泰、白先勇、祁家威等人戒嚴時期為同志發聲的種種行動，難道就不算數嗎？總之，種種人權的成績，都要歸功於民間愈挫愈勇的推動，而不能簡化為政府的功德。

當然我應該更細緻分析歷史。「宣稱蔣經國解嚴」和「宣稱今日台灣政府推行同志人權有成」，都是片面之詞，但兩者差距極大。昔日執政者在戒嚴解嚴上的功過，已有國內外眾多學者剖析，我在這裡就不細談。但是今日執政者在同志人權上的改變，我倒是或多或少樂見其成。不同的人從歷史學到不同的教訓：有些人從歷史得知，任何人事物都不會改變——例如賭徒再怎麼改都還是賭徒，如是等等；有些人則從歷史發現，任何人事物都可能改變。我跟許多國內外同志研究者一樣，相信人事物會隨著歷史而改變——畢竟同志運動的精神，就是相信社會可能改變，而不是認命認定社會不會變。我們稍微查詢Wikipedia就知道，有些國家在短短二十年內對同志的態度從包容變成迫害，有些國家卻從排斥變成慢慢接納；有些累積個人光環的同志名流在十年內戲劇化變成同運的阻礙，也有些曾經疑慮同志的官員在十年內變成同志的盟友。人可能變壞，也可能變好。同志可能變成陌路，敵人也可能變成自己人。在台灣政治人物紛紛翻牌，改在同志身上押寶，或許讓有些同志覺得疑慮，但也讓有些同志感到欣慰。

「在現場」這個標題，其實也是我長久的心內聲音：幾十年來，每次我聽聞國內同志相關事件，我心裡就響起一句話：「Ta一定就在現場。」這裡的Ta，可能是Gofyy本人，也可能是來自Gofyy人際網絡的不同世代同志家族成員。這一句話暗示的下一句話，則是「如果我也去現場，那麼我就會遇到Ta。」Ta和Ta們的在場，讓我和各地的同志，在充滿變化的世局感到心安、感到有伴。《台灣同運三十》的貢獻，除了提供各界鑑古知今的鏡子，也提醒各個性別各個年紀的同志：你可以心安，你有同伴。

推薦語

王蘋／性別人權協會祕書長：

喀飛的書寫，是珍貴的運動資產。

運動一步一腳印留下稱為歷史的軌跡，也鋪墊了我們望去的未來。

王增勇／政治大學社工所教授、促進轉型正義委員會專任委員：

年輕時受到野百合運動啟蒙的喀飛，選擇同運做為自己生命實踐的場域，三十年、一萬個日子、六百多個大事，這六百個大事如果不是他親身參與同運的經驗，無法被記錄得如此完整。人稱「同運媽祖婆」的他，以驚人的記憶力、精準的文筆，留下這珍貴的歷史紀錄，讓我們理解現在同志所享有的自由，從不是理所當然的。

呂欣潔／彩虹平權大平台執行長：

同志運動從風雨飄搖走來，走到同志能結婚這天，是前人的篳路藍縷、櫛風沐雨，喀飛便是其中的關鍵角色。我從他身上學習媒體運作、提攜後進、擇善固執，更學習到運動需要我時的義無反顧，以及隨時能放下的瀟灑。他給我的，比我為他做的多了太多，殷殷期盼多年，終於盼到這本書問世，願歷史與你開啟對話，讓未來的我們都更加豐厚、真實。

周美玲／導演：

一路走來，生命中那麼多坑坑疤疤，不忍回顧。幸好有喀飛的書寫，幫同志朋友們平撫了這些舊病傷痛，並且，也漸漸結痂了。謝謝這本書記下了「平凡」如此得來不易，它是我們共同的生命印記。

林宜慧／愛滋感染者權益促進會祕書長：

這個年代，你以為的「理所當然」，其實都曾經「不當然」；而那些曾經，其實並不久遠。謝謝喀飛以同志身分參與愛滋工作，這本身就是一種反歧視的展現與實踐，從來就不容易。

邵祺邁／同志出版社基本書坊、友善選物店有吉本屋創辦人：

喀飛這本書，一頁是要延展成至少三十頁來讀的。在舉重若輕的歷史場景、嘈嚷紛來的事件間，不斷閃現曾經並肩、也親愛過的戰友身影。同志需要不斷書寫自己的歷史，太多的生命和教訓，是我們永遠也不該遺忘的。

許佑生／作家：

最早認識喀飛，是一九九六年在我與葛瑞籌備婚禮過程中，那時他主導婚禮現場布置兩條長長垂下的彩虹旗，協助婚禮成為台灣同運早期耀眼標誌。二十多年來，我見證喀飛參與爭取同志、性別人權的大小事件，無役不與，他是台灣非常珍貴的同運活歷史。

陳芳明／政大講座教授：

身為黑名單人物的我，最能感受政治體制對人身的干涉。我在海外流亡十八年，一九九二年回來時，台灣已經不一樣。那時整個海島已經改寫白先勇《孽子》的場景。我參與數次同婚運動的遊行，也在《台灣新文學史》以專章討論同志文學。我在二〇一七年為紀大偉出版《同志文學史》之後，更加確認台灣社會已經不一樣了。這部由喀飛完成的《台灣同運三十》，讀來令人驚心動魄。讓我們感受到歷史的峰迴路轉。謝謝這部歷史記憶，為我們留下可貴的里程碑。

詹傑／金鐘獎編劇：

我們總是忘得太快，得倚靠有人把它記下來。關於台灣的同志故事和愛滋平權歷程，喀飛絕對是最重要的傳述者之一。

瞿欣怡／作家：

謝謝喀飛寫下這麼重要的書，不只記錄個人歷程，也為同志運動留下紀錄。同運之路漫長，有喀飛相伴同行，總覺得安心。

羅毓嘉／作家：

這本書見證台灣社會近三十年來，性別平權逐步改變的軌跡、與疤痕，讓我們記得——台灣當前的自由空氣絕非憑空而來。並且我們願意繼續守護。

自序 為什麼要讀同志運動史

喀飛

書寫得很慢，因為常停頓。故事寫到一半掉入回憶，浮現事件發生時的場景，還有當時身邊的朋友、革命伙伴。有人離開了，讓我特別想念。我常想起離去的多多、嘉雯、貝蒂夫人（敬弘）、俊志，在同志運動的路上，好多和他們並肩打過的戰役，歷歷在目。就像我記得他們留下的精采與美好，那些遠離的事件，也在同志運動歷史上，照亮著過去和現在。

過去有身旁朋友要我趕快寫，卻有個關卡自己遲遲無法跨過。憑什麼？漫長的台灣同志運動歷史，我不是每件事都參與，憑什麼寫？我沒經歷過的，怎麼寫出值得閱讀的篇章？和一葦總編輯、也是我的多年摯友陳慶祐聊過多次，終於放下，這不是一本完整的同運歷史，它只是一個參與者的筆記，是我的雙腳走過、我的雙眼觀察過的個人筆記。沒寫到的、寫不周全的，不是不存在，而是我無力記錄、無緣參與。我常鼓勵同志運動者，要寫下自己的參與經驗和自己的心得與詮釋。用這本書先拋個磚，希望引出更多的玉。

這本書的偏頗是必然，一家之言，圍繞在我的經驗和我的關注偏好，也和不同年代我的參與重心轉變有關。早年的同志運動參與，在組織工作、在媒體發聲、在同志空間救援，近年的投入則聚焦在愛滋和老年同志議題。反歧視和去汙名則一直是我所關注。或許有人會問，為什麼書中愛滋相關篇章比重不少，對我來說，愛滋工作是社會運動，也是同志運動的一環。愛滋是同志、特別是男同志生命裡一輩子都要面對的壓迫議題，同志平權運動面對的偏見、刻板印象和汙名帶來的傷害和巨大影響，愛滋也是，甚至更嚴重。我把同志運動當做一輩子的參與，愛滋運動也是。

回顧歷史的意義為何？是為了白頭宮女忍不住話當年，順便給匆逝歲月滴幾滴感傷淚？還是為了炫耀那些年輕人不知道的歷史戰場上的當年勇，給氣力不復的自己捎上安慰？心底懸念的，還是說故事給當前的讀者聽，和他們對話。

歷史給經驗也給教訓，要養成貫通古今寬廣眼界，得先穿越時空，理解不同時代的困境與應變智慧。歷史互相牽連震盪，事件來由不是單一因素造成，愈多的故事、訊息，有助於把歷史場景回復得更完整。文明前進是因為累積經驗與教訓，倒退則是困在歷史的輪迴。對！輪迴。我常思考，現在的同志過得好嗎？歷史從來不是直線前進，有時迂迴，有時進一步退兩步，現在看似繁花盛開，怎知不會回到過去的挫敗倒退？香港的情勢、德國同志運動的歷史，不都給過我們警示。

或許我們不曾相識相遇，當你讀著這本書，我們隔空、隔海以書為平台交會。你也可以把這本書當成是販賣經驗與教訓的大賣場，走進來，只挑選對你有用的、你想要的，不必照單全收。

書的問世是好多人的成全。多年前，基本書坊老友橘子（邵祺邁）鼓勵下，在福雄經營的「酷時代網站」開闢了「台灣同運現場」專欄，當時寫的十三篇稿子，是這本書的基礎。一葦文思總編輯陳慶祐的信任、支持和不懈的督促，讓這本書能順產。梓評在書的成形給予智慧的編輯建議，讓書更貼近讀者。更謝謝老友紀大偉慨然書寫推薦序，廿多年前認識後，他給我許多運動的啟蒙。謝謝責任編輯何韋毅在編輯上的協助。謝謝同志諮詢熱線的戰友，以及一路上並肩走過的同運伙伴，讓我在同志運動的路上不孤單。謝謝親愛的品品，儘管聚少離多、相隔兩地，十年的互相陪伴讓我心靈安定。

特別說明：本書有關愛滋的文章，有的是在醫學會演講內容整理而成，有的是在以愛滋工作者為主的研討會發言，有的是在推動理念的論壇發表的演講，或是在重視批判的學術研討會上發言文稿，也有來自教會內（關心社會議題）刊物的邀稿，或女性網站邀稿，當時書寫／演講的閱聽對象不同，而以不同敘說方式舉例說明相同案例／故事。需要被重複講述，隱含著長年存在、應改善卻未被重視解決的現實困境。為了讓讀者理解不同場合的完整演講／論述，出書編輯時，刻意保留文章原貌。

本書資訊如有錯誤，歡迎來信指正告知，請寄：GayHistoryTW@gmail.com。

第一個十年：一九九〇至一九九九

九〇年代紀事：時代浪潮上繼續創造時代

九〇年代是狂飆的年代，躬逢其盛，我的生命剛好站上那狂飆的浪潮尖端。

一九九〇年參與推倒萬年國會的野百合學運，六千多位學生集結在中正廟廣場靜坐抗議六天，向當局施壓，促使台灣民主化過程重要的一塊拼圖完成。一九九三年結束故鄉第一個工作後到台北，進入傳播產業工作，新聞人的文字和溝通專業訓練，給我參與社運倡議的養分。一九九五年因緣際會學會了上網，在運動資源匱乏的年代，網路成為同志運動動員的利器。一九九六年和朋友們製作了同志廣播節目，受到姿態多樣的同志運動滋養、鼓舞，開始正式參與同運。一九九八年共同發起成立台灣同志諮詢熱線協會，從此走在同志運動的道路上。

每個轉折或機緣，對於我個人、大環境和整體的同志運動，都帶來很大的影響。

九〇年代奠定台灣同運基礎

台灣有組織的同志運動走過三十年，現在回顧九〇年代，百花齊放、煙火璀燦四射。不同團體在不同領域披荊斬棘、開拓疆土。因為一無所有、沒什麼好失去的，勇往直前、無所懼怕，一片生機盎然，冒出來的運動芽苗，常有捨我其誰的氣魄，扮演著運動先鋒。日後三十年間，台灣同志運動能有豐沛驚人的爆發能量，九〇年代的開拓是重要基礎。九〇年代許多新格局開展，深遠影響同志主體意識的建構，包括：文學創作、書籍出版、性別與同志研究論述、雜誌刊物創立、報紙專欄開闢、廣播節目發聲、劇場扮裝演出、戲劇創作、電影創作、網路彩虹社區集結、團體創設，如果沒有這些從各個文化層面的翻轉，灌溉出肥沃的土壤，就不會積累如此龐大、影響深遠的同志運動能量。

承續八〇年代巨大變革的後勁

同志運動在九〇年代奔放開展，是八〇年代台灣社會啟動巨變的延伸，身在其中的個人，很難不受影響。

八〇年代後期，也是我的大學時期，正好是台灣劇烈變化的開端：後美麗島時期的黨外運動，持續捲起民主化的風潮；強人總統蔣經國過世前一年宣布解嚴，長期的黨國控制、戒嚴體制逐漸鬆動；報禁解除、廣播開放、有線電視合法化，打開了台灣言論自由的天空；環保及反核等社會運動快速崛起，喚醒社會大眾的環境意識、權利意識。不只台灣，八〇末到九〇初，世界的變化一樣快得讓人目不暇給，柏林圍牆倒塌東西德統一，蘇聯及東歐共產政權瓦解，冷戰結束，奠定歐盟架構的馬斯垂克條約簽訂……瓦解與改變帶來世界秩序的重組。台灣社會像是一輛快速啟動的列車，搭乘其中看到窗外風景一幕幕轉換，不知道那持續變化的景色還會出現什麼驚奇。

相信革命民權　改變不會來自權力者

雖然一九九〇年參與了三月野百合學運、五月反軍人干政小蜜蜂抗議行動，隨著畢業入伍，我遠離了學運圈。風潮燃起的社運熱血，二十歲就一直在身體裡流著，未曾止息。學運帶給我的啟蒙和訓練，最核心的理念就是「革命民權」——相信要改變必須來自人民，不要幻想有權力的人會自己放棄權力，只有受迫害的族群團結、發聲怒吼，不公義才可能扭轉改變。

或許就是這種對社會運動懷抱的熱情未減，即便遠離了學運，一九九三年（退伍第二年）從南部到台北工作後，趕上風起雲湧的同志運動，一觸即發。

當年參與學運，台灣剛解嚴，校園管控依然嚴厲，對抗審稿制度、爭取校園民主是必經戰役，除了寫文章傳達理念，編刊物、發傳單、辦講座、做組織這些基本能力，還要在高壓管控下謀畫突圍、與訓導人員周旋。即使不斷遭遇挫折或打壓，為相信的運動理念衝撞，鍛鍊了心志。這些經驗幫助我投入同志運動；不論是做同志廣播《台北同話》、在新聞事件中快速寫聲明稿回應、擔任發言人在媒體發聲，或是解析權力運作、對政治權力保持警覺的社運主體堅持，都來自學運時期的經驗。

同志連結才有運動

機緣讓我熟悉了網路使用，成為台灣早期進入網路時代的重度使用者。網路帶給我的影響有多大，現在回想，幾乎可以找到奇妙的軌跡。

我不是在台北長大，也不在台北念書，沒有任何熟悉的朋友、人脈，使用網路後，在同志討論區虛擬的彩虹社區，讓我有機會認識許多同志友人和革命伙伴，延伸的人際網絡像一張巨大的網。這個連結，成為我和同志社群緊密接觸的重要管道。另一方面也對「連結」在運動中的影響有深刻感受。

社會對同志還存有強大敵意和偏見時，個人力量很難對抗來自大環境的巨大歧視，只有彼此產生連結，支持互為後盾，同志才有機會生存、打開自在做自己的空間。個人活下來，行有餘力，進一步連結成為組織，發聲行動，這是同志運動得以展開的基礎。

這些體會讓我相信「連結」對同志運動的重要。同志諮詢熱線創立時定下的「三大基本理念」——同志同儕輔導、同志支援網絡、同志社區中心，第一項是由熱線創立團體之一同助會所提出，第二項和第三項就是我所提出的。

儘管在漫漫的同志運動過程，許多啟發我的前輩，或是早年一起打拚的同志，各有人生規畫，現在已經不在這個道路上，偶爾難免會有孤寂感，現在回顧九〇年代同志運動的歷史，依然會浮現許許多多人的身影，讓人血脈沸騰，忍不住激動！

【一九九五】

九〇年代啟蒙刊物——《愛報》、《女朋友》、《同言無忌》

九〇年代前期有三本同志刊物，在台灣同志運動史上扮演重要的啟蒙角色，它們是《愛報》、《女朋友》雜誌、《同言無忌》。

《愛福好自在報》

《愛報》的全名是《愛福好自在報》，創刊於一九九三年十二月，至一九九五年三月停刊，只出版了四期。刊物名稱是「愛福好」加上「好自在」，兩者都是當時廣告打很大、大眾耳熟能詳的商品，一個是標榜讓男性雄壯威武的壯陽藥，一個是宣稱讓女性在生理期使用，可以無後顧之憂好自在。光從搞怪好笑的刊物名稱，就能看出它的實驗性和顛覆性。

《愛報》由一群女同志所創辦，她們是受女性主義洗禮的年輕人。不只名稱搞怪有趣，內容更是極具創意、嘲諷意味十足，連穿插其中的偽廣告也是既擬真、詼諧又顛覆。

我記得那時候剛到台北工作沒多久，經常從《中國時報》「開卷版」看到當時擔任記者的張娟芬報導各種同志及性別的出版訊息，知道《愛報》的管道可能也是來自「開卷」。當時買來看的時候，不斷拍案叫絕，笑到快翻過去。《愛報》的寫作風格和切題就是在挑戰既有的主流價值，對於讓同性戀飽受壓抑、歧視的體制框架，用幽默的筆法刺激讀者反思。

雖然《愛報》的成員古明君在《揚起彩虹旗》書中謙稱，她不覺得《愛報》是一個運動性的刊物，但是我認為，在台灣同志運動萌芽初期，《愛報》探討同性戀被歧視的議題、辯證異性戀霸權文化或主流媒體偏見，對讀者有很大的啟蒙作用，對於同志運動來說，這樣的啟蒙影響深遠。因此我將《愛報》視為早期非常重要、具有代表性的同志運動刊物。

《女朋友》雜誌

另一個代表性的同志刊物是一九九四年十月創刊的《女朋友》雜誌，直到二〇〇三年四月停刊，前後發行了三十五期。《女朋友》雜誌製作發行單位是一九九〇年二月成立、台灣第一個同志組織「我們之間」。二〇〇〇年在台北同玩節的同志國際論壇上，我曾發表整理台灣同志運動大事紀，當時以台灣有組織化的同志運動——「我們之間」成立的一九九〇年開始算起。

這個最早的同志團體，在同志運動還是一片荒漠的九〇年代初期，扮演了非常重要的角色，「我們之間」運作由義工組成，採會員制，沒有立案卻做了非常多服務女同志的工作。除了設置專線由義工輪流接聽，為打電話來的女同志扮演陪伴、諮詢或解惑的角色。在社會運動的實踐上，更是非常有行動力。包括：籌辦一九九二年ALN亞洲女同性戀連線在台灣的年會；一九九二年台視新聞記者璩美鳳偷拍T吧事件，發起藝文界的抗議行動；也積極參與當時同志工作坊發起的一九九三年十二月二十八日立院同性戀反歧視公聽會、一九九五年三月二十五日抗議涂醒哲愛滋研究汙名同志行動等。

採雙月刊形式發行的《女朋友》，前後發行將近十年的時間更是影響深遠。在《揚起彩虹旗》魚玄的文章中提到，曾經加入「我們之間」的會員超過四千人（十七歲至六十歲），曾以通訊或打電話與「我們之間」聯繫過的超過上萬人。

這個刊物本來是「我們之間」內部會員的會訊，一九九四年決定改版正式對外發行，相較於同時期《愛報》論述色彩濃厚、言詞前衛犀利，《女朋友》則平易近人，更貼近女同志草根群眾。也不是說《女朋友》不談議題、不關心運動，應該說，《女朋友》不只關心同志運動、提出議題討論，也關照讀者的情感支持，會有各種貼近女同志生活的文章。

雜誌後面還有交筆友的訊息刊登，有意交往者，先把信件寄到《女朋友》在台北郵局的郵政信箱，再透過雜誌當中間人轉寄給收信對方。這種輾轉寄信／收信的交筆友方式，對身處網路時代的年輕讀者來說很難想像，更突顯了那個年代的女同志交友困境和出櫃壓力（不敢直接在刊登的徵友訊息中公開聯絡方式）。

每次做同運歷史空間導覽時，提到早年同志透過交筆友方式認識其他同志，我都要很具象地描述那是怎樣的場面：在徵友欄好不容易看到一則自己覺得適合互動的對象，拿出信紙寫下自我介紹和想告訴對方的話。寫完拿出信封裝好、貼上郵票，拿到郵筒投遞，然後就是漫長的等待。對方收到信、看完，一樣拿出信封、信紙、郵票，寫完、裝好、投郵。一來一往就是近月的光陰。對於熟悉Email、習慣靠即時通訊軟體互動的現代人來說，過去那種「牛步」的互動，難以想像。不過對當時的同志來說，活在那個桎梏的年代，能發現難得的交友管道，已經開心得不得了。

《同言無忌》

《同言無忌》創刊於一九九六年一月，由「同志工作坊」製作出版。《同言無忌》前後出版了九期（最後一期一九九八年一月發行），內容多為非常有運動性的議題探討。《同言無忌》的文章主題嚴肅，筆法犀利潑辣，議論毫不客套遮掩，總是讓人看得痛快盡興。

「同志工作坊」的成員有不少在當時還是大學生，但這個組織並非學生社團，也不以此自限。在九〇年代前期，台灣的同志組織剛萌芽，當時成立組織的，數來不超過五個。校園團體有台大Gay Chat男同性戀社（一九九三年三月成立，為台灣大學校園第一個同志社團）、台大Lambda女同性戀社（一九九四年十一月成立）、中央大學酷兒文化研究社（一九九五年成立），社會團體有本文提到的「我們之間」、「同志工作坊」。

《同言無忌》的刊物風格、關注取向，是「同志工作坊」做為一個運動組織論述戰場的延伸。

一九九五年三月二十五日「同志工作坊」發起「同志串連反歧視之約」，抗議愛滋研究學者涂醒哲所進行的「男同性戀者流行病學研究報告」，僅根據回收率不到一成的問卷進行統計，寫出對同志充滿刻板印象的汙名結論，在研究方法、研究倫理上大有問題。當時這場近百人的行動，在台大醫學院前展開抗議。這是在二〇〇三年第一屆台灣同志遊行舉辦之前，同志團體第一次上街頭。

《愛報》和《同言無忌》儘管發行的時間都不算長，但運動色彩特別強、刊物風格強烈，衝擊影響了一群知識分子和文化菁英。《女朋友》出刊近十年，貼近女同志生活，親民的草根性作風，影響的群眾最為廣大。在發行上，三本刊物當時都是透過誠品書店、唐山書店販售，有機會把刊物鋪書到書店，讓刊物得以流通，在運動意義上，代表發行的組織向社會發聲、進行運動倡議的企圖心。《女朋友》則同時還有廣大的會員訂戶支持。在二十多年後回顧這三本九〇年代出現的同志刊物，不得不佩服這些走在前面的前輩們，為同志運動開啟了重要的啟蒙意識。

在網路建造同性戀邦聯——台灣學術網路「同性之愛」板發展史

電腦網路上的BBS，無疑是一九九四、一九九五年台灣同性戀平權運動發展，很重要的一項媒體！至少，在台灣的大學校園中，BBS的MOTSS（Member Of The Same Sex）板，架構了新一代的同性戀文化，一股即將成形的同性戀平權運動風潮，已經隱隱地在醞釀。

從最早成立的中央資訊管理系BBS站MOTSS板，在一九九四年四月間開板，到一九九五年十月，短短的一年半時間，以「同性之愛」——MOTSS為名的板，已經在台灣學術網路上超過三十個站開設。設板的風潮繼續在各校的BBS站開展。

對於正在網路BBS熱頭上的台灣，這項新媒體（相對於國外使用網路的普及，相對於台灣其他媒體定型化的運作）所具備的私密、自主、無遠弗屆等媒體特質，正好提供同性戀族群發聲、現身的最佳管道；於是，同性戀平權運動，成為台灣第一個運用網路BBS媒體進行串連、建構論述的社會運動——雖然，許多（應該說絕大多數）的同性戀者本身並不清楚這層深刻的社會意義，也不是先計畫好要達到這個目標。

MOTSS板有這樣的盛況，並不是偶然的，也非輕而易舉就開拓出立足之地，其中歷經的論戰不知凡幾，在當初討論的板上可以說是捲起狂波怒濤。

就像其他的舊媒體並未把「同性戀」議題當做是重要或常態來處理，只有零星散落各處、夾雜（或說偷渡）在其他議題之下；在MOTSS板開創之前，同性戀相關的討論只出現在心理板、宗教板、SEX板，或其他板。但是隨著潛藏在一般大眾心中的偏見及歧視，終於引爆了激烈的論戰。

其中，最令人印象深刻的有：

一、中山大學心理板，一九九三年十二月下旬到一九九四年二月上旬（教育廳實驗站、交大資工等站的MOTSS板精華區有這次論戰完整收列）。

二、交大資工站宗教板，一九九四年五月下旬開始，由一篇〈同性戀會下地獄嗎？〉的貼文所引發的論戰。持續進行到當年六月上旬，將近二百篇回應與再回應的文章。捍衛傳統教義的人士分別以「同性戀違反自然」、「同性戀違背倫理」、「同性戀不符教義」等問題對同性戀者打上問號，不甘示弱的同性戀族群和瞭解同性戀者的朋友，也強力地回應、論辯（教育廳實驗站的MOTSS板精華區有這次論戰完整收列）。

三、交大資工站SEX板發生的論戰。對於有人引用「美國的精神醫學會已經將同性戀排除在精神疾病之外」來反駁同性戀是變態，回應的論點竟有「美國是美國，中國是中國，沒必要向美國看齊」，並要求同性戀者「說出同性戀者是正常的理由」。其他的反同性戀論點還有：

（一）以殘缺的醫學知識——「只有同性戀者傳染AIDS比較容易，姑不論其心態多純潔，但他給現代世人莫大的恐懼，不是嗎？」一定要把同性戀和AIDS畫上等號，轉移對AIDS的恐慌到同性戀族群。

（二）想當然耳的偏見——「人是很賤的動物，一旦同性戀被視為常態，這個族群會突然變大，那麼人口成長率會下降。」

（三）以泛道德論打擊對同性戀的「容忍」——「人們道德認知的容忍範圍，會不會因為『對同性戀的接納』這樣的變化，而變得更為擴大？到最後，道德所剩為何？空無一物？」（教育廳實驗站、交大資工等站的MOTSS板精華區有這次論戰完整收列）。

論戰一方面讓同性戀者想要有一個屬於自己、不再被歧視、打擾的空間，一方面也有許多人認為同性戀議題占用「太多」討論空間，想去之而後快，於是，要求板主限制發言、砍信的聲音出現。然而，原來的討論並沒有「違反」某些板主自定的「不得人身攻擊、謾罵」等「內規」，要砍信實在怎麼也說不通。MOTSS板成立多少受到這些事件的影響。

大略可以把一九九四至一九九五年學術網路上MOTSS板的成立分為四個階段：

一、草創期：一九九四年四月到十一月，中央資管之後，交大資工、台大計中（十一月三日）、中興計中、中興法商（五月一日）、台灣學術網路BBS實驗站也相繼成立MOTSS板。這四個MOTSS板都參與了轉信。

二、成長期：一九九四年十一月到一九九五年四月，開設新板的有中原資管、交大伊電園、輔大理工、交大阿拉伯一號、中原電機、中山企管、中華工學院、嘉義農專、大同工學院、交大資科、中正大學。這個時期成立的站最多，除後三站外，大都參與轉信（交大資科原有轉信，後來才改為不轉信）。

三、壯大期：一九九五年五月到六月，開設新板的有淡江大學（五月一日）、清華資訊楓橋驛站（五月十五日）、中山南風（五月三十一日）、成大計中（六月十日）、中山音樂系山抹微雲藝文專業站（六月十四日）、東海石頭記公園（六月二十一日）。這個時期成立的站，都沒有參與轉信。

四、成熟期：一九九五年八月到年十月，開設新板的有：交大焚而不燬站（同性戀神學板，八月十四日）、成大資研（九月一日）、彰化師大白沙山莊（九月十八日）、逢甲計中（九月二十日）、東吳溪城（九月二十一日）、政大新聞（九月二十七日）、北市師院（十月十六日）、交大電信（十月二十一日）。

必須說明的是，這樣的分類其實是很有問題的，在成長期設立的板，其設立時間多不可考（筆者查訪多時，仍未得資料），與前後兩期可能稍有重疊；另，這樣稱呼只是以本文撰稿的一九九五年十月的時間點來看，也許再過三年、五年都還算是草創期。

學術網路上MOTSS板的出現，開展了台灣同性戀族群的社交空間，也改變了同性戀者的生活型態。在擔心社會仍存有歧視的狀況下，從網路開始接觸同性戀生活訊息、認識同性戀族群可以讓一個初入同性戀社交圈的人，保有較大的自主空間。MOTSS板會在短短一年半的時間，擴展到超過三十個站，和這樣的需求是很有關連的。

可是，在同性戀族群對新的MOTSS板發起連署的過程中，一樣存在有「同性戀恐懼症」。最具代表性的例子是淡江的MOTSS板「同志春秋」申請設板的論戰（教育廳實驗站、交大資工、台大計中、淡江等站的MOTSS板精華區都將這次論戰完整收列）。

反對設立的人以「連署的人大都不是本站常客」、「連署者可能是外校同性戀者專為聲援而來」等理由，推斷淡江站的同性戀者只是少數，質疑是否有開板需要（這和某些拚命把同性戀者說成是「少數中的少數」，而刻意加以藐視、打壓的論點如出一轍）。接著並以外校已有MOTSS板連線，諷刺不需要再設「台灣學術網路MOTSS板淡江分站」。

經過一九九五年四月十九日到五月上旬，近百篇文章的論戰，淡江的MOTSS板終於設立。過程中，有位為同性戀者仗義出面發起設站的朋友，他的一句話可以代表其中參與者的重要心得——「學長，別說給我添麻煩，我現在才稍微體會你們的處境！」

轉不轉信的問題也曾在網路上引發熱烈的討論。轉信的站，簡單地說就是「聯線轉播」，最大的特色就是壯大聲勢、傳播力驚人，在一站發聲，全國皆知。會引發討論，即是各校對「言論是否免責」的尺度的看法不同。

主張不干預言論的台大站，開放使用者以匿名帳號發聲，以顧及某些人不願公開ID（網路上每個人專有的代號）的需求，但對一些參與的聯線站，則以可能有不負責任的文章而不贊成這樣。

有趣的是，現存的聯線站，雖然因為文章眾多，若以資訊傳遞的眼光看，有用的資訊經常是被淹沒在一片字海中，而無法被有效傳遞；但是聯線站也因文章眾多，有心的板主透過精華區的架構與整理，對資訊重新詮釋，各自表現不同的風格與立場。

網路BBS站對台灣的同性戀平權運動發展，不只是溝通與串連或提供自我認同的場合，還有一項重大的意義就是建立本土同性戀平權運動的文字資料庫，精華區的建立正是其中的基礎。

教育廳實驗站（收有約三百三十篇文章）、交大資工、台大計中（收有約六百六十篇文章）等站的MOTSS板精華區算是轉信站中整理得較完整的。

教育廳實驗站對於活動訊息的收集完整，一九九四年中「誠品男男女女座談會」紀錄、一九九五年初「反歧視之約」的活動相關訊息都有收錄；國內校園同志團體的資料、近期活動資訊也都有最完整和最新的整理。

台大計中收集的文章算是最多，對於曾經發生的主題討論收錄完整，像是：一九九五年五月底到六月下旬最熱烈的〈包皮與經血〉論戰、一九九四年底有人想教育同性戀者的一篇〈不要姑息你自己〉引發的論戰、一九九五年七月〈邱妙津之死〉、一九九五年八月〈軍中互助組回報同性戀〉。

未轉信的站分別有其特色：淡江以女同性戀聚集為主，成大計中則是徵友的大本營，中山音樂系山抹微雲藝文專業站標榜的是同性戀文學，交大焚而不燬站以同性戀神學板發聲。中山南風、清華資訊楓橋驛站（收有約兩百篇文章）的精華區都是架構完整的資料庫；中山南風並且以企畫活動見長，是未轉信站少有的熱鬧，精華區約二百三十篇文章中，心情故事類的文章約占三分之一。

在同性戀者取得了網路MOTSS板的發言空間之後，開始有人把MOTSS板當做是躲避外界的「桃花源」，一旦有人對議題展開辯證的時候，便視之為洪水猛獸、破壞和諧。「和諧」難道是從天而降？「歧視」哪裡是逃避就不存在？

三十個MOTSS板的誕生，不代表同性戀者真的已經有發言地位。就在筆者撰寫本文的同時，「人工智慧站」有人正在進行「同性之愛板」的開板連署，當中有一篇反對設板的意見，可以說明偏見其實一直存在！

「我想牽涉到性的板爭議非常大，像以前的變態、罵罵板。我想幾個月前的事件大家都很清楚。提議這個板心裡要有個準備，萬一失控怎麼辦？此時此刻，我覺得現在不宜提這個板，我不會贊成成立這個板，以前的事件，讓我極度不放心這個板。」

台灣的同性戀平權運動，其實，剛要開始呢！

一九九六年一月十日後記：

本文所記僅一九九五年十月之前，台灣學術網路BBS站上MOTSS的發展狀況。之後，仍持續有蓬勃的發展與論戰在各板進行著。

在本文完成之後，陸續有新竹師院、東海管院、中山醫學院、元智工學院、淡江視障資訊、清華女性主義、高雄師大南鐸、勤益工專、大同商專等校的BBS站，開設MOTSS板。

■本文刊載於一九九五年十一月廿四日，《破週報》。

【一九九六】

BBS虛擬彩虹社區：網路集結的同志運動

如果一九九五年我沒有學會使用BBS，我和同志運動不會有如此密切的連結。如果九〇年代的台灣同志運動少了BBS的連結助力，發展的速度不會如此快速！

身在網路時代，科技的影響早已無遠弗屆，特別是對於經歷過從無到有、不同階段的人來說，感受更是深刻。「私密、自主、無遠弗屆等媒體特質，正好提供同性戀族群發聲、現身的最佳管道；於是，同性戀平權運動，成為台灣第一個運用網路BBS媒體進行串連、建構論述的社會運動。」(註一)這是我在一九九五年寫下對BBS這個網路平台的觀察與評論，會有這樣的觀察，來自於我對社會運動和媒體發展的高度興趣。

我的BBS緣分來自認識了台大男同性戀社（Gay Chat）早期的社團幹部——跳跳、斯斯、鵬真等人。在一九九四年十月，我讀到中時開卷版記者張娟芬報導Gay Chat出版《同性戀邦聯》(註二)的訊息，自己跑去台大校友會館的新書發表會而認識這群朋友，那時候雖然在媒體工作，但是出版新聞並非我的工作範疇，純粹是身為同性戀讀者對這本書的興趣。

當時工作的雜誌社配給編輯和記者Notebook，這在那個時候算是很新穎的配備，我帶著筆電去找Gay Chat朋友，他們教我怎麼上網、怎麼連上BBS。我第一個參與的BBS是台大椰林站，因為喜歡貓，用了加菲貓諧音的gofyy做為註冊ID，後來使用二十多年的名號「咯飛」，就是從gofyy譯音而來。學會上網、開始使用BBS所帶來的影響，遠比當時想像的更深，不只是個人在同志社群的生活，也包括後來開展二十多年同運參與的人脈連結。

一九九三年我從南部到台北工作，未曾在這裡生活，這城市和我毫無連結，除了職場同事、少數的大學同學，沒認識什麼人。後來，我在BBS站的MOTSS討論區找到同志室友（後來和其中一位狗狗成為五年多的戀人），還認識了一九九六年一起做同志廣播，也互相陪伴、相知相惜交情超過二十年的運動伙伴和死黨——慶祐、皮皮、華齡，以及更多更多運動路上的革命老友；也因為BBS而有機會在同志運動風起雲湧的九〇年代獲得許許多多的同志訊息，進而參與其中。BBS促成我在一九九六年參與了台北電台同志廣播節目《台北同話》，而《台北同話》短短四個月的人脈累積是一九九八年同志諮詢熱線創建的基礎。

九〇年代台灣開始引進網際網路，BBS（電子布告欄）成為重要的推廣工具，各大專院校紛紛成立自己的BBS站。一九九四年十月第一個MOTSS（Member Of The Same Sex）同性戀討論區出現後，短短三年，MOTSS討論區快速在各校的BBS站台出現。匿名、跨地域特性，讓原本隱藏在各自世界的同志，不用擔心曝光而能自在地參與BBS的MOTSS板，發表或觀看文章、參與討論交流、認識其他的使用者。

MOTSS在大部分同志無法出櫃的九〇年代，成為同志彼此連結、建立身分認同、練習參與社群公共事務的搖籃。BBS「主題式討論區」及「純文字」的特性，讓MOTSS的交流遠比現今普遍使用的臉書更為深刻；討論區具備有精華區的功能設計，板主會挑選文章分類建構精華區的習慣，也讓原本眾聲喧譁的文章，變成參與者快速融入社群生活的實用資訊，也成寶貴的歷史紀錄。這個存在於網路上的虛擬彩虹社區，為當時剛起步的同志運動建立基地、蓄積能量！

各校MOTSS板的參與者後來舉辦聚會，從情感支持進一步組織社團，從虛擬社區走進實體世界，九〇年代中期校園同志社團如雨後春筍大量出現（註三），許多同志大型活動、媒體發聲、抗爭行動，同志社團都是支持同運的重要力量。在那個沒有手機的年代（註四），新興的同志團體之間的快速連結、為不同行動互相奧援，有很大的部分都是倚賴BBS的串連、傳遞訊息。一九九七年的常德街事件行動，組織分工、連署串連、社群宣傳，都在BBS完成。

依BBS規矩，新討論區成立，先要有人提議，徵求其他使用者附議，反對者也會提出反對理由，處理的「New Board板」成為攻防戰場。為了MOTSS開板的論戰，我每天花大量時間和恐同、反同者網路筆戰，表面上是為了要不要開MOTSS新討論區而交鋒，反對理由背後，卻是非常典型對同志的偏見和成見。現在回頭看，這些反對或打壓同志社群的說詞，和二〇一一年真愛聯盟事件到後來近八年爭取婚姻平權之戰，一路下來，打壓同志教育、反同婚的論點，以及護家盟煽動群眾的說詞，如出一轍，歷經二十年沒有太大改變。在我參與同運早年有一段時間，我常扮演發言人和新聞聯絡人，所需的論述能力，就是在BBS論戰時期「南征北討」養成奠定。附帶增加的能力是快速的中文打字，也是那個時期被訓練出來的。

論戰另一個訓練是短時間快速反應，BBS吵架的神速進展，反應了網路公共論壇一夕翻盤的特性，這和以往只能透過報紙等傳統媒介進行公共政策論戰，一來一往以「日」或「週」計算速度截然不同。現今台灣社會重視且不能忽視網路聲量快速反映社會公共政策意見風向，而早在二十多年前網路草創時期，同志社群在BBS論戰對抗的經驗，已超前體驗了這樣的氛圍。

在一九九六、一九九七年間，由站台站長群獨立設站而非校際的彩虹夜總會站、女性主義房間站、壞女兒站是三個和同志關係密切、極具特色的BBS站。彩虹夜總會站是由皮皮成立，找了喀飛、華齡、肯尼、小段等人一起擔任站長，是一個邀請制的同志專屬BBS站，新人須由其他使用者擔任介紹人，經審核才能完成註冊。彩虹夜總會站的站長稱為「經理」，板主是「大班」，使用者是「舞客」，私密性高，讓使用者可以更自在地參與交流，創造一個使用者可以狂歡玩樂的私人俱樂部氛圍。由小威、紅毛等人創設的女性主義房間站是以性別為主題的BBS站，許多同志使用者經常出沒於「Queer板」和「女同志板」。壞女兒後來成為九〇年代後期到千禧年前後最受女同志歡迎的BBS站，當時的盛況甚至常在晚上尖峰時段人數滿載而難以登入。

連結是同志運動非常重要的基礎，同志跨出自己的世界與社群連結，不再獨自面對外在世界的歧視和壓力，社團與社團之間連結，互相奧援相挺，交織成台灣同志運動的龐大網絡，網路發展初期BBS的出現扮演了推手，促成了這許多連結的達成！

註一：引用自喀飛〈在網路建造同性戀邦聯——台灣學術網路「同性之愛」板發展史〉，一九九五年，《破週報》十三期，二十六至二十七頁。

註二：一九九三年，在校內登記立案成立的台大男同性戀社（Gay Chat）是台灣大專校園最早的同志社團，剛開始因校方要求，名稱必須是「台大男同性戀問題研究社」才准予成立。一九九四年十〇月，Gay Chat 製作了《同性戀邦聯》（號角出版），極具創意地將男同志隱藏的各種場域命名為「╳╳共和國」，例如：BBS 共和國、公園共和國、戲院共和國、報紙廣告共和國、泳池共和國……這個創意說法的背後，儼然就是點明了「在哪些地方可以找到／看見男同性戀」，由各共和國組成的同性戀邦聯，等於是一張男同性戀地圖！

註三：到九〇年代中後期，至少有超過二十個校園同志社團，一九九六年組成了「全國校園同志團體聯盟」（簡稱全同盟）。

註四：手機雖然在九〇年代初期就有人使用，但僅限於少數的商務人士，直到九〇年代末期，才開始在社會大眾間普及。

第一位肉身對抗體制的感染者田啟元

一九九六年八月二十九日，劇場鬼才編導田啟元以三十二歲的英年過世。他過世時，我和朋友們在台北電台做《台北同話》同志廣播節目，我們製作了專集節目悼念他，敬佩他精采的人生，以及為愛滋人權所做的奮鬥。

「人畜何處分啊？人畜何處分。天生萬物，芸芸眾生，至性精誠，人獸仙鬼，何分？何分？說什麼人獸妖聖，要這皮囊做啥？願若流水江奔，永恆～永恆～」引人矚目的服裝、律動如舞的肢體動作，還有史詩般的對白，這是一九九五年六月第一屆校園同性戀甦醒日GLAD在台大舉行時，所演出的田啟元經典作品《白水》。

田啟元編導的這齣戲一九九三年推出時即造成轟動，他以顛覆的手法重新詮釋家喻戶曉的民間故事《白蛇傳》，將法海拆散白素貞與許仙、許仙猶豫掙扎於愛情和禮教，藉人妖仙鬼的鬥爭，隱喻著體制、婚姻帶來的壓迫，劇中角色全由男演員擔綱演出，流露鮮明的同志色彩。一如田啟元的其他作品，他的戲總是毫不保留又強悍地敲打主流價值，演出時迸發的能量強大而讓人印象深刻。田啟元短短人生留下眾多經典劇本，見證了他的劇場才華和批判人生。

生於一九六四年五月十六日的田啟元，就讀台師大美術系時開始投身小劇場創作，以《陪審團》

（一九八六）、《誰怕吳爾夫》（一九八八）兩度獲得全國大專院校話劇比賽導演獎第一名。一九八八年和劇場同好詹慧玲創辦「時代映畫劇團」，後改名「臨界點劇象錄」；在小劇場蓬勃的九〇年代，「臨界點劇象錄」是前衛劇團的代表。

田啟元透過戲劇，對社會體制、封建文化和威權統治表達強烈批判。一九八八年作品《毛屍》，深入教育、儒家、同性戀議題；一九八八年《夜浪拍岸》談老兵、雛妓。一九八九年《割功送德：台灣三百年史》探究當時被國民黨刻意抹滅的台灣史——二二八、白色恐怖。這些議題現在看來稀鬆平常，在一九八七年剛解嚴的台灣社會，卻仍有濃厚的禁忌色彩。在台師大念書時，他常因為作品被叫到教官室聽訓「指導」，校外演出時還會出現警察站崗。

在田啟元的觀念裡，劇場不是藝術家要要新點子、小聰明的地方，而是社會性對話的場域！（註一）他的作品關切主題圍繞著性別與政治，和他同志身分密不可分；他的戲之所以精采、對體制如此反叛，則出自他親身經歷的愛滋壓迫。

一九八七年，田啟元在大三暑假上成功嶺參加暑訓，體檢時坦承自己感染者身分，不料此事竟被曝光，媒體大肆報導，鬧得沸沸揚揚。當時距台灣出現第一位國人感染病例不到兩年，整個社會對愛滋充滿恐慌。在被成功嶺退訓前，軍方把當時並沒有發病的他關在三總；退訓後，原本就讀的台灣師大竟企圖將他勒令退學。

同運前輩祁家威當時為田啟元出面和高教司周旋，後來以「自動休學」取代勒令退學。成為台灣第一位就學權遭剝奪的感染者！休學一年後，在社會輿論壓力和祁家威奔走下，台灣師大勉強同意田啟元以函授方式復學，不用到校修完大四課程取得畢業證書，但畢業後不予分發教職。祁家威回憶，當年田啟元在美術系的作業，是委託同學帶到學校給老師，原本應該實習一年也免了。

在社會普遍對愛滋非常不瞭解而聞之色變的那個年代，田啟元承擔著整個社會加諸於感染者的汙名和恐懼。排斥與譴責如影隨形，從就學到就業，從醫療到日常生活。他痛恨這種壓迫，也對感染者隱私遭洩密憤怒不已。

當時，治療愛滋的雞尾酒療法還沒有出現，整個愛滋醫藥還在起步階段，治療的藥物只有AZT，感染者面對死亡威脅的同時，還必須對抗社會巨大的歧視壓力。因為對體制的不信任，並企圖對抗醫療環境的歧視，田啟元一直拒絕就醫吃藥。

田啟元在劇場創作者身分之外，也是當時基進的愛滋人權團體「SPEAK OUT」的核心人物，他不斷透過機會向社會、向國際控訴台灣政府對愛滋的歧視、對感染者的壓迫。「SPEAK OUT」批判政策，高舉不向體制妥協的理念，這個組織在台灣存在時間很短，至今仍是台灣愛滋運動史上最有運動能量的組織。

田啟元過世前因為身體狀況惡化而住進仁愛醫院，他把病房布置得彷彿靈堂，病床旁桌上有他用毛筆寫的類似靈位的牌子，對自己大限將至似乎早已預知，先為自己進行一場死亡的儀式。(註二) 當他離世，許多劇場界朋友為他籌備後事，才知道愛滋病人死後無法進入殯儀館舉行公祭。迅速被裝入屍袋冷凍，兩天後一大早送往火葬場火化，選在清晨火化據說是避免其他火化家屬抗議。(註三)

記得田啟元過世後，「臨界點劇象錄」在台北市民樂街劇場所在老屋舉辦追悼會，田啟元的劇場伙伴和友人紛紛表達對他的追思。我在田啟元的紀念被單上縫上什麼，至今已記憶模糊，不過當時沉重的心情卻依稀記得。

田啟元過世已經二十年，雞尾酒療法出現也快要二十年，新的醫藥不斷被研發出來，穩定服藥半年的感染者幾乎測不到病毒，感染HIV不再是一個立刻面臨死亡威脅的疾病，更像是慢性病。但是人們恐懼愛滋、還有對這個疾病的偏見，卻沒有什麼太大的改變。台灣的相關法規還存在高度歧視感染者的「蓄意傳染」罪刑；更不用說，種種以隔離思維制定出來的愛滋政策，加諸感染者身上和疾病本身的壓迫，持續讓感染者的尊嚴和平等權被殘酷對待。想要扭轉社會巨大的歧視結構，田啟元昔日批判傳統文化、對抗體制不妥協的社運風骨，是當今愛滋運動最有能量的啟發！

註一：引用自一九九五年五月二十七日《中國時報》「戲劇開講版」田啟元文章。

註二：引用自權促會網站：【韓森專欄】愛滋鬥士田啟元。

註三：引用自羅蘭妖子：田啟元之死，《同言無忌》刊物第四號，同志工作坊，一九九六年十月出版。

一九九六台灣的天空很同志——《台北同話》

一九九六年七月七日，公營電台第一個同志節目《台北同話》登場開播，這個由「同話小組」製作並主持的節目，雖然僅播出四個月十七集，但以同志運動為製作理念、每週播出二小時，當時掀起同志社群與社會大眾對同志廣播的關注旋風。

首集節目　三十同志現聲

首集節目邀請了近三十位各行各業、各年齡層的男女「同志」，現「聲」於節目中，當天節目「同志一百」單元，主題為「我是同性戀——自我認同的一百種聲音」，事前訪談了包括：國中老師、高中學生、現役軍人、醫院看護、公務員、大學生、電腦業者、劇場工作者、研究生等，年齡從十七歲到四十三歲的男女同志。他們分別以不同的人生經驗，說出自我認同的過程，有人分享其五年多的愛情，也有人提及做為「同志」最快樂的生活情事，還有人為自己戴著面具過日子感到厭煩。

台北電台原名台北市政電台，陳水扁於一九九四年入主台北市政府之後，新聞處長羅文嘉找來資深媒體人馮賢賢擔任電台總監，企圖大刀闊斧對原本充滿政令宣導、內容八股僵化的節目進行整頓（註一），在報紙登出英雄帖公開徵求節目企畫書。「同話小組」以超過三十頁的節目企畫書及試播節目帶，經過初審、複審，獲得新聞工作者和傳播學者組成的「新節目評審小組」高分肯定，進駐週日晚間九點到十一點的黃金時段。

《台北同話》在兩小時節目中，包含了以下各單元：

一、「同志一週」，皮皮主持，包括當週同志新聞、同志團體活動、同志出版訊息、座談及演講活動預報，還針對重要新聞進行深度報導及錄音訪談。

二、「書中自有同性戀」，喀飛主持，對於同志書籍進行介紹、解讀、評論與賞析，或以主題方式討論同志書籍、刊物。

三、「心情氣象館」，阿智主持，進行空中諮商，開放聽眾以傳真或郵件來函提問，由專業諮商者在節目中回覆。

四、「少年青春夢」，青少年同志時間，以廣播劇形式呈現青少年同志關心的生活話題。

五、「Dior 私房音樂」，Dior 主持，從同志觀點談音樂，同志的音樂，音樂中的同志。並從音樂延伸討論電影、文學、流行時尚……

六、「同志一百」，初期由何甦（華齡）和韋同主持，中期後由何甦和喀飛主持。每週和聽眾討論同志關心的生活話題，並且邀請來賓到節目現場參與討論，現場同時開放聽眾電話 call in。

廣播電波　助弱勢同志

《台北同話》標榜「資訊的、生活的、快樂的」的節目特色，透過流暢的廣播語言、活潑的形式，提供聽眾豐富並實用的同志資訊，開放聽眾來信、call in進行互動增加參與感，藉以號召聽眾關心同志公共議題與同志運動。

在二十年前的社會，網路剛萌芽，使用者多局限大專校園；一九九六年是台灣同志運動蓬勃發展的黃金年代，雖然有許多校園和社會的同志團體出現，有機會得到資源或與社群連結的人仍是相對少數，對許多同志朋友來說，同志廣播的無遠弗屆扮演了重要的角色。

節目開播前，台北市政府對媒體公布了台北電台改革後的新節目，公營電台出現同志節目引起媒體關注，登上報紙版面被大篇幅報導，這難得的傳播機會讓《台北同話》在開播前就引起關注，也讓許多仍在摸索的同志朋友有機會知道這個節目即將開播的訊息。

我印象非常深刻的是，當時我們每週都會收到非常多聽眾朋友來信，從字裡行間可以感受到許多聽眾仍對自己的同志身分充滿困惑與擔心。還有一次，一位還在中學念書的青少年，用家裡電話call in連線時，突然口氣緊張地說，「我媽媽回來了，我要掛電話了。」然後就中斷連線。

同志廣播創造的，就是與聽眾透過電波在空中連結，對同志身分仍擔心的無資源同志，不用參與特定空間的特定活動，就可以在自己的地方，打開收音機接收到同志社群的訊息。同志廣播在九〇年代的台灣同志運動發展中，扮演了重要的角色，讓更多人從解除困惑、認同自己同志身分，再到瞭解、熟悉同志生活與文化資訊，進而有機會產生連結進到同志社群，甚至參與同志運動，在那個網路與手機仍未普及的年代，廣播更顯得關鍵。

酸值爆表　關懷異性戀

《台北同話》節目第二小時的「同志一百」單元，每月有個大主題，各週有不同討論話題。開播的七月主題為「我是同性戀」，四週討論話題分別是「我是同性戀——自我認同的一百種聲音」、「Come Out的一百個步驟」、「同性戀恐懼症的一百種症狀」、「當Gay遇到Lesbian的一百個故事」。

十月主題則是「這個月，我們不談同性戀！」，將對話拉到同志與異性戀、男女同性戀與雙性戀，各週討論話題分別是：「小心！異性戀就在你身邊。——遇到異性戀的一百種狀況」、「請問你何時發現自己是異性戀？——對異性戀的一百個大哉問」、「當我們同在一起——異性戀最不瞭解的一百件事」、「愛我，請不要懷疑我——雙性戀最想說的一百句話」。

第二週主題後來被設計為「關懷異性戀座談會」，用虛擬演出的座談會形式，進行了一次有趣又顛覆的討論。當時的節目宣傳這樣寫：

平常以關懷同志議題為主的台北電台〈台北同話〉節目，慶祝光輝十月及「異性戀月」，十月討論的主題是「這個月，我們不談同性戀！」。日前，並舉辦「關懷異性戀——請問你什麼時候發現自己是異性戀？」座談會，邀請三位對於異性戀特別有研究的專家，一起來分析異性戀的成因以及防治的對策。

這次座談會現場中，特別播放兩段異性戀真實的案例，由化名α先生、Ω小姐的異性戀者現身說法，真情告白自己的異性戀經驗。

你幾歲發現自己是異性戀？

請問異性戀是天生還是後天？

是不是家庭不和諧的孩子，長大後容易變成異性戀？

是因為青少年時期追求同性受挫，才變成異性戀？

與會異性戀專家有：

李美滿女士　促進家庭美滿專家，圓滿意幸福家庭協會理事長

吳幾及博士　精神、心理學家，日本早瀉田大學精神科及心理學雙料博士

金爽博士　　性學專家，美國剋勃萊大學醫學博士

專家們將針對誤入歧途的異性戀青少年問題進行探討：

一位奉公守法的好國民，為什麼會變成異性戀？

異性戀有沒有辦法徹底治療？

發現自己的孩子染上異性戀惡習怎麼辦？

社會應該對於異性戀給予哪些幫助，以伸出援手、協助他們？

由於，「異性戀」在社會中仍然是有爭議的話題，所以〈台北同話〉製作單位「同話小組」是以「諒解但是不鼓勵」的態度，謹慎地播出這次座談會。

「同話小組」同時表示，雖然有些反異性戀的朋友可能會反對這樣節目的播出，但是希望他們能夠理性地提出建言，不要有太激烈的反應。畢竟異性戀者也是人，一樣需要大家的關懷；只要他們不妨礙到其他的人，一樣有資格說出心裡想說的話。

當天在節目上我們完全虛擬演出一個座談會，正經八百地討論以上這些內容，穿插的音樂選了昔日電視上常出現的「愛國歌曲」——〈國恩家慶〉，反諷意味十足。會製作這樣一集節目，是對於長久以來同志總是被病理化、問題化的論述的一種反思。幫助演出這次座談會的朋友，包括：王蘋、倪家珍、陳俞容、紀大偉。

社群內外　啟社會對話

一九九六年是同志廣播非常精采的一年，不只《台北同話》開播，當年一月，台北之音由李文瑗主持、陳慶祐擔任執行製作的《台北有點晚》帶狀節目，在週三開播「同志單元」，這是商業電台第一個出現的常態同志節目。當年十月，詹景巖主持的《我們一家都是G》節目在高雄蕃薯之聲開播，播出長達五年。我曾經整理過一份一九九六年的同志廣播列表，有高達十個節目，分別在商業、公營及當時所謂的地下電台播出。（註二）

媒體的同志節目不只是同志間的訊息傳遞和培力，也是同志社群和社會對話的機會。我記得在《台北同話》開播前，平面媒體報導當時某廣播節目因節目中探討過去被視為禁忌的話題，而遭新聞局以「妨害善良風俗」開罰，記者顯然把同志節目也當成「問題」，故意詢問當時的新聞局廣電處長羅傳賢，報導這樣寫著：

「台北電台將開播同性戀節目『台北同話』是否會有觸法之虞？羅傳賢說，節目名稱無罪，節目內容不雅才有罪，因為『台北同話』尚未開播，也不曉得節目內容的方向，不能說它是否有妨害善良風俗，如果同性戀節目，具教育意義，正反兩方意見及治療心理病態的功能，能說它是不好的節目嗎？」（註三）

官員的回答雖然沒有立刻把同性戀節目當「問題」，卻暗示節目（最好是）「正反兩方意見及治療心理病態的功能」的觀點，很能反映當時社會對同志議題的保守氛圍。

人際連結 拓運動能量

「同話小組」的組成是一個有趣的組合，這些朋友後來也維持了二十年的友誼。最早發起做這節目的是當時在寶島新聲電台主持《同志星期五》的解偉程，雖然開播前他就退出，但是透過他才把這群人聚在一起。何甦（華齡）是台大Lambda社長，曾參與《我們是女同性戀》（一九九五年，碩人出版）撰稿，也參與早期GLAD的主辦；皮皮當時是政大新聞所研究生，過去曾參與野百合學運；Dior（宏政）是台大GayChat早期社員，後來協助當時的伴侶阿寶創立「教師同盟」；阿智是諮商工作者，曾參與同志團體NCA，後來參與成立同志助人者協會；還有一位是協助我們廣播專業最多的媒體人慶祐。這群人直接或間接影響了後來一九九八年同志諮詢熱線協會的創辦。

如果不是因緣際會參與製作主持《台北同話》節目，大概也不會有機會認識這麼多投身同志運動的朋友，也不會有自己後來常年參與同志運動的緣分。《台北同話》是我投身台灣同志運動的起點，也是見證一九九六年台灣同運動蓬勃發展黃金年代的重要記憶！

註一：當時的改革呈現非常多元的色彩，關注各種族群與社會議題。全新的台北電台節目包括了原住民新聞、粉領上班族、客家文化、台語音樂、爵士樂、台語新聞、同志文化等不同主題的節目內容。

註二：九〇年代初期剛解嚴不久，民主運動為突破傳統黨政軍掌控電波媒體的限制，各地紛紛成立地下電台，宣揚民主理念。但地下電台人力有限，於是在政治節目以外，也開放社會議題進入，許多同志廣播節目因此有機會在地下民主電台出現。

註三：一九九六年六月二十八日，《聯合報》第三版的報導。

1996台灣同志廣播節目表

喀飛整理 1996.8.18

節目名稱	開播日期	電台(頻率)	節目時間	主持人
《同志星期五》	95.7.28	(台北)寶島新聲(FM 95.1)	Fri 22:30-24:00	解偉程

＊《同志星期五》的主要單元：本週同性戀新聞、主題討論(來賓)、Call in

節目名稱	開播日期	電台(頻率)	節目時間	主持人
《快樂小草》	95.9月初	(高雄) FM 97.5	Wed 22:30-24:30	
《同言無忌》	95.9.27	(台中)中台灣(FM 89.7)	Sun 20:00-22:00，Call in	
《女人香》	96.4.18	中廣(AM 1458)	帶狀8:30-9:00，Thu為女同志時間「女朋友」	
《台北有點晚》	96.1.1	台北之音(FM 107.7)	帶狀00:00-2:00，Fri為同志專題Call in	李文瑗
《同志新樂園》	96.3.4	(台北)人人電台(FM 98.9)	Mon 23:10-24:00	

＊《同志新樂園》是由誼光基金會籌備處發起，內容包含：同志週報、同性戀恐懼症、感情模式、同性戀普查、同志熱線及情話答錄機單元

節目名稱	開播日期	電台(頻率)	節目時間	主持人
《同志大家談》	96.3	(台北)深耕文化(FM 94.7)	Mon 17:00-18:00	
《志同道合》	96年	(台南)南都電台(FM 90.3)	Thu 24:00-25:00	Freda
《有志一同》	96.5	(台北)FREE華語電台(FM 99.3)；新竹、桃園FM 104.3	Wed 23:00-24:00 Call in	韓家瑜 李怡學
《台北同話》	96.7.7	(台北)台北電台(FM93.1)	Sun 21:00-23:00	何甦、喀飛

＊《台北同話》新竹、桃園、宜蘭都可以收到，單元有：〈同志一週〉新聞、〈書中自有同性戀〉、〈心情氣象館〉空中諮商、〈少年青春夢〉、〈同志100〉話題討論Call-in、〈Dior私房音樂〉

1. (台中)中台灣電台(FM 89.7)的《同言無忌》，原名《快樂星期三》，96年4月起，調至目前時段，並改名。

2. 已經停播的同志節目：

□95.8.開播的(台北)全民電台(FM 98.1) 的《愛人同志》，96.1.28收播

□95.9.7開播的(台北)yung-gun(FM 92.1)的《午夜香吻》Fri & Sat 2:00-3:00

□95.9.20開播的(高雄)打狗之聲(FM 88.7)《愛河夜未眠》Wed 22:00-23:00

□95.10.19開播的(中壢)大桃園(FM 88.3)《校園同志》Mon & Thu 20:00-22:00

〔一九九七〕那一夜，在常德街

一九九七年七月三十日午夜，台北新公園（後改名二二八紀念公園）關閉後，許多男同志一如以往，轉移到新公園旁、台大醫院舊館前的常德街。

被同志暱稱為黑街的這條短短道路，雖然地處台北市中心，卻非交通要道，車流少，夜間有著神祕氣氛。台大醫院舊館是完工於一九一六年的老建築，門口氣派的希臘式石柱和階梯，沒有白天川流不息的就診人潮，悶熱夏夜裡，顯得安詳靜謐。夜裡涼風吹來，街上樹影搖曳，四、五十位男同志在花台苗圃間穿梭追逐，延續新公園裡同志的社交活動。

一道刺眼紅光從警車上方閃爍的警示燈照過來，兩輛警車上走出六、七位警察，有穿制服的，也有便衣，還包括一位組長級警官，也有人荷著槍。一群警察圍著街上四、五十位男同志，要求所有人交出身分證。

警察臨檢同志空間不算新聞，街上男同志對這種場景並不陌生，不只公園，還有男同志酒吧，臨檢是過去警察侮辱同志、壓迫同志空間常見的強勢手段。甚至，從白先勇的長篇小說《孽子》就看得到，同志躲警察的情節早在一九七〇年代的新公園，就已經不斷上演。昔日公園，警察用各式理由處罰抓到的同志，從奇裝異服、妨害安寧，到妨害風俗。一九九七年距離台灣解除戒嚴，已經過了十年，舊日戒嚴時期違反人身自由保障的惡法，早已被抨擊而甚少援引，台灣已經是人權意識高張的社會。沒想到在這一夜，竟然發生如此大動作幾近掃蕩的部署，讓眾人驚訝不已，宛如驚弓之鳥。

警察拿走所有人身分證之後，沒有要歸還的意思，接著要求他們上警車，有些人猶豫不前，則遭到警察用力推擠，一群人被迫帶到警局。在警局裡，警員將所有人的身分證資料一一輸入電腦，這時，傳來很大的聲音：「為什麼要拍照？」眾人目光立刻集中到聲音來源處，看見有人被要求拿著一張紙放在胸前，紙上寫著名字和數字，正在被拍照，像電影裡常出現的，犯人被拍攝檔案照的模樣。這一群人發覺不對，開始大聲抗議：「又不是現行犯，為何要拍照？」

抗議聲中，警察才停止拍照，但是在眾人離開警局之前，卻繼續出言威脅：「回去告訴你們的朋友，十二點以前可以到公園，十二點以後就回家。」「我們就是要用臨檢，讓常德街的亂象杜絕，沒有人去。」一位主管級的警官口氣更嚴厲：「這一次不拍，如果下次再被抓到，就採取更嚴厲的手段。」(註)

那一夜之後，台北市還陸續發生了一九九八年AG健身房事件、一九九九年公館Corner's酒吧事件、二〇〇〇年北投二四會館三溫暖事件、二〇〇一年Funky酒吧事件，都是警察濫用臨檢權，對同志空間進行次數密集且有濃厚歧視威嚇意味的侵擾。在這之前，並非沒有發生過同志空間遭惡意臨檢之事，但往往因為店家擔心客人有曝光壓力，也不想被社會上不友善的人窺探，經營者和被臨檢的同志們，總是採取低調的態度，在當時只能隱忍，未能進行強烈抗議。前面列出的事件，僅是台灣同志諮詢熱線協會在那幾年，曾經協助處理過的案例。

直到二〇〇一年底，大法官會議發布釋憲五三五號，對警察臨檢權要求法制化和限縮，濫權臨檢同志空間的事件才漸減少。

二〇一四年四月十一日，三一八學運剛結束，台北市爆發群眾包圍中正一分局，社會輿論一面倒支持警察，卻對事件源頭——「中正一分局取消公投盟集會申請，甚至揚言未來都不會准」，完全視而不見。再次翻開台灣同運史，細說歷史故事，常德街事件和AG健身房事件，都是發生在中正一分局轄區的警察侵權事件。台灣同志平權運動史前半段，幾乎可以說，就是在對抗警察的濫權侵擾。

同志空間被惡意臨檢，後來已經鮮少發生，沒想到台北市ANIKI男同志健身中心，從二〇一四年夏天到二〇一五年，遭到警察臨檢高達六、七十次，這些宣稱的例行性臨檢，每次都是十人（或更多）警力的大陣仗。執行頻繁臨檢的大同分局宣稱，因為該場所曾查出有客人攜帶違禁藥物。事實上，警方後來的幾十次臨檢，未曾查到過任何違禁藥物，卻仍採取「滅門抄家」式的雷厲手段，而且拒絕依照《警察職權行使法》所規範的流程向店家說明。同志團體在台北市政府例行召開的「同志業務聯繫會報」上提案，要求調查市警局的密集臨檢有濫權之虞，身為警局主管的台北市政府，卻消極地拒絕處理，僅以被投訴機關單方面的說詞回覆敷衍同志團體。

人身自由和集會結社自由，都是憲法賦予的重要基本人權。對屬於國家機器的警察，同志們必須更關注其執法的程序正義和比例原則。因為，我們都曾經是警察濫權的受害者！

註：本文有關「常德街事件」現場情節的描述，出自於：一九九七年八月十五日同志公民行動陣線「常德街臨檢事件專案小組」所做的〈七三〇常德街臨檢事件當事人訪談紀錄〉。

【一九九八】

那一天我們決定成立熱線——十件同志諮詢熱線草創的祕辛

同志諮詢熱線，這個成立廿三年、與台灣同志運動的推展密不可分的機構，當年是怎麼開始的？老同小組Podcast節目《光陰的故事：同志人生十八招》二〇二一年六月，找來曾參與成立的老朋友王蘋、粽子、大尾，一起回顧熱線草創時期的故事。透過十個主題，讓年輕朋友瞭解熱線成立初期的過程和理念。

一、一九九八年三月八日提議那一天發生什麼事？

當天有個另類婦女節活動「八卦桃花、狂歡三八」在清華大學台北月涵堂舉辦（註一），活動結束吃飯時，我跟王蘋提到，又看到高中生情侶被家長發現而自殺的新聞（註二），雖然當事人被救回來，還是讓人痛心。這類新聞不是第一次看到，可以做些什麼幫助青少年同志？若有個像張老師或生命線的電話服務，讓需要找人談談的青少年能打來聊聊，是不是能夠不再發生憾事？

這想法讓我們覺得要馬上行動，開始分頭找人。怎麼做？不清楚。資源在哪？不曉得。只覺得不能再等，如果等到什麼都準備好才行動，又是一個同志世代將跌跌撞撞辛苦長大。

二、哪些人參與成立？他們哪裡來？

一起成立熱線有四個團體：我是同志公民行動陣線（同陣）成員，和同陣部分成員參與了發起，王蘋所屬的Queer*n class（QC），另外兩個團體來自一九九六年一起做「台北同話」廣播朋友的連結——阿智所屬的同志助人者工作協會（同助會），阿寶所屬的教師同盟。

同陣成員有同志運動和媒體經驗，QC成員過去致力於婦女運動，同助會組成為輔導、諮商、心理相關助人工作者，教師同盟是由擔任教職的同志組成。各自背景不同，大家貢獻自身的專業、經驗一起投入熱線的創立。

三、籌備的一百零九天忙什麼？

三月八日到六月廿六日的一百零九天，主要準備兩件事：一、規畫接線義工培訓制度；二、籌備第一屆熱線募款晚會。

電話服務是熱線的創立動機，怎麼樣把接線服務的義工培訓好、怎麼規畫課程和訓練制度，由具有專業背景的同助會朋友投入最大心力負責。

當時社會對同志仍不友善，同志團體缺乏資源，在熱線之前成立的非校園同志團體，靠成員利用工作餘暇投入，皆無餘力設置固定辦公室，也沒有申請立案。熱線成立之初，大家的共識就是要有固定辦公室、要永續經營。這願望在當時是很大的挑戰，錢從哪裡來？為了募經費，籌辦募款晚會成為重要工作。

四、第一個辦公室怎麼來？

熱線成立前，我和已故紀錄片導演陳俊志就很熟，知道熱線要找辦公室，俊志介紹了他的三姑姑，把房子租給熱線（半年後賴正哲選在熱線旁巷子開了晶晶書庫）。如果沒有俊志牽線、沒有三姑姑熱心支持，以當時的社會氛圍和熱線還沒有財務基礎，不會這麼順利租到辦公室。

那是在台北市羅斯福路巷子裡的公寓一樓及地下室，第一次來開會，屋裡空蕩蕩，沒有任何家具。大家直接坐在地板上開會。都過了廿三年，那畫面我未曾忘記，那是熱線從一無所有開始的歷史畫面。現在想想，當時好勇敢，年輕敢衝，什麼都沒有卻無畏懼，就是敢做夢。我不記得籌備過程有任何人擔心過「做這件事會不會失敗」！

當時熱線沒錢，一層公寓的租金也付不起。剛開始幾年，發起團體除了教師同盟，其他三個團體都在熱線各承租一個房間，協助熱線分攤房租。

五、為何熱線辦公室一定選在捷運站旁？

第一個辦公室近台電大樓捷運站一號出口，開始的四年多都在這裡，二〇〇二年搬到古亭捷運站七號出口旁。後來幾度因空間不敷使用，曾到處找屋。「近捷運站」一直是熱線選辦公室的重要條件。

「交通方便，容易抵達」為什麼對熱線很重要？這和熱線的運作有很大關係，義工是熱線運作主力，至今，熱線經常參與的義工，各組加起來超過四百人。熱線能夠維持高人氣的聚合，除了因為理念和團隊工作氛圍，「辦公室一定要讓義工容易抵達」的想法，是熱線重視義工的具體做法。

六、為何一九九八年六月廿六日第一天就辦募款晚會？

常被問，熱線成立廿三年，募款晚會（現改名募款感恩會）為何是第廿四屆？因為在正式運作的前一天，熱線就舉辦了募款晚會。這是從一開始，熱線對於經費來源的重視和務實態度。

熱線工作人員和審預算的理監事會成員有個默契，要讓小額募款比重維持在年度經費的六、七成以上，即使後來，開始有機會申請各種補助或專案，這個默契一直讓熱線經費的來源分散且多元。

經費影響組織運作，贊助從哪裡來，很容易顯現在組織的走向。每年舉辦的募款晚會（感恩會）是最大宗的經費募集，其中的小額募款一直是熱線經費來源主幹。因為來自社群，使得熱線推動工作時，非常重視社群處境的現況和需求。保持經費來源的多元讓熱線有高度的自主性，在從事同志運動時得以維持獨立發聲，不受牽絆。

七、人際連結售票為何延續廿三年未變？

熱線募款晚會（感恩會）從第一屆的四百席，到後來規模擴大，一千多席甚至到兩千席，門票從早年沒有劃位到近十年開始劃位，即使後來售票點增加、開始網路售票，但人際關係的售票模式未曾改變，占比也一直最大。

每年到了售票時刻，義工們扮演起售票者角色。為了向身邊朋友賣票，有機會介紹熱線，讓更多人瞭解熱線的工作。這個模式維持了廿三年，最早的起源是第一屆舉辦前，在籌備就緒的一九九八年六月十一日，邀請當時在台北的各同志團體齊聚熱線，正式介紹熱線即將成立、提供的服務和工作理念，並拜託各團體協助賣票，從此熱線的晚會（感恩會）成為同志社群一年一度的重要活動，支持熱線的朋友齊聚一堂。我常說，熱線是同志社群照顧養大的，非常多朋友的信任、支持，熱線才能走到今天。這份銘記在心的感動和感謝，使熱線和台灣的同志社群非常緊密，持續提供同志需要的服務。

八、為什麼接線培訓要先上同志文化課程？

熱線的電話接線服務創始的理念就是「同志同儕輔導」——由瞭解同志處境、同樣有LGBT同志身分的義工提供服務。當時社會普遍對同志不瞭解，也帶有偏見，即使學校輔導老師或一般助人工作者，對同志所知有限。當青少年同志好不容易鼓起勇氣出櫃尋求協助，得到的回應卻可能令人失望。

接線義工要先接受三個月培訓，第一階段前六週上十二次同志文化課程，第二階段才是助人技巧、同理心等助人相關課程。同志文化課程包括：社群文化、同運歷史、同志與家庭、同志與宗教、老年同志、跨性別同志、愛滋與同志……占了培訓時間一半的同志文化課程，希望從各種主題讓接線義工廣泛、深入地熟悉同志文化，在接線服務時對於來電同志的處境更熟悉、貼近。

九、熱線各工作組成立的先後？

隨著工作的推展，熱線陸續成立了不同議題的工作小組，時間依序為：接線（一九九八年六月）、愛滋（二〇〇二年一月）、家庭（二〇〇三年四月）、教育（二〇〇三年十月）、老同（二〇〇五年二月）、高雄九六八（二〇〇七年一月，二〇〇八年改名南部辦公室）、親密關係（二〇〇九年一月）、性權（二〇〇九年，前身為二〇〇四年成立的人權小組）、跨工團（二〇一〇年十月，後改名為跨性別小組）。

正式工作小組外，還有非典型親密關係團隊（二〇一五年七月）、花蓮小團隊（二〇一七年五月）、雙性戀聚會（二〇一三年八月）。

十、熱線之前，前輩們為同運打下哪些基礎？

在熱線一九九八年成立之前，已有許多同志團體為台灣的同志運動打拚。這些運動前輩們的奮戰精神、無私投入的風範，對參與熱線創立的朋友有著啟蒙作用和影響。其中很多都是熱線早年在同志運動上重要的結盟伙伴。

最早成立的「我們之間」（一九九〇年）耕耘超過十年，「曾以通訊或打電話聯繫過的女同志超過一萬人次；曾加入的女同志超過四千人」（註三）。「同志工作坊」在九〇年代早期是最強悍的同運團體，為運動注入很大的活力，「台大 GayChat 男同性戀社」和「台大 Lambda 女同性戀社」都在校園的同志運動具有開創性的貢獻，後來聯合了其他的校園團體成立「全國校園同志團體聯盟」（全同盟），在九〇年代中後期非常活躍。「拉拉資推」則是在台灣網路發展初期，致力推廣教育女同志上網，影響很多女同志與社群的連結。「台灣同志社」、「NCA 新文明互助團體」是九〇年代後期很活躍的社會同志團體，透過活動和聚會支持著許多同志。

回顧熱線成立，倒帶廿三年前白手起家身影，讓大家瞭解發起成立的這群人當時究竟在想什麼，不論是對同志運動的理念，或是對組織經營的想法和做法，冀盼這些曾奠定基礎、影響至今的初衷，給面對現在或未來挑戰的年輕運動伙伴，有些參考價值。

註一：當時參與的團體包括：Queer nclass、桃社、同志公民行動陣線、台灣同志社、彩虹夜總會、中央大學性／別研究室、清華大學兩性研究室等，出席參與者有同志、性工作者、愛滋感染者等。

註二：一九九八年二月廿五日《聯合晚報》報導：「大台北地區某公立高中兩名二年級男生，被認為是同性戀……驚慌憂慮的母親向校方交涉、寫信給校長，校長要求勿宣揚此事……」「甲生，被父母毒打皮開肉綻，被強制轉學」「乙生，拿生命相逼，不准分手，情書纏綿……」

註三：引用自《揚起彩虹旗》頁二十五，二〇〇二年，心靈工坊出版。

是誰殺了同性戀？——TATTOO 墜樓事件

一九九八年，台北西門町熱鬧的男同志酒吧 TATTOO，一對男同志戀人因為醋意起爭執，一人作勢跳樓不料卻失足墜樓身亡。因為死亡的是大學生，事件發生地點在當時社會大眾相對陌生的男同志酒吧，竟引發媒體嗜血的瘋狂報導。

場景一：十一月二十二日上午，措手不及的電話訪問

十一月二十二日星期日一早手機響起，《聯合晚報》記者來電：「喀飛！昨晚西門町 Gay bar 出事，有位男同志墜樓身亡！……」我從床上跳起來，立刻打開電腦，想從 BBS 的同志討論區 MOTSS 察看是否有任何相關訊息，儘管出身媒體，也一直在同運組織擔任發言人，聽到記者開口，媒體人的直覺讓我心底響起紅色警戒，這是一個必須小心翼翼處理的電話訪問，而且晚報截稿時間在即，我的回應毫無半點遲疑的餘地。

當時採訪我的是過去曾有互動的社團線記者，對同志不算陌生，我在電話中憑著片段新聞談著

校園同志、青少年同志辛苦的處境。沒想到，後來看到印出來的報紙，《聯合晚報》竟然用了頭版頭條和第三版接近整版，非常巨大的版面渲染這次事件，在社會線記者多篇偷窺式報導為主的報紙上，我代表同志團體的發言，彷彿成為配合描寫同志悲慘「錯愛」的背景！

十一月二十二日《聯合晚報》：

頭版頭條大標：「錯愛　同性戀大學生墜樓死」，副標：「他，八樓躍下，他的他，目睹全程！」

第三版大標：「同志之愛——他倆熱戀三個月　容不下一粒沙」、「pub男同志最愛流連」，副標：「提供舞池再找壯男吸引〇號同志」

場景二：十一月二十二日下午，驚慌的宜蘭少年

「我永遠記得我在電話中，一直跟他重複：什麼？不可能！沒有！」接到朋友電話通知林可晨出事，治謙對著電話高喊，不願意相信。二十一歲的他正值當兵休假，一邊發抖一邊講電話，衝出家門要去買晚報，慌亂之際擔心去遲了晚報賣完，更是手忙腳亂。墜樓身亡的林可晨，本來約他一起從宜蘭去台北TATTOO酒吧玩，那是林可晨第一次找他去台北，放假的治謙覺得累沒有前往。

「妹子，我先上火車了，你到台北再打給我。」沒想到治謙隔天聽到時，事情已經發生，「這段留言，成為他生前跟我講的最後一句話。」

他們在宜蘭中山公園認識，當時治謙二十歲，林可晨只大他幾歲。治謙入伍前一晚，兩人買一堆啤酒在KTV喝得爛醉，林可晨不捨地說：「死妹子，你為什麼要去當兵！」在認識同志不易的宜蘭，無話不談的兩人成為圈內好友。

治謙買了晚報回家，不敢跟家裡說，一個人躲在房間翻閱，「我想要從新聞裡面找到蛛絲馬跡，有任何一個字告訴我，對，他沒有發生過這件事情。」他失望了，整份晚報從頭版到第三版，不但沒有他想要的答案，還把林可晨描寫得很奇怪，完全不是他認識的好友。

報紙描寫兩人吵架，林可晨作勢跳樓卻滑落，墜樓前對方拉著他，直到沒力氣了墜落。「很多年後，一直沒有辦法忍受去想像，那個時候的他。以他的個性，一定很後悔。他一直很想出家，而且有計畫要出家，他有在挑寺廟，也有在挑師父，他想跟家裡一步一步……他不會願意這樣走掉。」以前，林可晨常帶他往山上跑，去的寺廟都在人跡罕至之處，從柏油路騎到石子路，沒水沒電，真的是苦修的地方。林可晨是虔誠佛教徒，還曾到泰國短期出家。

一九九八年到二〇一五年(註)，事情過了十七年，治謙從剛踏入圈子不久的二十一歲少年，也已年近不惑，回想起當年看到報紙的諸多疑惑與無奈，他說：「那種痛啊、難過啊，積到現在。」

▌場景三：十一月二十二日晚上，求助電話暴增的接線室 ▌

那年夏天，同志諮詢熱線剛成立，六月二十六日辦完第一屆募款晚會，從六月二十七日開始服務。四個組成團體之一的「性與性別諮商協會」（原名同助會）首先成為接線服務者，其他參與草創成員加入第一期接線義工培訓，經三個月緊鑼密鼓課程，十月起加入電話接線服務。九月舉辦「同志法律人權座談會」紀念常德街事件一週年，十一月中，和同志社群其他團體／個人組成「一九九八選舉同志人權聯盟」，關注當年年底台北市長和立委選舉候選人的同志政見。當時，熱線辦公室僅一位兼職行政，所有人都是義工，大伙兒仍熱烈投入參與，心裡總相信也期待，這個為同志專門設置的電話，可以撫慰求助者的心靈，沒想到風暴襲來，還是有種強烈的無力感。

十一月二十二日晚報大幅報導，當晚電視新聞跟進炒作，我提醒當時熱線的接線組，務必留意當晚諮詢電話可能湧入大量求助者。果然，那是個忙碌的夜晚，許多人受媒體報導影響，紛紛來電。

「我好難過，為什麼那男生要這樣跳下來？他們又為什麼要這樣去說同志？……」

「我和爸媽一起看電視知道的，他們一邊看一邊罵，說同性戀就是這樣亂七八糟，就是這樣才會跳樓死掉……我好難過，怎麼辦？」

「本來我還一直很努力、很認真要找出和父母說的可能性，現在又這樣……我之前的努力不是白費了嗎？」

「我好想讓他們知道，不想再和爸媽疏離，但背著這個祕密好痛苦。電視報導，父母親的咒罵，一刀刀地砍在我身上。我好難過，他為什麼要跳樓呢？我也好想去死……唉！他們為什麼要這樣報導呢？」

熱線接線組當時負責的Chara，在後來整理接線紀錄回應新聞事件的報告中寫下：「這半年來，熱線記錄了同志的辛苦與艱難，見證了社會上各種偏見與誤會對於同志的殺傷力，一刀刀砍在同志的身上，多少同志因此生活得搖搖擺擺、殘破不堪，對於每個因為不平等對待與誤解而扭曲生活的同志朋友們，熱線要給的絕不僅僅是陪伴、包紮，更希望同志們能更有力量生存下去。」

場景四：一九九八年十一月二十四日，熱線發布緊急聲明

延續十一月二十二日週日晚報及電視的報導，媒體追逐的狂潮沒有退散，隔天週一，各家日報也做了大篇幅報導，繼續對同志交友、同志空間，以誇張的標題、煽情的文字報導，送到全台灣各地讀者的眼前！

《中國時報》第五版半版：

主文大標：「當男人愛上男人　同志不同心　補校生輕生」

次文標題：「玻璃情人　難逃致命迷思」，副標：「各自有女友　卻陷入熱戀　社會規範如枷鎖　抑鬱的心很脆弱」

配文標題：「亞當同樂會　大學生最多」，副標：「TATTOO　無照營業　同好口耳相傳」

內文報導：「台大表示，同性戀學生的生活圈子很窄，個性較封閉，對感情的占有欲也較強」（《中國時報》記者江昭青報導）

「連照顧他的阿姨都蒙在鼓裡。足見同性戀者在外界異樣看待之下壓抑了自我，以致一旦爭風吃醋，極易陷入迷思，釀成憾事。」(《中國時報》記者蕭承訓報導)

《自由時報》第五版半版：

標題：「同志談愛　遮遮掩掩」、「同志尋歡　偷偷摸摸」

《聯合報》第九版：

內文報導：「同性戀對國人而言，仍屬道德上的禁忌，同性戀者因此愛得特別辛苦，有時醋勁也特別大……」(《聯合報》記者張錦弘報導)

當年台灣社會對同志非常不瞭解，媒體報導複製了各種既有的偏見。原本是一件年輕學子欠缺成熟態度處理感情造成的意外，在媒體偷窺、獵奇式瘋狂報導下，同志族群被描寫成：不敢出櫃導致占有欲強，遇感情不順都反應激烈、容易做出瘋狂舉動，同志世界在記者筆下只剩下晦暗、見不得人、詭譎的場景！主要媒體颳起一陣暴風，煽情報導席捲整個台灣社會，讓出櫃困難的同志朋友，承擔更大的社會壓力。

同志諮詢熱線看到這種現象，於是對媒體發出緊急聲明，希望藉著同志團體的不同聲音，企圖扭轉主流媒體再次以偏頗報導深化對同志的負面形象。緊急聲明主要訴求三大要點：

一、同性戀不是問題，不會處理感情才是問題。

二、不要讓一個同性戀的死亡，造成更多同性戀的壓力。

三、不要以為你批評的同性戀，就不是你的孩子。

場景五：一九九八年十二月十二日，座談會控訴偏見殺人

當熱線以及關心同志運動的伙伴看見大篇幅媒體報導繼續製造對同志的汙名與刻板印象，感到萬分痛心。大家也思索著，究竟記者筆下那些對同志根深蒂固的刻板印象從何而來？如果當時的同志出櫃困難，撰寫報導的記者、處理新聞的編輯，也和社會大眾一樣接觸同志不易，那他們對同志的「認識」又是受到誰的影響呢？

不幸的意外讓新聞主角失去年輕的生命，而媒體瘋狂的汙名報導則像是無形利刃，刺向所有的同志，羞辱同志的尊嚴與人格，儼然就是一場屠殺。

同志諮詢熱線以兩週時間快速籌備，邀請中央大學性／別研究室、台大城鄉所性別與空間研究室、清大兩性與社會研究室、清大亞太／文化研究室、導航基金會共同舉辦「是誰殺了同性戀——關懷青少年同志」座談會。想透過座談會，探討形成社會偏見與歧視的論述根源，揭發及批判長期以來打造禁錮同志、宰殺同志論述牢籠的各種「偽專家」，並對各種偏頗的論述提出嚴厲批判。

為了這個座談會，熱線傾全機構之力，發動所有成員全面檢視主流教育體系教材，以及市面上廣為流通的出版品，對經常發表與有關同志的偏見、否定青少年同志存在正當性（當時常見否定論述為：「青少年只是情境式同性戀、假性同性戀」）的「偽專家」——穆基、彭懷真、晏涵文、謝瀛華

等人，及其各種帶有歧視的負面論述，逐頁檢視、詳細列出各種論述的出處，並一一提出熱線的回應，整理成《是誰殺了同性戀座談會手冊》。手冊中同時提出「推薦書單」與「不推薦書單」。

這本厚厚的手冊，算是台灣同運有史以來首見對於偏見論述進行大體檢的報告，傳達了熱線對於「偽專家」掌控主流論述的批判，對於汙名論述的全面回應。在文獻上，整理了一九九八年之前，有關同志的各種論述，是研究過去同志刻板印象構成的重要文件。這本手冊後來也在曾寶瑩、高智龍等人的碩士論文中引用為參考文獻。

在我多年來參與同志運動中，我觀察到對同志傷害最大、讓同志背負強烈刻板印象的「三大汙名事件」，一九九八年「TATTOO墜樓事件」是其一，另外就是二〇〇一年「箱屍案」和二〇〇四年「農安趴事件」。這三大汙名事件都在媒體渲染下捲起滔天巨浪，在事件冷卻沉澱多年後，而今重新回顧，更清楚看到那些汙名建構的軌跡。

註：治謙是我臉書朋友，之前沒見過面，也沒有太多互動，二〇一五年七月有天突然見他寫到TATTOO事件，才知道他認識當年新聞事件的主角林可晨，而且曾是他生前好友。於是約了他進行訪談。訪談完，治謙很想去當年出事的地方獻花，他說這事掛在心裡很多年。我從網路Google，在隨風飄散的網路訊息殘骸裡，找到已從許多人記憶消失的昔日酒吧地址。治謙買了一束花，因為不確定是哪一層樓，我陪他從十一樓往下走到七樓，在每個樓梯間都獻上一朵花。

治謙說：「他篤信佛教，我想，我在回憶訴說這些故事的同時，他應該是在我們身邊的！我知道，他會用當年熟悉的口吻說：『哎呀！你怎麼現在才來！』」

誰剝光了同性戀？——AG健身房事件

當出櫃仍有壓力，「同志空間」對同志來說，是一個難得可以卸下面具做自己的自在空間。汙名與成見，卻讓某些警察和媒體只想剝光同志，偷窺與定罪，一九九八年冬天的AG健身房事件就是這樣一個典型案例。

一通電話　驚動社群聲援

事情發生在一九九八年十二月二十日晚間九點多，我還記得那天是週日，和許多人一樣，我在家收拾假日的心情為隔天的上班準備。手機響起，是紀錄片導演陳俊志來電，他用急切的聲音大聲喊著：「喀飛！你快點來AG，警察跑來臨檢，衝到樓上抓人，還強迫客人做動作讓他們拍照。快點來聲援！」

原來是台北市中正一分局一組會同博愛派出所便衣員警，跑到重慶南路上的AG健身中心進行臨檢，當時是週日晚間，客人極少，警察進門就衝往樓上，把房間裡圍著毛巾的兩位男同志拉出來，強迫他們解開毛巾，做出性暗示意味動作供警察拍攝偽證照片，當時AG經理兼健身教練阿城和另一名員工見警方強制客人拍裸照遂趨前制止，卻遭警員隨手拿起垃圾袋紙捲筒擊打，並威脅他們不准多話，否則以妨礙公務罪名起訴。警方並將房間內撿獲的一枚未使用保險套，以及門口櫃檯找到的一箱保險套當成證物，將兩位客人以涉嫌猥褻罪、經理阿城以涉嫌使人猥褻罪，於晚間十一點半帶回博愛派出所偵訊。

未證先判　媒體附和警方

當時接獲陳俊志通知前往聲援的包括QC（性別人權協會前身）的王蘋、倪家珍、俞容，作家許佑生，同志諮詢熱線和《熱愛》雜誌的朋友等人。聲援者轉往博愛派出所準備協助被抓的三人，但警方拒絕聲援者滯留派出所並加以驅離，聲援者立刻在現場大聲向警方抗議。在聲援者努力下，社會局長陳菊致電關切，希望警方處理時維護同志基本人權（當時台北市長為陳水扁，距卸任僅剩四天），不料警方仍發生違法訊問，包括：製作筆錄時未全程錄音、脅迫並利誘當事人簽下與事實出入甚遠的筆錄。（註）

隔天（十二月二十一日）多家媒體片面引用警方說詞，新聞中直接稱三位當事人「公然猥褻」、「妨害風化」，認定AG健身中心「掛羊頭賣狗肉」、「暗中經營同性戀色情交易」，陳俊志導演和作家張娟芬、紀大偉三人聯名於二十四日《中國時報》「時論廣場」投書抗議，文章標題為「玫瑰與荊棘窺視與侵犯」，對電子媒體將抗議人士畫面剪接成「暴民干擾警方辦案」，卻隻字未對警方咆哮同志健身房、強迫同志裸身拍照偽證，進行批判。隔日，三家電子媒體的社會記者則為自己「未證先判」的報導投書回應辯護。

惡意臨檢　扼殺同志空間

在同志因為社會壓力和歧視而仍有出櫃壓力時，包括公園、男同志三溫暖、男／女同志酒吧，都是同志難得可以卸下（異性戀）偽裝面具好好做自己的空間，這些場合，是同志認識朋友、伴侶的社交空間，對於同志生命有重要的意義。尤其是當時網路才剛興起，或是難以／無法使用網路的無資源族群，性社交空間意謂著同志生命實踐的重要場域。警方、媒體和社會大眾，因為對同志偏見仍深，所知更有限，於是帶著異樣眼光看待這些完全不瞭解的空間，握有公權力的警察一旦無法依照比例原則、刑事訴訟及偵辦的合理程序辦案，立刻在自身成見影響下，變成濫用臨檢權的騷擾或壓迫。

在九〇年代末期到千禧年初期的同志運動，有很大的力氣都是在對抗來自警方對同志空間的惡意臨檢，那幾年，同志諮詢熱線接獲同志空間經營者求助而協助處理的案例至少有四件。這些案子共同的特性就是：宣稱臨檢次數正常卻頻繁得不合常態、利用客人難以出櫃的處境加以威嚇要求配合不當措施、企圖以經營者不熟悉偵辦流程騙取簽下與事實不符的臨檢紀錄、不願說明臨檢理由，遇店家或客人詢問臨檢者身分，則高聲斥喝或以優勢警力製造震懾氣氛。

創新空間　不堪臨檢結束

AG健身中心在事件發生前一年開張，年輕經營者展現創意，在空間規畫上融入健身房、三溫暖與餐廳，設計新穎，現代感不同以往店家，開幕初期即吸引許多年輕男同志前往，一度是台北男同志社群內廣受歡迎的新穎空間。

不料開幕後因為樓下美式餐廳主管對同志有敵意，多次向警方告狀，AG經營一年內，三番兩次被警察上門找麻煩，但每次都沒有查獲違法。直到事件爆發後，客人擔心頻繁臨檢而不敢上門，生意大受影響，老闆心力憔悴終致關門停業。這段辛酸過程在陳俊志導演的紀錄片《無偶之家，往事之城》裡有令人感慨萬千的忠實紀錄。

獲判無罪　被告身心憔悴

這次的事件，由人權律師邱晃泉擔任當事人辯護律師，經過一年多漫長的司法審判流程，終於獲判無罪。法院的無罪判決書要點包括：「被告（兩名客人）欠缺供人觀賞之意圖」、「警方以不正之方法脅迫取供且未全程錄音，否定警方筆錄效力」、「健身房提供休息小房間為常見服務」、「被告（健身教練阿城)與健身中心係單純之雇傭關係，無(受雇於AG)提供保險套、容留男客性交猥褻之情事」。

最後雖然判定無罪，但是當時莫名遭警方誣陷為「現場臨時負責人」的健身教練阿城，背負著一年多「妨害風化」刑事案件被告身分，在訴訟中飽受壓力與煎熬而心力憔悴。二〇〇〇年四月二十九日同志團體舉辦的「誰剝光同性戀——從AG健身中心事件談同志人權」座談會上，吐露長時間的心路歷程：「我用個人綿薄之力對抗檢警勢力已經非常疲累，幾乎喪失了為正義挺身而出的坦率與勇氣，不得不懷疑檢警體制陷人入罪的原始動機？是單純為警方業績添加分數的幼稚行徑，還是刻意打壓同志族群的刻板作為，或者另有其他不為人知的陰謀？」

同志的性　就是同志人權

每年的五月十七日是「國際反恐同日」，教育部學生事務及特殊教育司刊登「響應五月十七日國際反恐同日」網路貼文呼籲落實校園性霸凌防治，對此，向來反同的護家盟發表聲明，認為這是「把同志與性行為混為一談」，批評教育部「公然伸張同志議題」。護家盟還在聲明中宣稱：「同性性行為如同毒品，具有傳染性」、同志「純粹是性器官、性對象與性行為的誤用或濫用」。

如果一九九八年的AG事件是公權力假藉臨檢之名「剝光」同志、用以羞辱同志的性，護家盟這篇出現在二〇一六年，充滿謬論的聲明則是用閹割手段徹底否定同志應該有性！

前者把特定空間的性指稱為猥褻，後者刻意切割同志和同志性行為，前後相距十八年，同樣都是召喚社會反性、恐性的虛偽，目的則是否定同志存在的正當性。

註：AG健身中心事件詳細過程，引用自二〇〇〇年四月二十九日，《誰剝光了同性戀座談會手冊》。

一九九八選舉同志人權聯盟

台灣的同志運動開始直接對選舉表達社群意見，始於一九九五年十二月，當時的立法委員選舉，同志社團及台大外文系副教授張小虹組成「選舉觀察團」，對台北市立委候選人發出同志政見問卷，並召開記者會公布候選人的回覆。開啟了同志社群以「政見問卷」調查候選人的同志政見立場模式。

一九九八年直轄市（北、高）市長選舉，當年十一月，由三十五個同志團體組成了「一九九八選舉同志人權聯盟」，召開記者會發表「市長選舉同志社群行動宣言」，要求市長候選人保障同志生活安全、平等工作權、教育人權，並呼籲當選市長後帶頭示範對同志的尊重。聯盟代表同志社群送出了「政策承諾書」、「對同志友善指數開放問卷」給三位台北市長候選人——國民黨馬英九、民進黨陳水扁、新黨王建煊。最後國民黨馬英九及民進黨陳水扁簽署表達支持，新黨王建煊則重申其宗教立場表達拒絕，且公開發言反對同性戀。

政治明星對決社會輿論關注

這場市長選舉之所以特別引起國人關注，也是媒體長期投注相當篇幅報導的背景是：前一屆一九九四年的台北市長選舉是有史以來戰況最激烈的一次，當時黃大洲代表本來掌控最大政治版圖的國民黨，對上國民黨出走的新黨政治明星趙少康，以及擔任立委即備受矚目的民進黨新秀陳水扁，當年選舉台北市長的瘋狂程度，儼然整個城市都在火藥庫上。勝出的陳水扁在市長任內，擅長媒體包裝讓各種一新耳目的市政措施頗受輿論肯定與高度關注。抱持收復江山決心的國民黨，忍了四年，推出政治明星、媒體寵兒馬英九應戰。在兩人選戰打得激烈火熱之際，同志團體的政策問卷雖還說不上造成震撼影響，卻也在這次選戰中激起漣漪陣陣。

而在同志運動的歷史背景則是，累積了一九九〇年之後近十年的運動能量，同志組織蓬勃興起，校園同志團體在網路BBS助力下集結，同志書寫火紅、相關書籍密集出版，透過諸多社會事件，同志社群不斷在媒體表達自己的聲音。這也是「一九九八選舉同志人權聯盟」當時可以經過動員，快速獲得三十五個同志團體的集結並加入簽署「市長選舉同志社群行動宣言」，在洋洋灑灑的社會及校園同志團體名單之外，也獲得許多藝文界人士加入連署表達支持。(註)

開放問卷填寫　檢視歷史紀錄

在「政策承諾書」，同志社群選定了幾個議題希望候選人表態支持，包括：避免歧視傷害的人身安全、要求教育體系不得對同志存有偏見的教育平等政策、關乎職場平等對待的工作權，還有市長帶頭宣示尊重同志立場的承諾。會選出這些項目做為急迫需要準市長承諾的政策項目，來自聯盟策畫團隊對於當時同志處境的瞭解。

「對同志友善指數開放問卷」則希望候選人針對三個主題自行填寫：一、過去從政經驗中曾提出過哪些同志政策、參與過哪些同志活動；二、此次競選是否提出哪些同志政見；三、現有環境下同志人權保障需要哪些市政政策的推動。開放問卷不但希望候選人對未來表達政策願景，也檢視候選人過去以來對同志的友善程度與瞭解。希望這次的問卷不只呈現「支持或反對」這類簡單的立場而已，也能更細緻地看出候選人是否對同志政策下過功夫。

經過一段期間的醞釀，在投票前一週，「一九九八選舉同志人權聯盟」由發言人許佑生主持召開第二次記者會，將候選人回覆狀況對社會大眾公布。儘管陳水扁與馬英九兩大陣營基本上都連署表達支持，強調不會為了討好多數人，而犧牲同志的尊嚴與權益，但與會學者也評論指出，回覆內容多屬概念式而缺乏具體的政見，聯盟表達雖不滿意但尚可接受。陳水扁任內曾發生常德街事件（一九九七年七月三十日），一九九六年十二月承諾舉辦同志活動跳票、放同志團體鴿子，還有一九九六年十月許佑生婚禮原本答應出席卻臨陣缺席等歷史，也引起討論而被列入參考紀錄。

公布回覆過程　觀察友善態度

參與策畫與行動的聯盟核心成員在討論時，考慮到政治人物的承諾若缺乏時間的檢驗，宛如一張不知是否會兌現的支票，在沒有絕對具體承諾的回覆意見裡，如何掌握候選人的態度，變成可以呈現給同志選民的參考指標？

候選人回覆的過程中，馬英九陣營的回覆雖然顯示對同志的不瞭解，但也表達出願意溝通對話的誠意。而陳水扁陣營則是未能針對此次問卷主題回覆，僅將雜誌受訪的報導原封不動地貼上，稍嫌誠意不足。

另一個插曲則是，在問卷回收截止前一天，聯盟仍未收到陳水扁陣營的任何回覆，因為我認識王浩威醫師，他當時是陳水扁競選顧問團成員，於是我急電王浩威，透過他將聯盟尚未收到回覆的狀況轉達給陳水扁競選核心幕僚，才在最後一刻收到陳水扁回覆。這些過程在聯盟公開的文件上，也做了陳述與記錄，讓同志選民有更多的瞭解。

當時競爭激烈的兩大政治明星，後來一前一後都從仁愛路這端的台北市政府當家，入主仁愛路另一端的總統府，政治生命大起大落就快淹沒在歷史洪流裡。馬英九當選台北市長後，果然從二○○○年開始舉辦「同志公民運動」，這個傳統延續至今。後來他成為握有更大權力的國家元首，卻反而看不到任何對同志政策的具體作為。陳水扁在二○○四年總統任內，媒體喧騰一時報導國家人權基本法將把同志人權納入，後來終究只是沒有出過行政院的「草案」。

同志對市政政策或國家政策的需求是什麼，隨時間演進也有所變化。回顧一九九八年的行動，當年同志社群在毫無政治實力的時空背景下，完全是憑著一群人的傻勁，展開跨團體、跨組織的說明與連結，經過不斷地內部整合和意見溝通才完成行動。我很懷念當年參與運動者彼此之間的友誼與溝通誠意。

註：聯盟發言人許佑生曾在《自立晚報》擔任主編，加上當時開心陽光出版社負責人楊宗潤，靠著兩人過去長期在藝文界的人脈，讓這次宣言的連署得到許多藝文界人士支持。

【一九九九】內政部駁回熱線立案：同志不宜提倡

同志諮詢熱線成立一年後，在一九九九年著手向內政部登記立案為全國性人民團體，由當時參與成立的成員大尾負責。過程中一度遭到內政部刁難，回覆申請立案的公文上寫出奇怪的反對理由。多年後回頭看，這份公文所寫的反駁理由，正是同志過去如何被不平等對待的歷史紀錄。

儘管這份公文以「疑義」之名寫下的三點理由，看似沒有明文反對，卻都指向拒絕，看似溫和客氣的公文用字，翻成白話文卻是充滿成見：「你們這些同志就是不正常的次等公民，對於這種不被接受的偏差行為，我們是文明國家，理應不歧視，社會容忍已經是很大的仁慈，不代表你們就可以成立這樣的同志機構，去鼓吹其他正常人也變成跟你們一樣(不正常的)的同志。」

「同志關係雖應被尊重，但不宜提倡。」(註)

熱線申請立案的機構定位是一個同儕輔導的同志社區中心，服務對象是同志族群，為什麼內政部會把熱線機構屬性和服務對象所稱的「同志」，自動解讀為「同志關係」？同志是一群人，是同樣有繳稅給國家的公民，當時面對的是社會不公平對待的處境，還有生活裡遭遇歧視的生命難題，因為難以出櫃讓同志缺乏互相扶持的孤獨，內政部解讀成「同志關係」指涉的是什麼？是做愛就會傳播愛滋的「偏差」性行為？是無法傳宗接代生出小孩的「不正常」性關係？是不敢公開只能躲躲藏藏、「不可告人」的戀情？「應被尊重」的說詞只是表面友善，同志感受到的是「我會把你當人看」！至於怎麼尊重，語意模糊，後面接的「不宜提倡」，完全讓前面說的「尊重」破功。

「是否可能成不良後果？宜再酌」

為什麼「發展同志社區中心，提供同儕輔導」會造成不良後果？同志是不良幫派？聚在一起會鬧事危害社會安寧？因為有了同志中心，本來不是同志的人，也會受到「誘惑」而變成同志？因為同志違背「善良風俗」，官方同意立案了，將會帶來「社會價值混亂」？

「諮商諮詢應有醫師、心理、社工等醫事人員參與」

熱線當年以「同儕輔導」為成立理念，就是因為那個年代既有的相關助人工作者，普遍對同志仍不夠瞭解，甚至可能還存有偏見，使得求助的同志朋友（特別是青少年同志）難以被同理、無法得到幫助，才會訓練同樣有LGBT身分的朋友相關助人技巧和諮商概念，由這群人來擔任接線服務義工。因為只有處境相同／相似的LGBT朋友，才更能體會求助者的困境與難題。

如果當年的熱線因為內政部這樣一封駁回申請立案的公文，就膽怯退縮、打了退堂鼓，就不會有今天的熱線存在了。

當時熱線的朋友覺得內政部公文很荒謬，完全不能認同上面寫的離譜理由，於是找來學者寫了長長的回覆文，洋洋灑灑舉出各種論點反駁內政部的說詞。後來算是通過了內政部這一關，讓申請立案的程序可以繼續往下走，終於在二〇〇〇年六月九日正式召開會員大會、宣告「台灣同志諮詢熱線協會」正式成立。至於，內政部是因為認同了回覆文的論述觀點？還是覺得熱線找來的學者陣仗太大，不敢得罪，就不得而知了。

早年的社運組織，不會因為未立案而停止社會公平正義的行動，也不覺得從事社會行動的組織，要被國家認可才能存在。社會運動的存在，本來就是弱勢族群因為資源匱乏、聲音不被主流聽見，才要藉體制外非正式管道爭取發言機會。九〇年代有許多沒有立案的同志組織，他們當時發起的行動、進行的串連與發聲，都是劃時代的創舉，對於後來台灣同志運動的啟發和影響，都有非常重要的歷史地位。

熱線在一九九八年六月底開始運作，經過一年，才在一九九九年討論是否正式申請立案為全國性人民團體。當時著眼的考量是，如果能夠有正式協會的法人組織身分，未來能有機會申請各種經費和補助，也期待一個制度化組織的運作，讓同運人才培育、社會對話管道運作更順暢，為同志運動開展更大的可能性。

依全國人民團體組織的規定，發起人戶籍必須來自全台灣超過三分之二的縣市。當時熱線朋友各自從身邊最親近、熟識的朋友邀請擔任熱線立案的發起人。回頭看當年那份寫著本名和戶籍地址的三十位發起人名單，有很大的感動。在那個出櫃仍有壓力的年代，如果不是非常認同熱線成立的理念，以及最大的信任，怎麼可能提供這些個資擔任熱線發起人？

註：本篇標楷體文字為內政部回覆同志諮詢熱線申請立案的公文內容（詳見下頁）。

附件：

台灣同志諮詢熱線協會申請立案　內政部回函

發文日期：八十八年十一月廿六日
發文字號：台八八內社字第八八三八九二五號

一、台端等八十八年十月十五日申請籌組「台灣同志諮詢熱線協會」乙案，洽悉。
二、案經洽商相關主管機關意見後，有下列疑義：
〈一〉同志關係雖應被尊重，但不宜提倡。
〈二〉本申請籌組之社團，係以致力發展同志社區中心，提供同儕輔導等為宗旨任務，是否可能成不良後果？宜再酌。
〈三〉諮商諮詢服務之提供，均應有醫師、心理、社工等相關醫事人員參與。
三、請依前開予以說明及補(修)正後送部，憑再轉相關機關審查後，再議。
四、復請　查照。

內政部部長張博雅

公館Corner's酒吧惡意臨檢事件

一九九九年，一家台北公館的酒吧，曾是許多男同志朋友熱愛光顧的同志空間，因為靠近同志諮詢熱線當時的辦公室，這個空間也是熱線朋友喜歡聚會喝酒或是舉辦生日派對的空間，後來遭遇警察惡意臨檢，一樣面對空間信任感、安全感的破壞而終至結束營業的命運。

「Corner's」是從一九九九年十月開始營業，位於公館與師大商圈之間的辛亥路上，這家Gay Bar因為公館長期和同志文化關連頗深（註一），加上老闆阿龍的用心熱情經營、合伙經營者馬克的親切，迅速受到許多男同志喜愛。我還記得Corner's曾經在週末夜舉辦的扮裝皇后演出，店裡擠滿了將近兩百人，氣氛十分熱烈。

警察大罵：這些都是變態

這樣一個受歡迎的酒吧，卻在當年十一月七日遭警方強勢臨檢後氣氛改變。

水源派出所所長率刑事三組人員進入，所長高舉該店登記證影本，大喊：「營業事項不符」，喝令封鎖不准任何人離開，隨即通知中正二分局派員支援，員警趕至包圍，分局長命令檢查所有人證件並予以登記。

當時，有一位便衣警員大罵，「豬！變態！這上面賣的東西及價目，一看便知是同性戀酒吧！我看太多這種店，一看就知道是同性戀酒吧，這些都是變態！」(註二)警方下令檢查完證件，客人不得逗留，必須立刻離去。

警方的強勢與惡劣態度，引發客人不滿，質疑警方，既然未查獲犯罪，為何不准留在酒吧。混亂中，警方遮住臨檢紀錄單內容，要求店員蓋上店章。後來跟隨至警局的Corner's老闆阿龍這時才發現，僅三十坪營業空間，紀錄單上卻造假寫著八十坪，當場抗議。他問所長，為何會有如此異於平常的臨檢，態度強勢令人無法接受。所長回答：「有人檢舉，你們這裡有同性戀出沒，是同性戀酒吧！」隔日下午，副所長打電話威脅老闆：如果沒有重新申請執照，將通知房東拒租。

停業三週後，老闆阿龍依建管處規定，不賣調酒就不算飲酒店，重新申請執照，只賣啤酒、果汁和餐食。並且主動通知派出所，將依照新申請取得的執照重新開業。老闆阿龍原以為一切照著法令規定來，警察就沒有刁難找麻煩的可能；然而，為顯示經營者的光明磊落、主動通知警察重新開張的做法並沒有讓事情順利。

依規定重新申請執照　仍遭百般刁難

十一月二十九日一開店，警方立刻前來，仍以「營業項目不符」百般刁難，不服的老闆阿龍提出說明後，所長直接講出：「這個地方是高級住宅區，住的都是很高級的人，並不適合你們來這裡開pub。」「因為你們這裡有同性戀、雙性戀、牛郎出入。」

老闆因客人遭警方惡意臨檢對待倍感難過，對警方惡意臨檢感到不平，透過當時晶晶書庫店長賴正哲向同志諮詢熱線、性別人權協會求助。第一次遭臨檢時，王蘋、倪家珍和我前往瞭解，和老闆商議對策，致函對同志友善的市議員周伯雅，也聯繫人權律師邱晃泉諮詢法律意見。並且不斷給老闆阿龍打氣鼓勵，讓他知道，這些努力和堅強關乎著同志的人權，保護同志空間的存在意義非常重大。

作假臨檢單　逼迫店家簽署

當警方在十二月一日第三次臨檢，仍蠻橫地以紀錄不實的臨檢單，遮蓋內容要求簽名，老闆阿龍斷然拒絕，警方出言威脅，如果不簽就帶回警局。阿龍立刻聯繫邱晃泉律師、周柏雅市議員，蔡明華律師也打來關切。接到周議員電話關切，不當臨檢的派出所所長，態度才一百八十度轉變，表達只是臨檢，不會把人帶回警局。

事件至此雖然落幕，但歷經警方三次惡意臨檢的Corner's，客人因為擔心害怕而大量流失。過了一陣子，Corner's結束營業走入歷史，店裡歡樂的畫面成為許多客人的記憶。

距離事件發生的十七年後，我聯繫到多年不見的老闆阿龍。我只依稀記得Corner's結束後，他到周美玲拍片的公司幫忙，當年周美玲因為住附近，偶然路過來到Corner's，從此和阿龍熟識，而在店快結束前有了《私角落》紀錄片的拍攝。周美玲後來的電影，講扮裝皇后故事的《豔光四射歌舞團》及女同志愛情故事的《刺青》拍攝時，阿龍都是拍攝團隊裡的重要成員。

我問阿龍對當年事件的想法，他說，儘管當年結束Corner's造成一些經濟上的壓力，但他不後悔自己走過的這段歷程。他感慨地說，如果當時更勇敢就好，他對當時受警察惡意臨檢影響而驚擾的客人非常過意不去。阿龍一如過去認識時的體貼個性，一直說，都怪自己不夠保護客人。對於那段對抗惡意臨檢的日子，他很感謝熱線和性權會朋友當時的力挺與陪伴。他回憶，離開同志酒吧經營，剛開始的十年，他一直想忘記當時發生的事，一直到近幾年，他才終於放下，可以平靜地重新看待那段歷史。

有關Corner's事件當時遭遇惡意臨檢的訪談，收錄在周美玲導演紀錄片《私角落》。這些故事述說著過去同志空間與同志人權遭遇不當公權力惡意對待的歷史，老闆阿龍當年在巨大壓力下，堅強不妥協的對抗身影，值得留在台灣同運史裡被記住。

同志空間存在的重要意義

二〇一六年五月二十日，由梁小兔和梁小星兄弟創立、在高雄積極參與同志運動的男同志酒吧「南人窩」結束七年營業，最後一天的告別派對上，許多年輕男同志回憶著七年來和南人窩的故事。

有位朋友站在店長小兔身邊，對著滿滿的客人大喊，你們哪個人在過去這段期間曾經因為失戀來找小兔訴苦的舉手，我看到超過三分之二的人舉手，頓時百感交集。

我也想起在已經結束營業的台南同志酒吧「泰基瑪哈」，老闆基哥辛苦經營下，陪伴了台南的男同志朋友好多年的歲月。在泰基瑪哈，曾經有位已經進入婚姻的男同志喝醉時對著我講了一小時他學生時期與班上一位Gay同學的青澀愛情故事，然後流下淚來。

衷心感謝過去曾經或是現在仍在經營同志空間的朋友，以自己的熱情和青春陪伴許多同志朋友度過孤獨與歡樂的日子，讓許多人可以有一個不用戴面具的自在空間。

註一：公館在當時已有同志諮詢熱線辦公室、晶晶書庫在附近，還有對同志友善的女書店、唐山書店；鄰近校園的台大男同性戀社、台大女同性戀社，一九九三、一九九四年就已立案。一九九五年開始的GLAD（校園同性戀甦醒日），也是從台大校園開始。

註二：本文提及的警察說法以及事件情節，引用自Corner's Pub老闆阿龍當年致函給周伯雅市議員的「事件說明」原始文件。

為同運媒體戰培訓
——同運與媒體充電營

一九九九年十二月，我在同志諮詢熱線規畫了一個訓練活動——「蓄勢待發：同運與媒體充電營」。兩天活動設計了六個課程：「實戰報告：相看兩不厭——同志事件中的媒體實戰經驗」、「同志史觀：教同性戀真難忘——台灣同志運動史概論」、「題庫大觀：斯斯有三種，同性戀有幾種？——媒體眼中的同性戀」、「同志空間：尋找同性戀——聆聽社群裡各次文化的同志空間經驗」、「課前作業：我的第一次——探訪同志場所的身體報告」、「交流座談：我的彩虹夢想——同運二〇〇〇年的媒體創意」。

課程設計從媒體實戰經驗分享、同志史概論、媒體汙名下的同志處境、同志空間文化，到學員分享同志空間身體經驗的課前作業報告、分組共同發想的主題活動創意提案。講師／帶領者包含了媒體記者、紀錄片導演、口述歷史作者、作家、運動組織者、同志社團幹部等。招募對象是有志於在運動中參與媒體文宣的熱線義工，也保留名額給友好團體——教師同盟、Gay Chat、Lambda、拉拉資推、台灣同志社、愛滋感染者權益促進會。

訓練營課程內容主題、進行形態、招募對象，蘊含著我對於同志運動媒體戰略的經驗和期待，希望參與者能吸取有實戰經驗者的寶貴心得，激發對同志運動的熱情，從中培養對議題的認識和掌握能力。

規畫這個訓練營的初衷，和九〇年代後期、熱線早年所面對的同志處境有很大的關連。熱線剛成立不久，經歷了不少事。一九九八年六月成立後五個月，在十一月TATTOO墜樓事件引發媒體風暴時，剛好是「一九九八選舉同志人權聯盟」如火如荼監督市長候選人同志政見的忙碌時期，到了十二月又發生AG健身房警察惡意臨檢事件，隔年年底，發生Corner's酒吧遭惡意臨檢事件……那個時期，媒體戰幾乎成了同志運動最重要的戰場。

為扭轉長期以來媒體對同志的負面報導，去除同志背負的汙名，怎麼樣在同志相關社會新聞發生時，快速回應媒體的採訪、及時發出代表同志立場的公開聲明，成為運動中挑戰很大的新聞戰役。

一九九六年底「同志公民行動陣線」(註)成立後我曾擔任新聞發言人，熱線成立後，開始的三、四年也是由我擔任新聞發言人。我不記得寫過多少篇由組織具名發出的聲明稿、新聞稿，每每只要有重大同志事件發生或新聞見報，我就要立刻消化、掌握完整事件，找人討論，快速找到回應媒體的關鍵論點，振筆疾書(其實是打電腦啦)，努力寫出條理清晰又有新聞點的組織聲明。趕在當天媒體截稿前迅速讓主要報紙相關跑線記者能夠收到同志團體的聲明稿。這是一個和時間賽跑、也是和理念高度辯證的工作。

如果只是要寫四平八穩、無關痛癢的聲明稿或新聞稿，非常簡單，但我常在下筆前給自己的任務是，我必須寫出一些觀點，能夠扭轉輿論對同志的惡意和誤解。在九〇年代，這個願望彷彿是抱著愚公移山的態度行事！往往一個重大社會事件，整個版面都是教人看了生氣的汙名和偷窺式報導，同志團體的聲明只能占據短短的一小則篇幅，但是，有機會看到同志組織的觀點被引用上了標題，還是稍堪安慰，代表局勢開始有了轉變的機會。

以TATTOO墜樓事件為例，週日晚報的大篇幅報導，引爆所有媒體大追殺，超過九成的報導都把同志伴侶吵架其中一人不慎墜樓的事件，歸因是同志交友不易所以處理感情手段激烈，刻板化地描述為只有同志才會發生的慘劇。「同志談愛　遮遮掩掩」、「同志尋歡　偷偷摸摸」（《自由時報》標題），「同志不同心　補校生輕生」、「玻璃情人　難逃致命迷思」（《中國時報》標題）。在媒體一面倒對同志如同追殺般的報導中，所幸有媒體出現「諮詢熱線聲明：不會處理感情才是問題」為標題的報導（《聯合報》），這一句標題正是當時熱線發出的聲明稿中，三點聲明的第一點原始文句。

常聽見有人指責媒體「標題殺人」，一個標題誤導讀者認知，一個標題左右輿論風向。要扭轉同志遭到標題「屠殺」，我要求自己做到「標題救人」，一定要在發出的聲明稿中，透過大標或小標，寫出記者或編輯看了就想引用的文句。在曾經引發社會譁然的清大溶屍案中，事件後期，媒體一度根據當事人日記準備「驚爆」事件三主角不只是二女爭一男引發的情殺動機，還隱藏著兩女的「同志情愫」。接受某週刊採訪時，我直接告訴記者：「╳╳╳如果有錯，錯在殺人，不在於她是不是同志。」後來該週刊將這句子上了當期封面。化解了一場媒體渲染下，同志可能遭遇的風暴。

註：同志公民行動陣線簡稱「同陣」，由當時的校園及社會同志團體組成。成立是因應陳水扁市政府新聞處透過管道告知，將出資舉辦同志活動，於是在一九九六年底組成聯盟進行籌備。不料卻在所有活動規畫完成，即將起跑之際，台北市政府新聞處卻要求同志團體必須自行進行募款才有經費，此舉惹怒了同志團體，舉辦記者會及抗議舞會，表達對台北市新聞處言而無信、敷衍戲弄同志團體的不滿。

台灣同運史上有兩個簡稱「同陣」的聯盟，之前還有一個是「同志空間行動陣線」。曾在一九九六年初舉辦同志夢中情人票選、新公園舉辦彩虹園遊會。第一屆同陣的媒體策略極為成功，在當時搶占許多媒體版面。

附件：

【蓄勢待發——同運與媒體充電營】課程內容

十二月十一日（六）

一、十三：〇〇至十四：三〇 **實戰報告：相看兩不厭**——**同志事件中的媒體實戰經驗**

陳俊志：新聞局事件、美麗少年、東森事件的媒體經驗

小毛：同志空間行動陣線的媒體策略

喀飛：常德街事件、同志墜樓事件媒體經驗

二、十五：〇〇至十七：〇〇 **同志史觀：教同性戀真難忘**——**台灣同志運動史概論**

《聯合報》記者梁玉芳：從媒體看同志運動的文宣

講者：何甦（主持）、倪家珍、HANK、斯斯、祐祐（團體、媒體、活動及事件，拼貼台灣同志史）

三、十七：十〇至十八：四〇 **題庫大觀：斯斯有三種，同性戀有幾種？**——**媒體眼中的同性戀**

講者：社七媽媽陳麗玲（同性戀都：娘娘腔男人婆、愛滋汙名、性汙名）

十二月十二日（日）

四、一〇：〇〇至十二：〇〇 **同志空間：尋找同性戀**——**聆聽社群裡各次文化的同志空間經驗**

講者：喬婷：女同志的空間故事

阿哲：報告主題——新公園口述歷史、老年吧的故事

五、十三：〇〇至十五：〇〇 **課前作業：我的第一次**——**探訪同志場所的身體報告**

主持人：許佑生（選擇未曾去過的同志空間，分組探訪，再做課堂報告）

六、十五：三〇至十七：三〇 **交流座談：我的彩虹夢想**——**同運二〇〇〇年的媒體創意**

主持人：王蘋、喀飛（怎麼看同運與媒體？好構想、酷點子？這些事和妳／你生命的關連？）

進行方式：講者專題報告，互相討論，學員報告

講者簡介

梁玉芳，《聯合報》資深記者，主跑性別線

小毛，前同志空間行動陣線主要負責人，台大城鄉所碩士

喀飛，前同志公民行動陣線新聞聯絡人、前台北電台《台北同話》製作・主持人

陳俊志，《不只是喜宴》、《美麗少年》同志紀錄片導演

何甦，台大女同性戀社前社長、前台北電台《台北同話》主持人、《我們是女同性戀》主筆、outing事件當事人之一

倪家珍，同志諮詢熱線發起人、台灣性別人權協會發起人

HANK，台同社負責人、愛滋感染者權益促進會秘書長

斯斯，《同性戀邦聯》主筆、同性戀甦醒日（GLAD）發起香包小組成員、BBS站MOTSS資深網友

祐祐，前台北之音《台北有點晚》同志單元製作人

社七媽媽陳麗玲，又名陳耀民、布魯斯，專業同性戀、同志公民行動陣線常德街事件專案小組召集人、中央性別研究室前研究助理、吳鳳工專講師

喬婷，口述歷史小組成員，台大城鄉所碩士，研究主題：同志空間（喬婷於二〇〇〇年十二月出版由其碩論改寫的《馴服與抵抗：十位校園女菁英拉子的情慾壓抑》）

阿哲，口述歷史小組成員，淡江建築所碩士、晶晶書庫負責人（阿哲於二〇〇五年九月出版《去公司上班——新公園男同志的情慾空間》）

許佑生，作家，出版作品：《當王子遇見王子》、《同志族譜》、《懸賞浪漫》、《花癡》

王蘋，同志諮詢熱線發起人、台灣性別人權協會秘書長

第二個十年：二〇〇〇至二〇〇九

千禧年代紀事：運動就是無止盡的戰鬥

從今日角度回首歷史，千禧年代是台灣三十年同運的第二個十年，承載著九〇年代火光四射、各路奔騰的同運開創之後的沉澱。千禧年代，同志運動進入一個組織化的年代，也來到和社會價值對話與交鋒的年代。

台灣同志諮詢熱線協會在二〇〇〇年六月九日召開成立大會，完成法定的立案程序，成為在內政部登記的第一個全國性同志機構。會員投票選出、組成理監事會，我被理監事們選為首任理事長。收到了內政部的理事長證書，上面寫著我戶籍登記的姓名，還貼著一張大頭照，我開玩笑說：哇！這好像同性戀證書喔！我彷彿成為第一個被國家認證、列管的同性戀。

不過對我個人而言，當時消耗心思掙扎的是：「我要向媒體出櫃了嗎？」一立案的同志組織、被推到第一線的頭銜，讓我沒有後退的理由，從此以後，不論是接受採訪、參加公開活動，明明白白用同志身分面對所有的媒體。只是我選擇使用我賦予自己同志生命的「喀飛」名號參與同志運動，而非原生家庭給我的戶籍上的姓名。與其說這是不敢出櫃，不如說，是我不想讓原生家庭成員承擔我出櫃後對他們生活可能帶來影響的代價。

對從事社會運動的人來說，要做事、要倡議，不會因為沒進入體制而被框架限制，只是有了法人地位，熱線可以發文和公部門打交道，不過是多一個做事的管道罷了。熱線堅持的社會運動路線未曾改變，上街頭依然是熱線的家常便飯，也沒有因為多了什麼頭銜，批判不公義事情的時候會變得客氣。

二〇〇〇年開始的台北同志公民運動——台北同玩節，熱線承辦了第一屆到第六屆；二〇〇一年，熱線首次舉辦「認識同志——教師研習營」，工作人員以我做為理事長署名的公文向地方教育局申請認證，讓參加的老師有了學分認證。這個熱線創始舉辦、讓教育工作者認識同志的研習，早於二〇〇四年「性別平等教育法」通過之前。後來幾年，持續在台東、羅東、花蓮、彰化、新竹等非大都會舉辦，為日後的同志教育、性平教育埋下種子，有些最早參加的老師，後來也成為性平教育的重要推手。

歷史來到千禧年代，台灣經歷了一九九六年第一次民選總統，來到第二次民選總統，也經歷第一次的政黨輪替，由過去的「黨外」、後來的民進黨當家入主總統府。國會的惡鬥，從不願承認敗選的國民黨開啟此後的紛擾，把台灣的政治推向無止境的纏鬥。

如果說政黨輪替是民主化重要的里程碑，那應該就是推倒萬年國會、立法院全面改選後，過去的在野黨學習執政，過去的執政黨學習在野，只是民主學步的階段，還有更多的民主化工程等待開啟。而社會對同志的歧視、敵意，並沒有因為台灣在二〇〇三年舉辦了華人世界第一次同志遊行，同志的社會能見度提高、同志的發聲機會增加而消失。

二〇〇一年的箱屍案、二〇〇四年的農安趴事件像是一場又一場的狂風暴雨，媒體集體的惡意強烈席捲整個同志社群，將同志的汙名推向前所未有的沉重深淵。在同志身上劃下的巨大傷口，恐怕廿年都難以平復。這兩個社會新聞會成為媒體渲染、獵巫同志的重大事件，背後糾葛著社會對於性、特別是同志的性，有深沉的敵意和貶抑，一旦連結到命案、藥物，積累的歧視和排斥統統爆發。

在我參與同志運動的歲月，有很長的時間，重疊著我在傳播職場的生涯，也就是說，我是一邊在傳媒工作維繫生計，一邊利用餘暇投身運動。二〇〇三年到二〇〇六年，因為職場轉換，我投身過去未參與過的報紙編輯工作，在那四年，除了出席每年的熱線晚會、同志遊行，每季一次的熱線理監事會開會，在忙碌異常的報社工作下，我幾乎沒有餘力參與更多。這四年的運動歲月空白，讓我缺席了聲援晶晶書庫賴正哲被控妨害風化的性言論自由案件，也缺席了和熱線人權小組的巫緒樑、高穎超、歐克夏一起面對的農安趴風暴，同志社群與汙名抗爭的戰役。

但是我知道，同志運動是長久的戰爭，是永遠不會停止的對抗，組織化讓熱線不斷培養著接棒的運動人才，讓熱線把工作人員訓練為每個人都可以站上第一線代表熱線發言。組織化、重視人才組訓，讓同志運動不會因為一個人的缺席或倒下而停下腳步。如果說，熱線對台灣同志運動的最大貢獻，我認為就是培育了許多投身同志運動、社會運動的積極參與者。

二〇〇六年終於離開每天操爆的報社編輯工作，讓我重返同志運動的行列。當時為了快速進入狀況、跟上腳步，我瘋狂地參加了熱線每一個工作組。加上投身二〇〇七年、二〇〇八年的同志遊行籌備工作，現在已經無法想像當時忙碌和疲累的慘狀。後來我認清現實，知道生命終究有限，不再虐待自己，離開了同志遊行團隊，在熱線，選擇了兩個我最關心的議題——老同小組和愛滋小組，繼續參與。老同小組關注老年同志議題，對於年歲漸長，人生愈來愈靠近老年階段的我來說，討論「老」與「變老」彷彿就是與自己生命息息相關的議題，愛滋小組專注的愛滋人權、感染者權益，以及男同志的愛滋教育、性愉悅教育，也是我長期關注、在意的議題。

十年很長嗎？當你看著自己的生命軌跡變化，十年經歷的事情彷彿如昨。一旦回憶是以「十年」為單位，就是開始老化，必須更嚴肅看待。

【二〇〇〇】總統府的第一面彩虹旗

二〇〇〇年九月四日，時任總統的陳水扁接見了來台參加「台北同玩節——同志國際論壇」的美國資深同運人士：南．杭特（註一）和麥可．布朗斯基（註二），陪同出席的台灣同志社群代表是性別人權協會祕書長王蘋、台灣同志諮詢熱線協會理事長喀飛，還有長期關心人權、促成這次接見的律師邱晃泉（註三）。

喀飛代表台灣同志社群提出「安全和人權」、「教育人權」、「平等工作權」、「總統帶頭示範對同性戀的尊重」等同志基本人權的四大要求，總統對此表示「非常同意」。總統陳水扁認為：「同性戀不是罪，也不是疾病。」

王蘋提出：希望政府部門能以中央的力量，幫助更多在台北市以外、更缺乏資源的弱勢同志公民，改善他們所處的社會環境。

曾參與美國「石牆事件」的麥可．布朗斯基說：這次來台參加「台北同玩節」的活動讓他非常感動，甚至兩度落淚。這些情境讓他回想起年一九六九年發生的石牆事件。著名同志運動人權律師南．

杭特對同樣是人權律師出身的陳總統表示：身為同志人權律師，她主張同志人權保障應納入法律。

南・杭特和麥可・布朗斯基代表美國女男同志、雙性戀、跨性別同志社群致贈同志文化象徵的彩虹旗和彩虹別針給總統，陳水扁與國內外同志運動工作者一起與彩虹旗合照；總統並欣然接受南・杭特當場為他別上彩虹別針。(註四)

看似正面的歷史會面，本來應該令人開心，一行人和總統拿著彩虹旗合照、結束走出總統府後，開始覺得奇怪，為什麼台灣總統第一次接見同運人士、發表「重視同志人權」如此重要談話的當下，卻沒有任何媒體在場？難道這些宣示僅止於總統府內？這些「好聽」的話，只講給現場的人聽而已？

我們和協助邀請兩位國際同運人士來台的何春蕤老師會合後，決定立刻撰寫新聞稿，主動對媒體出擊，拒絕讓這次政治會面變成「黑箱行程」。我們找到離總統府最近的台大醫院，在喧鬧的美食區，克難地拿出紙筆（對！當時沒有筆電），字字斟酌地把過程中重要的談話寫進新聞稿，讓陳水扁講過的「美麗」政治語言不要只是應酬式的外交辭藻，而是國家元首昭告天下的立場宣示。

當晚TVBS新聞頻道引用德國通訊社在台特派員發的新聞，記者也致電總統府求證總統當日行程，時任祕書長的陳哲男竟以「為顧及出席者出櫃壓力」，解釋為什麼沒有公開總統這個行程，也沒有及時提供新聞稿給媒體。對於常上媒體受訪的王蘋和我來說，這說法令人哭笑不得。當天深夜，中央社、《聯合報》、《明日報》跟進做了報導，總統府後來也在官網貼出新聞稿，只是，標記民國八十九年九月五日的這篇新聞稿，真正出現在總統府官網上的日期卻是九月八日，早就過了新聞

時效！（註五）

對政治天王這種，既想贏得美名卻又顧忌反同保守宗教勢力反彈的算計，台灣同志運動歷史中並不陌生。稍有年紀的人或許記得，一九九六年許佑生婚禮，原答應出席的台北市長陳水扁，臨時以「肚子痛」藉口缺席，送了沒有官銜、僅署名「陳水扁」三個字的賀匾。

另一個對同志黃牛的紀錄，就是羅文嘉在台北市新聞處長任內，失信於二十多個同志團體組成的「同志公民行動陣線」，先以市府將撥款辦同志活動號召，在同志團體大費周章規畫就緒開跑前，卻以執行單位未能自籌募款為由，放同志團體鴿子，遭同志團體抗議。（註六）

總統接見的前三天（九月一日），也就是台北同玩節舉辦前一日的台北市政府記者會，視主辦「同志公民運動」為重要施政的馬英九，令人錯愕地臨時缺席，改派副市長代理。九月二日同玩節園遊會在當時的華納威秀廣場熱鬧登場，媒體大幅報導，SNG現場不斷連線，感受到輿論對同志活動的支持，隔天的國際論壇，馬英九就現身致詞。（註七）

同婚法律通過前，北高兩市都宣稱要提供同志伴侶登記，卻又高調聲稱不具法律效力。有人抨擊這些好聽卻虛幻的做法對同志一點實質幫助都沒有，同志社群則有聲音認為，「也算一種善意，總比沒有好。」這種觀點我實在不能認同！

台灣同運歷經二十多年，和政治人物互動並非毫無任何經驗與教訓。不論是一九九五、一九九八、二〇〇一、二〇〇六、二〇〇八選前組選舉觀察團要求候選人簽承諾書，或是二〇〇七年馬英九為了選總統，躲開同志遊行群眾的下午時段，在上午強勢帶媒體出現遊行集合地點搶奪媒體版面，卻不願承諾簽署同志遊行聯盟提出的五大訴求任何一點，這些歷史事件，一次又一次都是在和政客的政治權術過招較勁。

政治天王們在選票得失之間各有權謀算計，卻又對同志社群猛吃豆腐頻頻出招耍小動作，只想做樣子「表達形式善意」，不願做出得罪保守派的「具體實質政策」。同志運動儘管無法拒絕政治互動，卻不應該在政治判斷和互動技術上，無視歷史經驗與教訓，一直停留在「有就好」的政治幼稚班做法。

分享陳年往事並非要對政治人物做什麼好人壞人的區分，而是期待繼續前進的台灣同志運動，可以站在過去的經驗和教訓之上，展現更大的政治智慧和成熟的眼界，才不會被政治人物視為可以任意敷衍的政治肉腳。

當年陳水扁以國家元首身分和國內外同運人士拿著彩虹旗合照的歷史畫面，我們後來透過邱晃泉律師取得總統府攝影官所拍攝照片。台灣總統府首次出現的彩虹旗，對台灣同運前進有沒有助益，就交給歷史去評價。

註一：南・杭特（Nan Hunter），喬治城大學法學博士，曾任教於喬治城大學，哈佛法學院、邁阿密大學法學院和加州大學洛杉磯分校法學院。美國著名人權律師，一九七〇年起積極參與同志公民權爭取，美國愛滋領域權威法律人士，「美國公民自由聯盟」（American Civil Liberties Union）資深法律顧問。一九九〇年獲美國同志協會頒發「人權獎」，二〇〇〇年獲「美國愛滋研究基金會」頒發「先鋒勇氣獎」。

註二：麥可・布朗斯基（Michael Bronski），美國資深同運組織工作者、作家、同志歷史學者。一九六九年起就參與美國同志運動，致力推動美國同志文學文化和運動發展。一九九九年獲美國同志運動最高榮譽「石牆終身成就獎」（Stonewall Award）。

註三：邱晃泉律師，曾任台灣人權促進會會長、同志團體義務法律顧問，一九九八年同志空間AG健身房事件擔任辯護律師。

註四：引用自同志團體新聞稿，標題為：贊成同志基本人權應受到保障　總統表示「同性戀不是罪，也不是疾病」。

註五：這篇標題為「總統接見美國同志人權運動者」總統府新聞稿，在總統府官網仍可見得到（http://goo.gl/VDhSyS）。不過在記錄重要文件、每週出版的當期「總統府公報六五四二號」，相關新聞稿和總統行程，卻找不到紀錄。

註六：一九九七年二月二十三日「第二屆彩虹情人週」因台北市政府新聞處跳票而取消，「同志公民行動陣線」辦記者會譴責市府，並在台大校門口以小貨車為舞台，克難地舉行「同志嘉年華抗議舞會」。

註七：當時讓馬英九顧忌的，就是同玩節舉辦前，福音派牧師夏忠堅主導反同教會進行「反對同志公民運動」的連署聲浪。

公館彩虹社區——同志就在你身邊

二〇〇〇年七月，由台灣同志諮詢熱線協會、晶晶書庫賴正哲、搖滾看守所、Corner's酒吧一起出資發起，在台北公館推動「公館彩虹社區」計畫。發起單位在社區裡拜訪店家進行邀請，前後有The Source、愛丁堡、女巫店、唐山書店、地下社會、挪威森林咖啡、葉子咖啡、人性空間、中西美食、黑森林德式美食、魚玄機手染服飾等共三十八個店家參與，後來包含在公館之外的Funky酒吧、漢士三溫暖、Going酒吧、熱愛藝文空間也響應加入。參與店家在店門口貼上彩虹貼紙表達歡迎同志，在店內放置定期印製出版的「彩虹社區地圖」，上面標示著對同志友善的店家，並列出當月同志活動訊息。

「公館彩虹社區」計畫，從召開記者會宣布成立，到後來因為經費和人力而僅維持約半年，但是在「同志社區」意識的推動，以及「同志社群與社區對話」的意義上，開啟了新的風潮。

彩虹種子發芽的土壤

台北公館是個得天獨厚的社區，文風鼎盛、多元思潮匯集，書店與出版社林立。包括最早成立的校園同志社團（一九九三年四月「台大男同性戀社 Gay Chat」、一九九五年二月「台大女同性戀社 Lambda」），一九九五年六月從台大校園發起的「校園同性戀甦醒日 GLAD」，一九九四年三月成立第一家以女性為主題、對同志友好的「女書店」，一九九三年十二月成立、充滿運動性的「同志工作坊」，這些極具代表性的社團和活動，都和公館社區關係密切。最直接公開出櫃的同志機構／商家，當屬一九九八年六月在台電大樓旁巷弄內設置、第一個常態運作的同志組織「台灣同志諮詢熱線協會」(註)，還有一九九九年一月披掛彩虹旗開張營業的晶晶書庫。

在這之前，網路蓬勃發展的 BBS 同志討論區，對於同志運動意義重大，但畢竟屬於虛擬社區的集結。一九九六年二月舉辦「同志夢中情人票選」讓同志議題受媒體關注的「同志空間行動陣線」，或曾在一九九七年七月舉辦「彩虹・同志・夢公園」、一九九七年八月舉辦「常德街事件座談會」的「同志公民行動陣線」等風起雲湧的聯盟，都是機動性很強、但缺乏資源難以定點設置與常態運作的游擊性運動組織。用白話來說，早年的同志運動組織，在新聞事件後，媒體和社會大眾是難以主動找到的！而同志酒吧和同志三溫暖，則考量公開曝光可能招來排斥與偷窺，而被迫小心翼翼避免公開地址，僅在社群內口耳流傳。

同志不隱身　組織大出櫃

彩虹社區計畫大張旗鼓向媒體宣告，也毫不隱諱標示所在空間地理位置，不論是標榜同志商家或機構的現身，或以友善同志店家之姿出列，都宣示著「我們就在這裡，我們對同志張開友誼之手，歡迎同志到來」。這樣公開宣示的行動，不只是讓同志社群得到鼓舞與支持，也對其他市民和店家傳達「友好示範」的平權教育。

「社區」在實體上是共同生活圈的概念，彩虹社區進行的是「我們是同志，我們就生活在你的身邊」的社會對話，同志個體或同志商家／機構不再隱身，而且主動讓你看見活生生的LGBT同志生命樣貌。早年在同志諮詢熱線，偶爾會看見害羞的青少年同志隻身前來，他們都是因為找到晶晶書庫而透過賴正哲介紹，來到熱線求助或參與活動。

對同志社群來說，彩虹社區不只是空間上的實體展現，也有互相扶持、集體合作的社群連結意涵，讓運動能量得到催生力道。不論是二〇〇〇年九月凝聚同志社群力量舉辦的第一屆同志公民運動「台北同玩節」、二〇〇二年五月串連抗議國防部憲兵徵選排斥同志的反歧視行動，或二〇〇三年開展的第一屆台灣同志遊行，二〇一〇年三月抗議台北市教育局禁止高中設立同志社團的歧視公文事件，二〇一一年對抗真愛聯盟打壓同志教育、長達一整年的抗爭行動，這些都是延伸彩虹社區集結而寫下的同運歷史。

給支持力量出櫃的機會

記得當年在「彩虹社區計畫」舉辦記者會後，有家電視台報導這個新聞時，記者在公館巷弄刻意找來一位帶著幼兒的媽媽訪問：「你覺得彩虹社區店家如果公然在你的住家附近出現，對你的孩子會有不良的影響嗎？」記者大概預設了媽媽會說出排斥彩虹社區的回應，沒想到這位媽媽對著鏡頭大方地說：「為什麼會有不良影響？我的孩子在這樣的社區長大，他才有機會認識不一樣的人，心胸才會更廣！」

當時這段話一直記在我心裡，我也還記得當時看到新聞報導時得到鼓舞的心情。回顧歷史已過廿年，當年受訪媽媽牽著的小娃，現在已是二十多歲的青年，他何其幸運有一位心胸開闊的媽媽，願意提供給孩子一個多元的成長環境，而非屈從於社會成見，只是推卸責任式地丟一句──「這樣讓我不知道怎麼教小孩。」

註：「台灣同志諮詢熱線協會」已於二〇〇二年搬遷至古亭捷運站旁現址迄今。

反同宗教勢力集結首發

台北市議會在二〇一六年六月通過決議，建請台北市政府於同志遊行舉行的十月二十九日當天，在市府頂樓升起彩虹旗，表達對多元文化的支持，這項行動由三十四位台北市議員連署提案通過，媒體報導後經台北市民政局長藍世聰證實確有此事。消息傳出，反同宗教人士立刻發動信徒瘋狂打爆台北市政府一九九九市民專線，抗議的電話讓市府人員接到手軟。

在市府升彩虹旗，是台北市府表達對全亞洲最具規模同志遊行的支持，象徵市政府認同彩虹旗代表的多元文化價值。回顧台灣同運歷史，反同宗教勢力幾次對同志相關議題／活動所進行抗議，不只是表達他們所堅持的理念，也極盡所能煽動信徒阻擋社會對話的可能。最早的一次反同宗教勢力集結，就在二〇〇〇年！

教會抗議　市長缺席記者會

二〇〇〇年，台北市政府在廿一世紀的開始，舉辦了第一屆同志公民運動「台北同玩節」，這是馬英九擔任市長時引以為傲的創舉，過去從未有公部門在正式預算內建制「同志公民運動」這樣的科目。不過，預算雖然編了，經費卻少得可憐，不到一百萬（註一），承辦的同志諮詢熱線和許多同志團體，完全以奉獻的熱忱共同承接這個大型活動；在當時華納威秀中庭擺攤介紹同志議題的園遊會，在市議會舉辦同志國際論壇，並且編印第一本《認識同志手冊》（註二）。許多同志團體和個人無酬奔波籌畫，本來市長馬英九將親自主持記者會，向媒體介紹這個公部門的創舉，地點就在緊鄰市長室的大會議室，不料同志團體卻臨時接到通知，市長不會出席記者會，改由副市長代為主持。後來才知道，原來是宗教團體透過同為教會人士的黨政高層向市長施壓，臨時喊卡。

當時在福音派牧師夏忠堅發起下，神職人員和教會人士共同連署反對台北同玩節的舉辦。「聯署宗派包括浸信會聯會、台灣聖教會、台灣聖公會、台灣信義會、浸信宣道會等八個宗派，教會則有九十所及四百零八位個人簽署。」（註三）堪稱台灣第一次有組織的反同集結和公開行動。這些以天主教和基督教為主的反同勢力，發表公開信向台北市長馬英九、民政局長林正修，以及總統陳水扁喊話。

引用《聖經》反對同性戀到底

「同性戀在上帝的標準是罪，需要悔改；台灣社會和教會界應接納同志群體，協助他們脫離困擾；國外的同性戀集會都充斥著淫欲與色情，台北市沒有必要以此集會，做為晉升為國際級都會的指標。」

「參與簽署的新店行道會主任牧師張茂松表示，站在信仰和道德的立場，他反對同性戀。他說，

《聖經・羅馬書》很清楚地指出，神『任憑男和男行可羞恥之事』，在《舊約・聖經》中所說的孌童、廟妓都是被咒詛的同性戀者。因此，不論同性戀者用什麼方式合理化自己的行為，基督教都要反對到底。」(註四)

當時華納威秀中庭園遊會的攤位，是由各同志團體負責，每個團體都挖空心思設計各種遊戲或展示圖表文字，無非是要藉著這些賓主同歡的小遊戲或生動文案，讓參與的市民有機會進一步瞭解同志，消除過去因為沒機會接觸而產生的誤解和刻板印象。對於遭歧視無法被社會接受的同志社群來說，這樣一個公開的活動，有助於消弭長久以來無法出櫃帶來的壓力和自我認同困境。

同志困境　只是合理化藉口

這些宗教人士引用《聖經》做為批判同性戀的理由，眼中全然不見其他不同宗教信仰者的價值，企圖以此阻擋台北市政府編預算所舉辦的活動，完全不管活動內容是什麼、活動目的是什麼，報導中反同人士說得非常露骨且明白：「不論同性戀者用什麼方式合理化自己的行為，基督教都要反對到底。」而這樣一句反同者心底真正的想法，經過這麼多年一次又一次對同志社群打壓的行為，也確實得到印證！

不論在公聽會或座談會、不論透過同志教育的教師參考教材或是同志遊行的片段畫面，他們總是看不見描述同志實際生活難處的故事，他們看不到因為社會差別待遇而困在生命裡的血肉身軀，對反同者來說，這些都只是同性戀為自己脫罪的合理化藉口，因為只要和同志有關的議題、政策、教材、活動，他們「都要反對到底」！

反同教會勢力集結和行動，從二〇〇〇年的「首發」至今，未曾歇止。包括更早的時候，他們批判過一九九六年五月同光教會的成立、反對過二〇〇四年五月第一位同志牧師曾恕敏的封牧；他們在二〇〇六年八月召開記者會反對第七屆台北同玩節，輔大神學院院長艾立勤神父指出，「這種活動會讓台北成同志解放場所、愛滋病毒散播溫床。」市議員厲耿桂芳批評北市府「縱容同性戀者」，台北市基督教教會聯合會理事長朱台深說，「同性戀如同中輟生、吸毒者一樣，都有原罪，是違反善良風俗。」（註五）

假稱神意　在災民傷口撒鹽

二〇〇六年十月立委蕭美琴第一次在立院提出《同志婚姻法草案》，未曾有機會被討論即遭具教會背景的立委封殺；同年年底，立院審查《就業服務法》修法，反同教會運作企圖阻止「性傾向」增列為不得歧視項目（註六）。

二〇〇九年九月廿四日長老教會陳宇全牧師發起，靈糧堂、浸信會等數個基督教團體共同舉行「反對同志遊行」的遊行。當時最令人氣憤的就是，他們遊行高舉的紅布條寫著「八八風災是神為了懲罰同性戀」，為了反同，竟然殘忍地在小林村災民家屬的傷口撒鹽。

到了二〇一一年，反同勢力又一次大規模集結，打著「真愛聯盟」旗幟，阻擋國中和國小高年級原本將實施的「同志教育」。之後在二〇一三年，發起十一月三十日反對同志婚姻立法的遊行和大型群眾大會，其後名稱換過一個又一個，不管是「守護家庭聯盟（護家盟）」、「下一代幸福聯盟」，或是組成政團投入選舉的「信心希望聯盟」，用盡手段抹黑、批判、打壓同志社群和同志相關議題，成為他們最重要的訴求和組織目標。

扭曲言論　終將餵養出仇恨

二〇一六年女性影展有一部韓國導演李英拍攝的紀錄片《誰在找麻煩》，為韓國同志團體與反同教會勢力多年來的戰鬥記下珍貴影像。在首爾同志遊行時，反同教會勢力不但在旁邊聚集高分貝辱罵同志，甚至還有人衝到同志遊行隊伍的前導車前躺下，以肉身阻擋同志遊行隊伍前進。這些影像深深令我震撼！究竟有多大的敵意和恨意，讓韓國這些反同宗教人士激烈到用這麼強硬的手段進行近距離肉搏戰？究竟是什麼力量的拉扯、鼓動，造就出如此粗暴蠻橫行徑的動力？

台灣同志運動和反同宗教勢力的戰鬥短期是不會停止的；過去那些極盡所能扭曲、抹黑同志遊行的煽情影片，每年遊行後一定少不了還會出現；每天緊盯同志諮詢熱線官網、臉書粉絲頁，以及熱線性教育網站「爽歪歪」，常截圖惡意曲解再大做文章的言論審查監控，一時之間恐怕也不會停手；更不用說，屢屢以「家長」身分，在不同學校企圖阻止熱線進行「認識同志」演講的各種投訴，最近愈來愈張狂。

當同志社群企圖打開一扇又一扇的窗，讓彩虹的光線點亮那些堆疊偏見的晦暗不明，掩耳拒絕聆聽的反同言論就好像跳針的唱片，繼續倒灌那些：只要是同志的事，就「都要反對到底」的謬論。我沒辦法只是用看笑話、嘲弄的心情看待這些不斷又不斷重複的荒誕，只是想著，扭曲的，會不會有一天從「言論」變成「人」？我不希望恨意與仇視的幼苗，就這樣從扭曲的心田裡長了出來。

註一：經費最充裕的台北市政府所舉辦的各式各樣活動，少則數百萬，多則上千萬，有許多活動光是宣傳費用就超過百萬。相對來說，當年實際經費不足百萬的台北同志公民運動，全靠同志社群的無酬奉獻才得以完成。

註二：《認識同志手冊》從第一屆版本開始，延續多年，每次印製七千本。宛如同志小百科的手冊，後來進入校園，成為許多老師和學生有機會瞭解同志的重要媒介。不只在台北市，不少外縣市學校也紛紛前來索取。

註三：引用自二〇〇〇年九月五日《基督教論壇報》。

註四：以上兩段報導，引用自二〇〇〇年九月六日《基督教論壇報》頭條新聞。

註五：以上記者會報導，引用自二〇〇六年八月二十六日《蘋果日報》。

註六：反同教會這次阻擋修法，後來因為同志團體到立法院抗議而未能得逞。

【二〇〇二】箱屍案：排山倒海的媒體汙名

二〇〇二年二月六日台北景美發現一具裝在皮箱內的裸屍，死者為台北大學林姓大學生，法醫證實是窒息致死，也在死者身上發現他人體液，專案小組懷疑這是同志殺人事件。棄屍、裸體、大學生、性，這些要件正好是社會新聞最愛捕捉的八卦元素，於是媒體展開一整個月瘋狂追逐、標題聳動的報導。

媒體瘋狂　臆測杜撰滿天飛

二月八日東森新聞報導：專案小組採集到死者身上有兇手精液。幾小時後，東森新聞又說：警方否認媒體報導內容。二月九日《聯合晚報》頭版斗大標題：「箱屍案　誘殺？死者電子信有強暴棄屍情節」，內文報導：「死者生前電子郵件發現一封信內容疑似以死者化身為主角，在暗巷遭強暴後殺害裝在旅行箱棄屍，內容竟與案情十分吻合，猶如『預知死亡紀事』，相當驚悚。警方閱讀後，不排除死者是遭人依此電子郵件內容誘殺。」當晚中央社則說：「辦案的文山一分局、刑警大隊否認聽聞這信件內容。」二月十日媒體報導：某三溫暖老闆被警方鎖定，警方宣稱該名老闆是零號，認識死者，還介紹其他人給死者認識……隔天新聞：警方正從這家同志三溫暖櫃檯錄下的錄影帶中一一檢視可疑者。二月十二日《聯合晚報》大標題：「涉案男子為海洋大學教師」，報導還指稱警方已向海大校方查過。二月十二日東森新聞：「專案小組十二日鄭重否認有關媒體報導警方已將海大某教師列為涉案對象。」類似的臆測又澄清戲碼，重複在媒體上演。

友人成嫌疑犯——遭約談

警方帶走死者電腦主機，從Email中找到三十多位曾聯絡過的人，一一約談。並且透過線索追查死者上過的同志網站，企圖查出曾和他聊過天的人。有些被通知到警局的同志，擔心去了會被出賣上新聞，找上台灣同志諮詢熱線協會，由當時的祕書長賴鈺麟陪同前往警局說明。

死者皮夾在西門町被找到，警方拿著死者照片地毯式追查周邊場所，企圖尋找曾和死者互動過的人。電視台記者帶攝影直衝西門町男同志三溫暖樓下拍攝，嚇得老闆緊急致電同運人士賴正哲求救。

媒體：同性戀交友危險？同志團體發表聲明

媒體開始臆測、窺探男同志性愛，台視記者打到台灣同志諮詢熱線協會問：「同性戀交友是不是比較危險？」「同性戀是不是常常喜歡玩ＳＭ？」

二月八日台灣同志諮詢熱線協會和性別人權協會發表「讓事件回歸事件，莫倒果為因，汙名同性戀」聲明，呼籲「社會和媒體在事實查明前，不應妄加議論及猜測，對當事人和家屬將造成困擾或傷害」、「不應以性傾向的不同，誇大交友危險」、「性傾向不是錯誤也不是罪，社會事件發生，不應把錯誤歸結到是性傾向所造成」、「對同性戀進行窺密式渲染報導，強化對同性戀負面印象」。

攝影機不顧隱私　網路社群恐慌

然而這些呼籲，阻止不了媒體的瘋狂。儘管各線索還在查證，或後來證實無關案情，依然一日一爆，對未經證實的嫌疑人大幅報導，加油添醋寫得好像已經確認兇手是誰。

當媒體瘋狂尋找兇手，同志社群風聲鶴唳，BBS、同志網站熱烈討論，有人匿名放出死者曾在哪些BBS出沒的風聲，甚至以死者之名發文，企圖誘導警方辦案方向，引起警察和媒體注意。

電視台攝影機到北大電腦中心拍攝同志討論區頁面及使用者個資，無遮掩地在電視播出。當年，同志出櫃壓力仍大，這些追查引起習慣匿名使用網路的同志社群恐慌，當時我是同志BBS站「彩虹夜總會」的站長群，緊急和其他站長會商採取更嚴密措施，避免使用者隱私遭傷害。

巨大傷害　堪稱三大汙名事件

延燒一個月後，警方在三月三日宣布破案，逮捕了二十四歲廖先生，電視台攝影機繼續以張嘴巨獸之姿，逼問他為何害死林姓死者？檢方查出，廖和死者是在同志性虐主題聊天室認識相約，進行套頭性愛時使用Rush塞鼻後，兩人昏睡而未能將林同學套頭塑膠袋取下造成窒息。

警方原移送的「殺人致死罪」，檢方改以「過失致死罪」起訴。一審、二審和更一審時，法官則以其有機會避免悲劇，卻沒注意導致命案，再度更改以殺人罪重判十三年。直到二〇〇七年更二審又再逆轉，法官認定無殺人犯意，依過失致死和棄屍罪判刑三年八個月。

新聞落幕，影響卻沒停止。過去十幾年來，同志背負強烈刻板偏見印象，而製造出最嚴重汙名的就是三大社會事件，箱屍案是其一（註），這些事件在媒體窺奇、渲染、偏頗報導下，將同志刻畫為：「交友危險，性愛詭異」、「感情極端，分手激烈」、「男同志不管愛滋散播也要雜交嗑藥」。社會對同志不瞭解，這些印象卻緊緊地貼在同志身上，無形傷害仍存在，影響恐怕持續二十年。

報上有關男女愛恨恩怨的社會新聞每天一大堆，卻沒有父母擔心自己的孩子當異性戀很辛苦、很危險，倒是常聽到同志父母在負面的同志新聞影響下，為同志子女的安全、健康憂心忡忡，甚至不願意接受孩子是同志。

同志處境改變 會不會不一樣？

回憶箱屍案很難過，即使過了這麼多年回頭看，想到性愛中失去生命的林同學，震驚中失去兒子的父母，千夫所指、遭判刑的廖，還有同志社群當年面對媒體追殺的無力感，巨大鬱悶感點滴在心頭。

我一直在想，這不幸的事，難道不能避免嗎？如果社會對同志，以及同志的性，可以平常心看待，當事人是不是可以有更好的機會去瞭解、去接觸他們所選性愛方式的安全知識？即使意外發生，當事人是不是可以更有能力去面對問題、處理善後？同志父母是不是可以避免在這種衝擊下，才得知孩子是同志？

註：另外兩大汙名的社會事件為一九九八年十一月二十一日發生在台北西門町的「TATTOO墜樓事件」，二〇〇四年一月十七日發生在台北市的「農安趴事件」。

【二〇〇七】忠孝東路上的彩虹地景

二〇〇七年十月十三日在台北市東區熱鬧的忠孝東路上，一萬五千位參與遊行的人群排列出巨大的彩虹地景。美麗盛大的彩虹地景透過國內外媒體的報導，將台灣同志遊行參與人數再破紀錄的盛況，傳送至台灣和世界各角落。

二〇〇七年是我第一次加入台灣同志遊行聯盟籌備團隊，擔任文宣組長，超過半年、全程參與遊行的籌備和執行。

二〇〇三年首次舉辦的台灣同志遊行原是第四屆台北同玩節的系列活動，承辦的台灣同志諮詢熱線協會伙伴們提議舉辦同志遊行，催生了這個華人社會第一個同志遊行。後來台北市議員王世堅在議會質詢，責罵主辦台北同玩節的民政局不該用市府經費贊助這種「傷風敗俗」的活動。從二〇〇四年起，第二屆遊行就由同志社群組成「台灣同志遊行聯盟」自籌經費舉辦。

台灣同志遊行從第一屆走到第四屆，正好是我在報社工作、忙碌異常的一段歲月，沒能參與遊行籌備，只能當天上街參加。直到二〇〇六年離開報社後，才有機會重回同志運動戰場。

前一年，也就是二〇〇六年，第四屆同志遊行參加人數首度破萬，我記得看到遊行終點華山園區草坪擠滿人潮時，心裡浮現預感，這將是台灣同志遊行一個重要的轉折。

這個直覺來自我對於群眾運動和政治影響力關聯的思考。過去同志活動常局限在同溫層，雖然說能夠鼓舞參與的人非常重要，可是同溫層以外，很多人不知道、不瞭解同志遊行，或者說，不相信同志組織、同志遊行對同志社群能有多大的動員力。鼓勵更多同志參與、吸引同志圈以外，更多的社會大眾能一起上街支持，讓盛況可以被紀錄、傳播，展現集結力量——這是籌辦同志遊行的朋友心中期盼的目標。二〇〇六年規模破萬，依每年人數不斷突破的發展，二〇〇七年勢必會再成長。這無疑是台灣社會支持同志平權的力量愈來愈強大的具體證明。這個盛況應該被清楚記錄，傳播出去。

二〇〇七年遊行籌備團隊訂出當年遊行主題為「彩虹有夠力，Rainbow Power」，由文宣組嘉雯所設計的LOGO圖案是一個緊握的拳頭，拳頭裡握著彩虹旗的六個顏色，傳達同志動員、集結將有龐大力量的意涵。

籌備會議上，大家思考怎麼讓遊行盛況，轉換成對社會的影響力，讓同志運動追求的平權正義主張，透過這個平台，被更多人看見與重視。「彩虹地景」的構想於是被提出——大伙兒決定要用遊行的人龍完成一幅最大的彩虹地景，地點就選遊行路線通過、假日人潮聚集的敦化商圈忠孝東路上。

圖象傳播時代，畫面是最好的記錄與傳播。概念發想到執行，又是一陣燒腦的過程。人群怎麼變畫面？怎樣的畫面，既有意義又有視覺震撼？動用群眾集體打造，用什麼道具和動作才能降低參與難度、讓行動的完成度提高？打造的地景，如何留下紀錄？哪些取景角度，拍攝的效果最理想？

籌備團隊，特別是文宣組反覆討論過程步驟，經沙盤推演，訂出讓行動順利的細節。事前宣傳，向參加者預告行動；舞台主持人和各大隊前導車車長，不斷提醒、邀請大家一起參與；當道具的六色ＤＭ，報到時給報名團體，也分送到六色大隊前導車上，快抵達忠孝東路時，出動義工沿路發給未拿ＤＭ的參加者，務必人手一張ＤＭ。遊行前，我帶著文宣組伙伴，殺到忠孝東路四段尋找適合拍攝的大樓，經交涉商借、實地探勘，在大樓頂樓模擬拍攝，檢視拍攝效果；遊行當天媒體中心把「彩虹地景」執行的書面資料提供給記者，告知攝影記者建議的拍攝大樓，安排義工在大樓引導。

一切準備就緒，當天在國父紀念館集合，出發後沿途經過仁愛路、安和路、敦化南路、忠孝東路、逸仙路、松高路，抵達終點台北市政府後方廣場。當遊行隊伍行經忠孝東路四段，隊伍停下，前導車開始整隊，一聲令下，所有人高舉六個不同顏色的ＤＭ向天空揮舞，巨大的「彩虹地景」由一萬五千人共同完成，現場高聲歡呼。與此同時，在大樓頂樓等待的攝影記者，從高處按下快門，紀錄這個長達數百公尺的巨大彩虹地景畫面。壯觀的彩虹地景畫面，經媒體傳至台灣和世界各地，見證了台灣同志遊行歷史性的一刻。

台灣同志遊行從一開始由熱線提議舉辦，到後來很長的一段時間，都是由同志團體組成的台灣遊行聯盟做為籌辦核心，這群長期在各種同志議題領域耕耘的組織，有濃厚的社運色彩，透過每年遊行主題向台灣社會發出平權的訴求。這個歷史脈絡讓同志遊行建立了社運傳統，每年主辦團隊都很認真地提出議題訴求，在文宣內容、終點舞台演說呼應倡議，而非僅止於舉辦一個歡樂的嘉年華而已。

二〇〇七年迄今，台灣其他地方相繼舉辦同志遊行或代表地方同志社群的大型集結活動，二〇一〇年高雄、二〇一一年台中、二〇一一年花蓮、二〇一一年新竹、二〇一五年台南、二〇一七年台東、二〇一八年宜蘭、二〇一九年苗栗、二〇一九年嘉義、二〇二〇年雲林、二〇二〇年桃園（註）。同志遊行在台灣全島遍地開花，地方的同志社群和友善力量得以連結，藉著活動進行組織串連、平權議題倡議、運動人才培養，為同志運動累積能量。

在台北舉辦的「台灣同志遊行」經改組，由曾參與聯盟的團體成員代表、曾參與籌備的義工，另組「臺灣彩虹公民行動協會」接續主辦。約在二〇一一、二〇一二年間開始有人提議將遊行主辦單位組織化，最重要原因是立案團體的法人地位能讓募款工作更符合法律要求，組織化之後聘專職人員才能處理日漸繁重的行政工作。前十屆由「台灣同志遊行聯盟」主辦時期，屬短期任務型編組，籌備成員近半年時間要投入籌備，還有原組織的工作要推動，多頭燃燒，成員常疲累不已。記得在我參與的二〇〇七、二〇〇八年間，曾因聯盟沒有足夠的剩餘經費，舉辦前先由成員大尾或核心團隊組織（熱線、性權會、同光教會）借款給遊行聯盟支應籌備花費。

對於有人批評同志遊行過於商業化，以台灣同志遊行的規模和運作，「商業化」或「資本主義化」的批評，我認為是硬要把歐美現況套在台灣組織身上，是脫離現實「不食人間煙火」式的議論。在台灣，從規模最大的「台灣同志遊行」到各地遊行，不論是群眾募資或接受商業贊助、開放攤位／遊行車輛租用，所有收入都是維持遊行的基本運作，沒有一個遊行主辦團隊是以「營利」為目的。歐美大型同志遊行的確有令人非議的商業化發展，要論證台灣和這些資本主義化同志遊行的差異，要從規模型態和內涵去檢視。用最白話的描述來說，台灣沒有一個同志遊行要求參加者須付費才能參與遊行，沒有人因無力支付昂貴門票而被排除在遊行之外。更重要的指標，遊行現場並沒有被金錢至上的資本主義機制主導左右遊行的面貌——平權倡議依然是遊行最重要的宗旨、攤位／車輛租用或廣告贊助並沒有因為付費門檻而讓運動團體或公益團體成為弱勢者，導致遭排除、難以發聲。

但是歐美國家大型同志遊行資本主義化，的確是接下來台灣同志遊行必須引以為戒的警訊！特別是規模日益變大的同志遊行，參與人數是兩面刃，既可以讓同志社群發言取得聲量優勢，這能量也對商業運作充滿吸引力。來自商業的機構，一定會透過經濟力和公關運作介入。其中如何掌握拿捏的分際，必須時時被提醒，畫下利益衝突的紅線，不能因贊助者的龐大金錢挹注而失去或弱化同志運動為公平正義發聲的初衷。

註：有些地方活動名稱雖然不是「同志遊行」，或不完全以「遊行」為型態，但活動有集結在地同志、向社會發聲的運動倡議性質，因此列入。例如：由風城部屋舉辦多年的「新竹彩虹文化祭」、在地性別友善店家及支持同志的人士舉辦的「嘉義彩虹生活節」。

【二〇〇八】彩虹熟年巴士：從訪談到出遊的老同陪伴

「彩虹熟年巴士」是台灣同志諮詢熱線協會從二〇〇八年十月五日開始的一日遊活動名稱，這個連續舉辦超過十年、每年兩次的活動[註一]，老同小組帶著老大哥、老大姊與不同世代的同志朋友一起遊山玩水，也是台灣同志社群難得出現的不同世代交流活動。《彩虹熟年巴士》也是熱線老同小組二〇一〇年十二月由基本書坊出版的第一本老年同志生命故事紀錄的書名[註二]。

二〇〇五年熱線成立了老年同志小組，開始老同議題的倡議與關懷。回顧老同小組的工作軌跡，是一段雖然曲折但是很有意義的珍貴經驗。

草創時，老同小組有兩件想做的事：一、希望能提出符合老年同志需求的老人福利政策建議；二、尋找老年同志進行口述歷史的訪談。大家熱情地啟動後，立即遭遇到挑戰。

當時針對老同相關的老人機構和醫院，設計了一份問卷，希望瞭解第一線服務機構對於老年同志照顧的態度和經驗。回收超過百份問卷，其中兩個題目的填答結果引起關注。一個是「服務對象如果出現老年同志，貴機構可以接受嗎？」回傳問卷百分之百選答「可以接受」。另一個是「從過去到現在，貴機構的服務對象是否曾有老年同志？」回傳問卷的答案也是百分之百回答「從來沒有遇過」。

經過討論，這兩題的填答結論是矛盾的，如果回覆機構都（自認為）可以接受老年同志，為什麼卻從來沒有遇過／出現過老年同志？老年同志是存在的，這些機構的服務對象一定會有老年同志，只是老年同志從未在這些機構裡出櫃。

這個「接受」的答案反映了某種狀況：當服務機構自認為可以（或者說應該）接受服務對象是老年同志，可是他們真的瞭解老年同志嗎？真的知道老年同志的處境和需求嗎？如果一無所知，即使表達了「可以接受」的意願，但因為無法讓服務對象中的老年同志有安全感、信任感，也就沒有人願意向這些機構的工作者「出櫃」。

後來我們放棄了這個問卷，認為應該從頭做些更基本的工作，讓這個社會有機會認識、瞭解老年同志。

口述歷史訪談計畫剛開始，老同小組努力地在各同志場所，包括：男女同志的酒吧、男同志三溫暖、公園貼出海報或發傳單，甚至在當時的《破報》刊出廣告，希望五十五歲以上的LGBT同志朋友，可以透過電話或Email和我們聯絡，並且接受訪談。老同小組做了這些努力，自認為已經窮盡各種管道把訊息散布出去，沒想到卻是整整一年都沒有半個老年同志和我們聯絡。當時有點挫折，更充滿了困惑，訊息散播的場域不可能沒有老年同志啊，可是為什麼卻沒有任何人回應呢？

這個困惑，老同小組花了幾年時間才找到答案。

事情轉折出現在二〇〇六年秋天，透過漢士阿嬤（註三）介紹，終於有了訪談對象。他們既是漢士三溫暖的客人，也是和阿嬤有多年交情的老朋友，信任阿嬤而答應受訪。過程也不是那麼順利，有的受訪者在阿嬤問了一次又一次後，才終於答應。記得那時候只要有人願意受訪，阿嬤就立刻聯絡老同小組負責人智偉，智偉馬上發訊息問義工，當晚誰可以前往訪談。阿嬤擔心，沒有把握時間趕緊約訪，對方會反悔。這不是沒有道理。這個「鋩角」（Mê-kak）非常關鍵地解答了先前一年遲遲未有受訪者出現的原因。

對於老年同志來說，他們經歷的時代，社會對同志不友善、充滿歧視，隱藏自己的同志身分、不要被發現，是一輩子養成的「習慣」。在他們心中，「同志身分見不得光」早已是根深蒂固的觀念，怎麼想到會有一天，竟然要去述說那個一輩子不敢拿到檯面上、自己的生命故事。「這些要訪問的人是誰？他們為什麼要做這件事？」「我的故事會不會被寫到媒體上，害我曝光、被家人親友認出來？」「我的故事有什麼重要？為什麼值得被寫？要我說什麼？」

各式各樣讓他們困惑、猶豫、擔心的問題，在阿嬤說服他們接受訪談時，要先為他們解答、說明或保證。這些問題也在訪談進行時，偶爾冒出來，可見他們多麼擔心曝光，即使已經來到我們以為社會應該比較接受同志的年代，老年同志的出櫃壓力遠比我們想像的還要更大！

經歷過這些，老同小組也才終於理解，為什麼第一年沒有人主動聯繫願意受訪。因為少了阿嬤這樣的角色去解惑、消除他們心中疑慮，或者說，沒有一個熟悉、信任的人，去保證他們不會被曝光，怎麼可能貿然答應成為受訪者。

這個漫長摸索的「發現」，非常珍貴。原來是我們對老年同志不夠瞭解，用了自以為「沒有問題」的方式想靠近他們、想找到受訪者，卻完全忽略他們對信任關係的在意，也就是說，沒有透過人際連結、沒有建立信任關係，受訪者不可能只靠海報、傳單的訊息散布而主動出現。

阿嬤的角色不只是受訪者的介紹人，也是訪談中的重要「翻譯者」。

並不是說老大哥們受訪時講阿啄仔（洋人）的語言，而是不同世代的語言習慣和處境差異下，對述說存有詮釋的落差，如果不是阿嬤的即時「翻譯」，世代的隔閡恐怕比跨國語言帶來的隔閡更大！

有一次訪談，一坐下來，老同小組的年輕義工劈頭就問：「大哥要不要談一下你的同志認同歷程。」受訪者一臉疑惑，完全不知道這個問題在「講啥潲」。每次必定陪受訪者出席的阿嬤見狀，立刻用台語傳神地「翻譯」：「伊是要問你，你拄當時開始對查埔人的身軀有興趣？」（他要問你，從什麼時候開始對男人的身體感興趣？）阿嬤一說，現場的人立刻爆笑點頭。

「認同歷程」是同志運動開始後才存在的說法，對於深受同志運動影響的年輕義工來說，這詞彙耳熟能詳，但是對於老大哥來說，這文謅謅的字眼完全脫離他的生活圈，當然無法理解。

阿嬤的話詼諧生動，乍聽好玩有趣，細想則更有深意。對同性情欲的存在是自然流露，世界還沒有存在「同性戀」、「同志」這些身分認同標籤之前，同性情欲交流早已存在。人們不是因為覺得自己叫「同性戀」、「同志」，才開始想要發展同志情欲，而是先有對同性的愛欲情愫；晚近為了平權、開展身分認同運動，才開始有了「同性戀」、「同志」的身分名詞。

有位大哥一生大都沒有固定工作收入，有廟會就去幫忙賺一個便當，或是哪裡有救濟就去領，阿嬤用很鮮活的語言描述他的經濟狀況：「伊就是食了這頓，後一頓抑擱頂天頂飛。」（他就是這餐有得吃，下一餐還沒著落。）訪問到最後，義工脫口而出問大哥：「那你對於未來的老年生活有什麼規畫？」受訪者楞了好幾秒沒開口，接著依然沒說話，卻拉開嗓門開始唱起他擅長的鳳飛飛的老歌。阿嬤見氣氛尷尬，趕緊換一個話題問其他事。原來這位大哥經濟狀況不好，平常有閒錢都難，如何談「未來人生規畫」？這種事只屬於收入穩定者才有的人生，當下溫飽都不易，哪來餘力操心未來？阿嬤通曉人情，知道這問題讓受訪者尷尬窘迫，出手相救。

在訪談過後，這些受訪的大哥和熱線變成好朋友，老同小組舉辦過老人吧歌唱活動，和老大哥們同歌歡唱，在每年熱線的感恩會、春酒聚餐，也會邀請漢士阿嬤率領老大哥們一起出席。有幾年的感恩會上，也曾邀請大哥在舞台上高歌，或是上台受訪談老年同志處境。老同小組和老大哥們，從採訪—受訪者關係，延續到生活裡有互動的朋友關係，這種靠近、貼近、和老大哥「做朋友」的方式，成為相對年輕世代的熱線伙伴真正認識老年同志的最佳路徑。

瞭解與陪伴，從來都不是一個標準SOP就能問答得到解方。老年同志的生命故事各有其人生境遇，也有屬於他們世代普遍存在、偏見下的困頓經歷。有時候要貼心瞭解百轉千迴人生的萬千面貌，有時候則是必須回到那個年代的歷史舞台才能還原老同故事情節裡的時代意義。

如果說，不斷前進的同志運動是向著未來尋找同志平權的希望之途，貼近老年同志、從過去的生命經驗重新體會昔日的處境就是一場尋根之旅。誰說同志沒有過去，每一個老年同志的故事都在為我們解說，為什麼同志今天存在於此的理由。

註一：「彩虹熟年巴士」出遊活動是專為老年同志所設計，每次舉辦前，老同小組會有一組義工前往勘查路線，必須排除過度耗費體力的爬坡、長距離行走景點／路線，行程中也會就近安排一個寺廟可以拜拜，貼近大部分台灣長輩的民間信仰習俗。這個活動深受老年同志歡迎，第三次舉辦，就增加為兩部遊覽車。直到二〇一九年，才改為一年一次。二〇二〇年、二〇二一年則因為疫情而停辦。

註二：《彩虹熟年巴士：十二位老年同志的青春記憶》，華文世界第一本有關老年同志的生命故事書籍。書中訪談了十二位五十五歲以上的老年男同志，年紀最大的受訪者是王公公，受訪時年紀八十歲。十二位受訪者中，有十位皆透過漢士阿嬤牽線介紹促成。本書從訪談、討論逐字稿、寫作到出版歷經四年，很遺憾在書出版時，有兩位大哥已經過世。基本書坊設計封面時，兩位仙逝的大哥坐在雲朵上，看著載滿不同世代同志出遊的彩虹巴士，這個設計很能傳達老同小組一貫「看見老化、正面看待死亡」的工作理念。

註三：漢士三溫暖是一家超過二十五年歷史的男同志三溫暖。經營者余夫人長期支持熱線、支持同志運動，也因為熱心助人、幫助同志，在男同志社群內輩分高而被尊稱／暱稱為「阿嬤」。

從性致勃勃到爽歪歪
——熱線性安全與性愉悅教育

熱線愛滋小組經營「爽歪歪網站」超過十二年，嚴格講來，這十二年包括「性致勃勃網站」和「爽歪歪網站」兩個不同時期。名稱雖然一度被迫更換，「活潑實用貼近男同志文化」的經營策略，以及「性愉悅和性安全同樣重要」的教育理念不變。

二〇〇八年，疾病管制局（CDC，後來升格為疾病管制署）要建置男同志愛滋教育網站，熱線的企畫書以活潑規畫拿到了計畫經費。為貼近、吸引使用者，還想出一個生猛帶勁的站名——「性致勃勃」，網址包含了「enjoysex」字眼。從網站名稱和網址的選擇，可以略知熱線對安全性教育的立場和態度。

當年的世界愛滋日，熱線為網站舉辦記者會，我在發言稿上提到，這個網站將用男同志熟悉的有趣語言進行安全性教育，會提供男同志感興趣的實用知識，以務實原則，傳達正確的安全性知識、性病與愛滋知識、HIV篩檢資訊、感染者生活與權益資訊。為增加互動，設有提問區可以留言發問。

兩年後，疾管局重新招標，審查結果卻把網站交給另一個機構。疾管局以建置經費來自CDC，逼迫熱線交出網站名稱和網址。這對於辛苦經營兩年，將網站流量衝到每個月四萬瀏覽人次的熱線來說，無異是重大打擊，失去網站名稱和網址，等於失去了過去兩年辛苦累積的流量。愛滋小組伙伴討論後，決定以熱線自己的力量繼續經營這個網站。二〇一一年一月，改名為「爽歪歪網站」重新開張。

對於這個網站，我有很深的感情和盼望，不只是因為參與了從企畫書撰寫到後來的經營，也因為我對台灣的愛滋教育和性教育一直很有異見。

從「性致勃勃」到「爽歪歪」，有多年的時間，我每天花很多時間在這個網站上，轉貼愛滋新聞、同志新聞，為新聞寫眉批；「名家／觀點」專欄，挑選同志或愛滋相關主題的精采文章，徵求作者授權後刊登；蒐集有趣的同志活動訊息轉載。這個網站在不同時期，有很多人參與投入，從一開始協助建置的工作人員呂欣潔、陳伯杰，到後來負責愛滋小組的工作人員杜思誠、許家瑋，十二年來為網站負責視覺設計、多次改版重新規畫版面、邀請義工拍攝美照的張尼克，十二年來參與拍照的眾多義工們（對，爽歪歪網站的帥照、美照都來自熱線義工）。還有，早年每天都花很多時間幫忙回覆提問的高小龍、范小乖，改版後將內容進行專業編輯，也翻譯精選文章的阿上，翻譯撰寫精采人氣文章的索索，二〇二〇年以來每天創意源源不絕經營爽歪歪粉絲頁的誠誠。

台灣的男同志社群接觸愛滋教育的機會很多，愈是貼近社群，對於愛滋等安全性知識的認識愈多，但是還有許多和社群沒有連結或低度連結的男同志，特別是剛踏入圈子的青少年同志，很可能少了很多機會認識愛滋、認識安全性知識。而能夠彌補這個教育空缺的最好方法，就是透過網站進行的性教育、安全教育。

當網路資訊愈來愈多，圖象化日漸成為年輕人閱讀主流的時候，單調、死板、八股的安全性知識難以吸引年輕人關注，怎樣讓這些富有教育意涵的愛滋知識、性病知識、篩檢訊息、性安全知識變得活潑有趣，一直是爽歪歪網站挖空心思努力在做的。

性安全的前提是不能犧牲性愉悅，影響性愉悅的性安全知識、理念和態度，對於性教育、安全教育的效果一定大打折扣。

很多人常批評青少年性欲旺盛、喜歡偷嘗禁果，也有很多人談愛滋防治時總是對感染者年齡下降憂心忡忡，對青少年性事活躍譴責不已。這樣的談論態度和批評論點其實一點也改變不了什麼。青少年處在身體變成熟的青春期，本來就容易有性衝動，對於性的探索和嘗試感到興趣盎然，這不就是青少年健康身體的必然現象嗎？關鍵在於，與其用禁制、責備、恐嚇的教條語言阻止他們發生性行為，為什麼不能務實地用他們感興趣的語言、常用的傳播平台、熟悉的社交溝通，把安全知識傳達給他們呢？

在這個人手一台智慧型手機的年代，如果還有「大人」以為，只要什麼都不教、只要你們熱線的爽歪歪網站不要談肛交，我的孩子就不會有性行為、就不會「變成」同志，那我真的要明白地告訴這些「大人」：即使你不支持同志結婚、即使你希望爽歪歪網站關閉、即使你不想要學校安排認識同志教育，你的孩子如果是同志，他依然是同志，並不會改變。

第三個十年：二〇一〇至二〇二〇

一〇年代紀事：回顧歷史，給下一代人養分

二〇一四年三月十八日晚上，臉書傳來學生和公民團體因不滿立院國民黨強行通過服貿協議審查，衝進立法院占領了議場。陸續傳來現場即時訊息，學生以桌椅阻擋警察，雙方激烈推擠；場外聚集了大批支持者聲援，許多人是接到現場學生緊急動員前來支持；議場內外，學生、警察、群眾，占領、對峙、聲援，夜空下的立法院現場氣氛緊繃。

好幾位台灣同志諮詢熱線協會義工也衝進去占領議場，看到他們在臉書發文，佩服他們的熱血與行動力，也不免擔心警察會不會半夜衝進去逮人清場，造成傷害。我在臉書Messenger拉群組提醒議場內的熱線朋友注意安全不要受傷。

議場內迅速組成決策中心，為占領行動進行分工，緊急募集的後勤物資很快送進議場，占領宣言隨即透過議場內的直播傳送至全台。那一夜我無法成眠，緊盯著電視新聞台轉播畫面和臉書上的動態，懸念著這場台灣史無前例的國會占領行動情勢的瞬時演變。

這場反服貿占領議場行動長達二十四天，阻擋了當時國民黨政府向中國傾斜，對兩岸關係產生巨大影響，喚醒了年輕世代的政治參與和台灣意識，也影響了後來香港的雨傘運動，甚至是反送中運動。

三一八學運是時代震撼彈，是一〇年代歷史的代表。年輕世代擅長以新興社群媒體快速動員、即時傳播，打破過去傳統媒體左右輿論、社會動向的局面，帶動一〇年代社會運動的風潮。這個變化和一〇年代開始愈來愈普及的智慧型手機科技息息相關（註）——自媒體當道意謂著社會發言權不再掌控於傳統媒體和少數菁英；即時通訊軟體（LINE、Messenger、WhatsApp、Telegram）改變人與人的連結型態，也成為社運動員新模式。

一〇年代這十年，充滿各種新與舊的衝突和世代交鋒。同志運動也在這樣一個時代裡，戰火頻傳，煙硝四起。

檢視一〇年代發生的幾件對抗事件，二〇一〇年的教育局歧視公文事件，對抗的是想要掌控、抹煞校園青少年同志的父權餘緒，二〇一一年的真愛聯盟事件到後來幾年的同志婚權立法戰爭，和右派宗教反同動員密切相關，對抗的是逐漸浮出檯面、右派宗教企圖干預公共政策的政治企圖。二〇一八年十一月廿四日的荒謬公投，在雙方資源極端懸殊下，把同志社群逼上擂台進行大對決。近十年的婚權立法運動在右派宗教團體的抹黑戰術下，赤裸裸地展現對同志、對愛滋的歧視，捲動社會對立，也廣泛激起年輕世代同志投身這場戰役。二〇一七年五月廿四日公布的司法院大法官七四八號釋憲，從平等權為同婚立法奠定基礎。終於在二〇一九年五月十七日由立法院通過《司法院釋字第七四八號解釋施行法》，讓同志婚姻獲得法律保障。

另一場戰爭是二〇一一年，民間愛滋NGO組成「愛滋行動聯盟」，阻擋CDC本來有意實施的「愛滋藥費部分負擔政策」。當時民間團體希望主管公部門應該先提出藥費政策改變後的影響評估報告，看見並重視對感染者帶來的影響。愛滋NGO舉辦北、中、南三場公聽會，盼望能降低公眾參與愛滋政策討論的門檻，打破專家壟斷愛滋發言權的現況，鼓勵更多人關注這個議題。

一〇年代對我來說，從四十邁入半百年紀，體力已非輕狂年少可比，少了第一線的衝撞，更多的關注投入在書寫與思考。

同志運動隨時都在打仗，很多戰役是被迫參與，不得不上戰場。戰火交鋒之後，需要調整步伐、回頭省思長遠且深刻的議題，還有記錄同志運動曾走過的足跡，我期望自己投身彌補這個還待耕耘的領域。

在一〇年代，花不少力氣整理台灣同志運動的歷史，在足跡裡辨識著運動發展的前因後果。透過「同志運動史」的演講邀請，向年輕世代述說同運故事、交流分享我的運動經驗。二〇一五年開始，在「島內散步」（前身為「台北城市散步」）邀請下，每年帶領一次二二八公園周邊的「台北同志歷史空間導覽」。後來陸續有其他不同機構或對同志友善的企業的導覽邀請。訴說歷史故事，彷彿帶著大家一起穿越時空，我努力勾勒歷史場景的畫面，讓聽故事的人可以更貼近時代的背景，理解不同時代同志的生活和處境。

歲月的巨大滾輪太無情，碾壓記憶，把美好與快樂、痛苦和哀傷，都丟進遺忘的深谷。口述歷史是一個和時間賽跑、挑戰遺忘的工程。一〇年代的頭尾，正好是老年同志口述歷史工作兩本著作的出版年代——二〇一〇年出版的《彩虹熟年巴士：十二位老年同志的青春記憶》（基本書坊出版），書寫了十二位老年男同志的生命故事；二〇二〇年出版的《阿媽的女朋友：彩虹熟女的多彩青春》（大塊文化出版）記錄了十七位老年女同志的生命故事。兩本老年同志主題書的出版，都算是華文世界裡的創舉。很幸運參與了兩次的訪談計畫，在尋找受訪者的漫長過程，帶領著一群老同小組的義工們一起等待、一起在訪談逐字稿的字海裡發掘每位老大哥或老大姊生命痕跡裡的光芒。

同運第三個十年，結束在新冠肺炎的世紀風暴。全球瘟疫肆虐，至本書截稿的二〇二一年年中，仍然看不到盡頭。當全世界被迫進入長期鎖國的狀態，人與人的社交也被迫限縮甚至禁絕，這種前所未有的改變，是否預告著人類文明會有什麼樣的衝擊和新局呢？又會帶給無法自外於瘟疫地球的同志運動，怎樣的巨大影響呢？

你準備好面對這個，以「死亡」和「未知」起頭的台灣同志運動第四個十年嗎？

註：智慧型手機發明後，直到二〇〇七年 iPhone 手機問世，其強大的功能整合了數位拍攝、APP運用軟體、觸控螢幕，讓智慧型手機在一〇年代初期開始在全世界爆炸性普及。改變了整個 3C 產業、媒體產業，也讓影像傳播取代文字傳播。

【二〇一〇】抗議台北市教育局歧視公文

二〇一〇年二月六日，台北市所有的公私立國中、高中、高職學校都收到教育局的一紙公文，「請各校加強瞭解並督導社團活動，防止假社團名義誘導吸收學生從事不合宜之同志交流活動，以維護學生健康適性發展。」（見文末附件）這份對同志充滿歧視的公文曝光後，引起同志社群、性別社團的憤怒，展開抗議連署並至台北市政府抗議，再到監察院遞出陳情書，要求調查台北市政府違法之舉。

公文內容隱含了：青少年是「被誘導」才「變同志」，認為青少年同志加入社群、認識其他同志是「不合宜」的活動。更可議的是，竟然是由主管性平教育業務的教育局，對台北市的公私立國中、高中、高職等所有學校發出，影響廣大，教人難以接受！

台灣同志諮詢熱線協會邀請社團共同發起「恐同台北，孤立同志青少年——台北市議會、市政府帶頭歧視又違法！」連署，表達對此歧視公文的不滿，連署書中提出四大訴求：

一、還給同志青少年交友空間！拒絕汙名同志青少年的情感需求！

二、請徹底落實性別平等教育法，拒絕市府帶頭性平倒退嚕！

三、同志族群拒絕成為幫市府美化形象的消費品！

四、同志無法被吸收誘拐！更不會傳染！拒絕看似關心、實則歧視的偏差政策！

這份聲明二月廿五日由以下單位聯合發起——台灣同志諮詢熱線協會、台灣性別平等教育協會、台灣性別人權協會、台灣同志遊行聯盟、婦女新知基金會、櫃父母同心協會、Bravo！臺灣青少年性別文教會、中央性／別研究室、晶晶書庫、集合出版社、GLCA幸福生活站、GLAD台灣大專院校男女同志社團聯盟（共十所學校）、All My Gay!!!。短短不到一週，合計有一千四百五十四位個人、一百零四個團體加入聯署。

三月二日，同志社群及支持同志的團體兩百多人聚集至台北市政府門口，現場群眾情緒激動，在主持人鄭智偉一聲令下，每個人舉起寫著數字的紙板，高喊「我是同志，我╳歲就知道我喜歡同性」。以行動方式告訴教育局官員，在不同年紀（很多是青少年時期），都有人知道自己的性傾向，並不是被誘導「變成」同志，只是社會、家長、學校、老師和教育局視而不見、刻意忽略。

短短幾天能動員這麼多人到現場抗議，因為這份歧視公文隱含對青少年同志的否定，為打壓同志背書，校園同志學生處境勢必更艱難。這些勾起許多人被歧視的經驗，無法忍受這種打壓和霸凌繼續存在。

三月廿八日，同志及性別社團在台北市政府旁、松壽路與松智路口，舉辦「打開黑暗的那一頁——我的同志兒少情欲經驗」肥皂箱演講的街頭行動，邀請市民同志一起來說說自己兒少時期「被壓抑」、「被迫偽裝」的故事。

三月廿九日，同志及性別社團前往監察院，針對台北市政府教育局公文違法歧視同志，向監察院舉發台北市政府涉嫌違反憲法、性別平等教育法及地方制度法等相關規定，應撤銷違法函釋，呼籲監察委員進行調查。

性別人權協會祕書長王蘋在二〇一〇年三月三十日的《蘋果日報》論壇投書指出：「主責『同志公民運動』之民政局將議會違法意見一字不變地行文給教育局，此舉也不令人驚訝，因為從過去承辦同志公民運動的經驗，民政局恐同症早就病入膏肓。在二〇〇六、二〇〇七、二〇〇八年的活動海報設計過程，民政局處處刁難，因為他們認為海報出現的同志男不男、女不女，不符合大家認同的『正常同志』形象。」

四月廿日，同志及性別社團再於國家婦女館舉辦「北市教育局同志歧視再增一樁　紀念玫瑰少年　看見跨性別」記者會。這一天是玫瑰少年葉永鋕逝世十週年，發起團體希望喚醒社會，當校園不友善，最大的傷害就是跨性別和性別特質非主流的青少年學生，藉此讓更多人瞭解一份歧視性的公文可能帶來的影響有多大。

事件發生歷經兩個月，教育局始終不肯承認錯誤、不願撤回歧視公文，教育局長康宗文僅以「公文文字不夠明確」、「已規畫性別平等教育月活動」敷衍回應外界的批評。

記者會上，喀飛指出：「教育局後來的第二、第三封澄清公文，隻字未提『同志』，僅以『性別教育』描述。歧視公文點名『同志』，澄清公文中卻說不口『同志』，態度敷衍。教育局三、四月推動的『性別平等教育宣導月實施計畫』，檢視計畫，讓人驚訝教育局對『多元性別教育』精神的陌生與曲解！其中實施主軸：『溫情台北　有妳有你』，高中／職推動主題：『型男型女　自珍自愛』，用語只見男女兩性，看不出『性別多元』內涵；強化性別二分的刻板價值，違背『性別平等教育法』揭示的『尊重差異、消弭歧視』的精神。」

出席記者會的羅東高中輔導主任胡敏華發言指出：「在台北市那一紙公文之後，很多老師無所適從。」胡敏華並講出同志學生在校內實際處境：「有一位同志學生曾經告訴我：『老師，不被看見是一種很孤單的感覺，看見了被標籤為不同，更是一種無助的感覺，如果校園裡的氛圍真的是友善而尊重的，那就給我們一個自由活動與說話的空間吧！』」

八月卅日，教育局發文邀同志團體開會，聲稱要搭建友善同志平台，會中同志團體以「權宜問題」打斷官方排定議程，要求台北市政府必須先承諾撤銷二月發的歧視公文，教育局卻不肯，同志團體集體憤而退席抗議。本次事件中發起抗議的團體所組成的「新同志公民運動聯盟」立即在市府大門口舉行「市府假善意，同志明算帳」記者會砲轟教育局。

記者會上，性別人權協會王蘋表示：「歧視公文帶來寒蟬效應，校園裡本來對同志就不夠友善，這個公文只是雪上加霜。教育局不肯承諾撤回公文，要談什麼同志友善平台，好像是先打了同志一巴掌，不理會同志心裡的傷痛，沒有道歉，然後說要坐下來談。同志團體不可能跳過歧視公文去談

『同志友善計畫』。」台灣同志諮詢熱線協會鄭智偉說：「二月的歧視公文和十月舉辦的同志公民運動，兩件事放在一起，就知道台北市政府對於同志友善是多麼空洞、虛幻。」（註一）

新同志公民運動聯盟要求台北市政府必須鄭重道歉，並且對全市高中、高職發出公文，須清楚宣示兩點：一、宣告原函違性平法，無效；二、不得干預同志學生活動。記者會上，同志團體高舉抗議牌點出台北市政府友善同志的虛假：

「友善？十年政策大檢驗」

一、尊重說十年　公文還歧視

二、原地仍踏步　承諾攏係假

三、多元國際化　原來是口號

媒體報導描述：「教育局副局長曾燦金在同志團體開完記者會後，默默站在門口，接受記者採訪。他和藹的口氣，彷彿真的不懂此公文對校園同志團體的傷害。」媒體這段文字，貼切描述了教育局對於「性別友善」的陌生和敷衍態度。曾燦金接受記者採訪時表示：「議題可以先做多元討論，不能因為這個議題，又製造另外一群人的不舒服。」（註二）

曾燦金含蓄曖昧的說法，「另一群人」指的應該就是某些「認為青少年就是被誘導，才變同志」

的反同家長。原來曾燦金不擔心青少年同志在校園被歧視、霸凌，在意的卻是，不要讓反同家長不高興。（註三）

二〇一〇年的抗爭，催生了後來的台北市同志業務會報，市府民政局定期邀請同志團體開會討論市政中的同志相關政策、措施，成為一個常態的溝通對話平台。這樣的結果來自於當年歧視公文發生後，同志團體鍥而不捨整整打了六個月的戰爭，一波波抗議行動、記者會、監察院檢舉，無非是希望藉著不斷施壓引起社會關注，讓歧視公文能被撤銷，避免校園青少年同志活得更辛苦。前後和台北市教育局纏鬥半年，也見識了教育局的官僚敷衍。

註一：本段提及的記者會現場發言，引用自二〇一〇年八月三十日公民影音「北市府邀同志團體開會　歧視同志公文還未解決」報導。該報導中還穿插剪輯了台北市長郝龍斌曾在台北同志公民運動記者會上的談話：「希望讓台北變成最友善的彩虹城市。」

註二：曾燦金這段談話引用自PeoPo公民新聞二〇一〇年九月四日「北市府邀同志團體開會　歧視同志公文還未解決」的報導。

註三：曾燦金二〇一六年十月升任柯文哲市府的教育局長。二〇一八年台北市性平教育委員遴選，教育局修改委員組成，納入四席家長代表，入選委員多人有反同色彩，等於是大開方便之門，讓長期抹黑性平教育的反同人士進入台北市性平委員會。此舉引起伴侶盟和大學生組織至台北市政府抗議，要求教育局長曾燦金下台。二〇二〇年五月，跨黨派六位台北市議員和台灣同志諮詢熱線協會、同志家庭權益促進會等民團開記者會抨擊台北市性平委員遴選黑箱作業，將民間團體代表由四席減為兩席，還由反同色彩的委員長期霸占。

附件：歧視公文原始內容

臺北市教育局　函

發文日期：中華民國九十九年二月六日

發文字號：北市教職字第〇九九三二五六三一〇〇號

主旨：

請各校加強瞭解並督導社團活動，防止假社團名義誘導吸收學生從事不合宜之同志交流活動，以維護學生健康適性發展，請查照。

說明：

一、依據臺北市政府民政局九九年一月二十八日北市人口字第〇九九三〇四一八二〇〇號函有關臺北市議會民政委員會審查九九年度地方總預算暨附屬單位預算案　同志公民政策附帶意見辦理。

二、臺北市議會民政委員會審查九九年度地方總預算暨附屬單位預算案有關同志公民政策附帶意見摘要如下：「請研議如何防止高中、職（含）以下學校社團，假藉該社團名義誘導吸收學生從事同志交誼活動，以保障學生自然適性之發展空間。」

三、請各校加強瞭解並督導社團活動，防止假社團名義誘導吸收學生從事不合宜之同志交誼活動，以維護學生健康適性發展。

正本：臺北市政府教育局所屬公立高級中學及高級職業學校（含特殊學校）、臺北市私立高級中學及高級職業學校、臺北市政府教育局所屬公立國民中學、臺北市私立國民中學

老年男同志的三重汙名：老年、同志、性

我是個喜歡講故事的人，在我參與的同志運動或曾聽聞的同志歷史，有很多故事一直沒有被發覺、被研究、被探討。或者說，許多台灣的同志研究、性別研究、酷兒研究，有時讓我感覺，如果可以和同志活生生的歷史現場更貼近，將會有更大的運動能量。因此，我總是特別喜歡講過去被遺忘的故事來對照或回應我所讀到海瀯．愛（Heather Love）教授的論文〈汙名的比較：殘障與性〉。

關於性身分、同志身分的汙名，我想到一件歷史慘案。在一九九六年二月十七日，台中市發生一起嚴重的火災，有十七位客人在清晨睡夢中，被燃燒的烈火奪走生命。這家叫「夏威夷」的三溫暖，是男同志三溫暖。當年每一家報紙描述這場火災時，都會提及許多喪命者的家人充滿了疑惑，不能理解他們的兒子、兄弟、親人為何會出現在這裡。火災發生在農曆除夕的清晨，除夕是台灣習俗要回家團圓吃年夜飯的重要節日，許多死者都是在外地工作，利用返鄉過節、踏進家門的前一夜，來到自己家鄉的這個三溫暖過夜，打算白天起床後，再回家過年。

當年看著媒體報導，我有說不出口的深刻哀傷，這些死去的同志，到了生命最後一刻，依然在

衣櫃裡頭。報紙刊出他們的姓名，那個父母親、家庭給的名字裡，無法讀出他們的同志身分，不只家人不懂他們的死是怎麼回事，恐怕連他們最親近的同志朋友，都因為只知道他們的暱稱、小名，而無法從媒體報導中得知，這場火災失去生命的人可能是他們的好朋友。這種不能說出口的汙名，特別是在老年男同志身上更明顯。

以下我想以我參與的組織：台灣同志諮詢熱線協會老同小組的田野觀察，所引發我的一些想法，回應海澀．愛教授在本篇論文中提及的汙名。

一、二〇〇六至二〇一〇年，台灣同志諮詢熱線協會老同小組，進行了近廿位五十五歲以上老年男同志的生命故事訪談。在這些故事當中，「同性戀」這個身分的不能說、說不出口，令人印象深刻。我舉兩個故事來說明。

受訪時五十三歲的玉蘭仙子，在我們訪談時，一次又一次、緊張地問：這個不會寫到報紙、雜誌上吧？過去卅多年，他混跡公園、男同志三溫暖，與人邂逅、認識，從來不敢給人家裡的電話，從不曾有人知道怎麼與他聯繫。這使得他和萍水相逢者永遠都不可能連結。

年輕的時候，他擔心「同性戀身分」被家裡的父母親知道，現在老了，父母已經過世，他擔心被家裡的晚輩知道。即使同性戀在現今的台灣，或者說台北，不再是太難說出口的身分，對他而言，讓侄兒知道他的同性戀身分，仍然是一件羞恥、丟臉的事情。汙名透過家庭關係運作的壓迫，繼續存在。

對於經歷過「同性戀是骯髒、黑暗、見不得人」強大汙名歷史的老Gay來說，許多人仍然擺脫不了汙名的歷史印記，二〇一〇年台北有三萬人參與的同志遊行，彷彿並沒有為他帶來更多對抗的能量。

我們的訪談大部分受訪者來自於一家中老年男同志三溫暖「漢士」。在這個空間裡，很像社區中心，許多超過五、六十的老Gay每天都要去報到，這裡遇到的店員或客人像家人或社區居民，可以和熟悉的老朋友聊天、唱歌或打打鬧鬧，用最三八、互相嘲諷的語言，翹起蓮花指，姊妹相稱，自在地互動相處。

這樣的中老年男同志三溫暖，在台灣同志文化最發達、人口超過三百萬的台北市，或者說，占台灣四分之一人口的大台北地區，也僅有兩家。一方面，我們對於有這樣的空間存在，感到慶幸與珍貴；另一方面，也讓人遺憾，為什麼中老年男同志，卻只能有這兩個空間可以生存！

另一個故事：有一位已婚、六十歲的Gay，週一到週五在異性戀家庭裡扮演父親和丈夫的角色，每天期待週末到來，只有週末他才能來到這個中老年三溫暖，快樂地做自己。他對我們說，在這裡，你可以叫我的綽號、叫我阿姨、大姊，但是走出這個門，你叫我，我不會理你。

對這些中老年男同志來說，不只是同性戀身分在社會裡要躲藏、掩飾，老年的身分在同志社群裡也被局限。同性戀、老年，兩者都充滿了汙名。

二、在他們身上，還有第三重的汙名，就是性。

老年男同志的性、追求性，在年輕男同志族群裡遭到排擠和嘲笑，年輕男同志普遍認為老Gay猥瑣，是無性、不該有性的一群人。這種說法來自於很多刻板印象，從社群裡，某些人面對老Gay示好、性邀約的不悅經驗而來。

這樣的說法很熟悉，常來自於異性戀男藝人在報紙記者訪問時，對於在健身房被男同志掀開浴簾、摸屁股等嫌惡的形容。年輕男同志很清楚這些報導是藝人刻意炒作的新聞，是對Gay歧視性的言論，卻不自覺地也把這種歧視，加諸在不同世代的老Gay身上。

歧視的運作，沒有消失過，歧視的歷史也依然是存在老Gay身上的汙名印記。在男同志社群，汙名有時不被看見，或選擇性遺忘。排斥老、拒絕老Gay，把老Gay踩在更底層，是年輕世代揚棄汙名、認同自我同志身分的同時，讓老Gay成為遠遠拋棄、遺忘的軌跡。

田野的訪談，讓我們看見老Gay的多樣性，這些人當中，還有更多不同的樣貌，包括：戀童者、性交易者、黑道、憂鬱症病人、愛滋感染者、失業者。這群老Gay身上的汙名，也就不只是老年、同志、性的汙名，還包含許多帶有汙名的不同身分。

三、酷兒理論引進台灣之時，正值九〇年代台灣同志運動的初期。在台灣同志運動開始之前，並沒有同志組織、身分認同政治的進行。這樣的銜接，讓酷兒理論與同志運動並行發展於台灣，和美國的發展脈絡有很大不同。

也就是說，當台灣的同志運動開始以身分認同政治進行的同時，部分的參與者也接觸吸收了酷兒理論的養分，可是台灣卻沒有酷兒理論背後，原本「Queer」存在著汙名的歷史背景。這種交錯的軌跡，讓酷兒理論原本可能發揮的能量，受到局限。

光是「酷兒」一詞，中文譯名早就和原本英文中Queer原意「怪胎」、「變態」的歷史印記相去甚遠，中文的「酷兒」太光鮮亮麗、太時尚，甚至帶有知識階級的光環。這樣的中文意涵，因此影響著酷兒論述進入台灣運動脈絡可能顛覆的力道。如果要找到對應的中文語彙，華語的「人妖」，台語的「坩仔仙」(khann-á-sian)指稱的群體雖有差異，在精神上卻更貼近「Queer」一詞的汙名內涵。

海澀・愛教授認為「Queer」一詞在西方脈絡已經不再能夠代表當初各種性邊緣主體來發聲，她提議採用「汙名」這個字眼，來召喚一種邊緣弱勢的連線政治，大家都要看見身上所帶著的汙名、甚至擁抱它。這種來自學術研究的反思與提醒，我很可以理解，我也認為台灣版的「酷兒」不太能夠完全體現邊緣弱勢身上所帶著的「汙名」。

只是，以我的經驗來看，改用「汙名」來取代「酷兒／Queer」，並且擁抱它，放到台灣的運動脈絡裡，可能會產生某些尷尬難言的狀況，例如我前面所提到的老年同志的三重汙名。又或者是，我認為愛滋感染者身上的「汙名」讓他們遭受到各種制度性與社會性的歧視，去除汙名一直是愛滋運動與同志運動的第一要務。所以，若是不斷強調「擁抱汙名」，可能會讓不清楚學術研究脈絡的人，誤以為我們放棄去除汙名了。尤其是，當我們在社運遊行群眾面前、在集結抗爭的現場、在跟政府官員對抗斡旋的場合，都很難在短時間內說清楚這個用詞的來龍去脈。

所以，我認為在台灣可以策略地採用「汙名」來描述諸如老年同志與愛滋感染者等邊緣弱勢的處境，但若要藉以想像或召喚更大的運動與政治力量，或許還需要更多在地化的討論與實作。

■本文為二〇一〇年十二月廿一日「酷兒　情感　政治國際論壇」第三場「汙名的比較：殘障與性」發言稿，刊載於《文化研究》十三期。

〔二〇一二〕一個陰柔國中生跳樓之後

二〇一一年十月三十一日，報紙社會版出現一則國中生跳樓自殺的新聞，報導只占了小小版面，卻引起許多同志朋友注意。蘆洲鷺江國中一年級楊允承因為長期被嘲笑「娘娘腔」，從自家七樓頂樓跳樓自殺。

新北市鷺傳國中生疑遭霸凌跳樓身亡！蘆洲區鷺江國中一年級十三歲學生楊允承，疑不堪同學笑他「娘娘腔」及個頭小，畏懼上學，昨晚近九時，在長安街住處七樓跳樓輕生，送醫前阿嬤哭著說「你要回來，不可以走」，楊生當時還有意識，微微點頭回應，但送醫後不治。

鷺江國中校長謝承般深夜趕到新光醫院，他說，楊生在校未察覺情緒異狀，沒有遭到霸凌，是母親希望他加入籃球隊，讓個性變活潑一點，上週五致電導師，導師答應跟教練說說看，懷疑加入籃球隊讓楊生感到壓力而想不開。

但楊生家人說，前陣子楊生曾跟家人提起，在學校遭同學笑他是「娘娘腔」，心裡很不舒服，加上週一要上學，懷疑承受不住壓力而跳樓。（二〇一一年十月三十一日，《自由時報》，記者鄭淑婷、吳仁捷、張文川、賴筱桐／新北報導）

家屬找到他的千字遺書，指父母沒空聽他說話，老師對自己遭欺負「視而不見」，「我只能封閉自己，心已經死了！」

楊姓學生在遺書中透露，當他被人欺負的時候，曾想告訴媽媽，但媽媽總是沒空，爸爸也為了弟弟的事情很忙，老師雖然看見他被欺負，卻沒說什麼。「既然沒人理會，只能選擇沉默。」「我試圖找方法抒壓，但無論看小說、動漫、聽音樂、畫畫，都不被認同，最後演變成消極自殘或睡覺，更加封閉自我，最後甚至放棄一切選擇消失。」

他形容自己「心已死」，且「即使消失會讓大家傷心，卻是短暫的，一定很快就被遺忘，因為這是人性。」（二〇一一年十一月一日，《聯合報》，記者林昭彰／新北市報導）

楊同學的陰柔特質讓他被同學嘲笑，他的求救沒有得到幫助，家長處理的方式卻是希望他加入籃球隊。他被嘲笑和承受壓力不是一天、兩天，他也嘗試用其他興趣抒壓，卻仍然獨自面對痛苦。千字遺書寫下這位十三歲少年的絕望，為什麼上學對一個國中生來說，竟是日復一日要面對絕望的環境？

這個新聞迅速在同志社群引起激盪，最讓人震驚難過的是，楊允承自殺前一天，台北同志遊行才剛舉行，五萬人走上街頭，高喊當年遊行主題——「彩虹征戰，歧視滾蛋」(註一)。遊行終點凱達格蘭大道，距離蘆洲搭捷運僅二十分鐘，空間距離不遠，友善環境的距離卻很遙遠，遠到楊允承的痛苦伸手抓不到可以救他的浮板。同志運動長期努力推動平等、消除歧視、打破性別二分刻板印象的目標，卻無法幫助到這位少年，這是一件令人心碎的事。

鄭智偉、劉敬弘發起，友善台灣聯盟主辦(註二)的紀念活動，號召大家在十一月五日週六上午，前往鷺江國中校門口進行悼念。訊息在短短二、三天內傳開，當天將近兩百位朋友帶著鮮花和寫給楊同學的卡片出席。參加者輪流發言，許多人講到哽咽、甚至痛哭失聲。他們為楊同學的離開傷心、不捨，想到楊同學生前面對的遭遇，彷彿自己再一次經歷過去曾面對、相同的痛苦。

在同志運動的路上，有許多人奮不顧身全心投入，三十年來激起的平權浪濤能量驚人。如果你要問，為什麼這些人有這麼大的動力、不求回報地投入？是他們曾經因為同志身分、因為性別特質不符合「標準」而被嘲笑、被欺負，能夠活下來都是奇蹟，他們投身同志運動，就是不希望看到後來的人繼續面對同樣的苦痛。

在台灣，同志青少年自殺見諸報導的事例未曾少過，促成台灣同志諮詢熱線協會成立的一九九八年二月二十五日台北高中男同志戀情曝光遭毒打自殺事件(註三)、一九九四年七月二十五日北一女情侶在蘇澳旅館自殺事件(註四)，二〇一〇年時一月二十九日屏東一對年輕女同志在車城自殺事件(註五)，這些還是因為媒體報導而有機會被社會看見的，根據國外多項研究證實，同志青少年自殺率偏高，相信台灣還有更多青少年同志因為沒有留下遺書，或是家人不願意張揚而靜默消逝。

處於青春期的青少年身體出現「轉大人」的變化，也開始有了對於伴侶關係和情欲的需求。在意識到自己和喜歡異性的同儕不一樣時，會經歷困惑和摸索時期。青少年同志尋找自己是什麼的時候，如果身邊師長、父母或同學無法給予正面態度，甚至指責打壓時，特別容易感到挫折與驚慌自責。資源有限、少了支持系統，這種情緒或困惑若得不到協助，難以抒發的壓力可能帶來絕望而導致產生憾事。

對於青少年同志來說，他們的生活幾乎離不開家庭和校園，關係最密切的就是父母、師長和同學，性平教育多年來在校園推動認識同志、尊重差異教育，無非就是讓學生們有機會瞭解同志、尊重不同性別特質的同學，避免歧視和霸凌發生，也讓更多教師有機會從在職訓練中提高多元性別意識。但是這些狀況在不同縣市或不同校園仍存在著落差，有待努力之處還很多。父母的部分則是同志運動至今仍缺乏機會直接、廣泛接觸的一群，有機會接觸同志團體、獲得認識同志機會的父母，多半是孩子出櫃後才開始。

自殺的十三歲少年楊允承在遺書中說：「即使消失會讓大家傷心，卻是短暫的，一定很快就被遺忘，因為這是人性。」十年過去了，每到他的忌日，總會有朋友再次提起楊允承的故事，同志運動者不會忘記這個令人心碎的事件，楊允承會一直被記得，因為我們不希望再有同樣的不幸發生。

註一：二〇一一年第九屆台灣同志遊行的主題訂為「彩虹征戰　歧視滾蛋」，起因於當年同志社群經歷反同宗教團體真愛聯盟，為打壓校園同志教育，移花接木抹黑性平教育教材，大量散布歧視同志言論。

註二：「友善台灣聯盟」是為了對抗真愛聯盟反同勢力，由性別人權協會、台灣同志諮詢熱線協會、性別平等教育協會、台灣伴侶權益推動聯盟共同組成。悼念楊同學紀念活動的文宣，由劉敬弘（貝蒂夫人）、鄭智偉共同執筆。

【歷史文件】

悼念鷺江國中楊同學紀念活動文宣

執筆：劉敬弘（貝蒂夫人）、鄭智偉

〈我們不應遺忘〉

十一月五日（六）一〇：三〇讓我們一起記得，那位是曾經的你也是曾經的我的那位男孩

「即使消失會讓大家傷心，卻是短暫的，一定很快就被遺忘，因為這是人性。」

男孩的遺書上寫著這一句話。

就在遊行的隔天，在五萬人妖豔上街大聲怒吼的隔天，男孩也用他的行動重重打了這個社會一拳，也打在曾經跟他一樣想努力融入同儕、獲得家人關愛的你我心頭上。我們都曾跟他一樣，害怕自己的性別氣質（娘娘腔、男人婆）不合規定，總想隱藏起自身內在原有的風采，深怕一個不小心，詛罵、羞辱、暴力全面而來。我們有的人靠努力念書獲得好成績而存活下來、有的成為了班上開心果總相信伸手不打笑臉人、有人文文靜靜當個隱形人深怕有人多看一眼而破功，但我們都是活過來的幸運兒，男孩沒有我們那麼幸運。

在遺書上男孩寫著：「我試圖找方法抒壓，但無論看小說、動漫、聽音樂、畫畫，都不被認同，最後演變成消極自殘或睡覺，

更加封閉自我，最後甚至放棄一切選擇消失。」他曾那麼努力，讓我們不禁在想，社會給他的歧視與壓力到底是如何的巨大，巨大到這樣一個十三歲的男孩要消失在這個世界。

消失的不只是他，還有十七年前北一女那對女同志，還有十三年前宜蘭某專科的男同志，還有那十一年前死在廁所的玫瑰男孩，還有去年十二月屏東那對女同志，還有、還有、還有……

社會並沒有進步太大，反挫的力量一直存在，鴕鳥心態般的教育部移除了《性別平等教育法》中的「了解自己性取向」，剝奪了男孩女孩了解自己的權力與欲望。

我們不應遺忘，就算幸運如活過來的我們，因為我們當年都曾經可能是那位一躍而下的男孩或女孩，本週六（十一月五日）早上十點半，帶著一束花、一張紙卡、一份你想要給男孩的禮物，我們一起到鷺江國中校門口。

讓我們一起記著這位男孩，不應遺忘。

行動說明：

時間：一〇〇年十一月五日（六）早上十點半

地點：新北市蘆洲區長樂路二三五號

（一）704、306、232、811、225、觀音山——北門至三重客運蘆洲總站下車（二）搭乘捷運至蘆洲站下車

發起單位：友善台灣聯盟

註三：一九九八年三月促成台灣同志諮詢熱線協會成立的動機，來自以下這一則新聞，其中一名學生自殺獲救，引起熱線發起人等關注，決定成立機構提供電話諮詢服務，讓需要幫助的青少年同志有管道求助。

「大台北地區某公立高中兩名二年級男生，被認為是同性戀……驚慌憂慮的母親向校方交涉、寫信給校長，校長要求勿宣揚此事……」「甲生，被父母毒打　皮開肉綻，被強制轉學」「乙生，拿生命相逼　不准分手，情書纏綿」（一九九八年二月二十五日《聯合晚報》）

註四：當時的北一女校長丁亞雯面對媒體報導自殺情侶是女同志的說法，對著記者說：「我們北一女沒有女同性戀。」這種否定

同志存在，刻意看不見同志的態度，讓丁亞雯成為同志運動中一直被記憶、被批判的校長。

北一女校友張喬婷於二〇〇〇年十二月十五日出版《馴服與抵抗：十位校園女菁英拉子的情慾壓抑》（唐山出版社），這本改寫自作者台大城鄉所碩士論文的書籍，討論了中學校園裡的青少女同性戀情，並以第一手訪談北一女校園女同性戀故事為例，等於是平反歷史、打臉當年無視北一女同性戀存在的校長丁亞雯。

註五：「屏東縣呂姓、方姓兩名高職二年級女學生，疑因同性戀情，遭家人和同學異樣眼光，兩人前天在學校宿舍同睡一床，又被呂女就讀同校的雙胞胎姊姊撞見，兩姊妹因此大吵一架，呂、方兩人一時想不開，相偕到車城鄉一間民宿燒炭殉情身亡。兩人在遺書中說：『我們是很談得來的朋友，但無法忍受別人的異樣眼光，決定一起走。』

呂女的雙胞胎姊姊則向警方表示，妹妹和方同學的關係已發展一年多了，為此她曾多次指謫妹妹，甚至當著兩人的面調侃說：『那麼多男生不去愛，為什麼要挑個女生？』讓妹妹深感受辱，兩姊妹也常為此吵架。前天早上，呂女姊姊在宿舍撞見妹妹與方女同睡一張床，氣得大聲斥責，但呂女也不甘示弱，要姊姊別管閒事，隨後與方女拂袖而去，連學校的課也沒去上。」（二〇一〇年十二月一日《蘋果日報》，陳宏銘屏東報導）

對於這次自殺事件，同志團體發起二〇一〇年十二月十四日於屏東舉辦「屏東．同志．活下去」靜默遊行，來自全台各地十二個團體，以及屏東在地的學生、教師，一百多人走上街頭，希望引起社會關注，「讓屏東同志被看見，不再因無知及歧視而繼續傷害青少年同志，讓屏東同志活下去！」

【歷史文件】

「屏東．同志．活下去」活動文宣

全台灣的同志團體及性別團體決定一同站出來，在這二位青春生命過世後的第二個頭七，站在屏東街頭，用沉默抗議這社會的無知！我們要讓屏東看見同志，不再因無知及歧視而繼續傷害青少年同志，讓屏東同志活下去！

活動日期：十二月十四日（二）一四：三〇開始集結

遊行出發時間：一五：〇〇

遊行路線：屏東火車站→中山路→自由路，然後再繞行縣政府一圈　http://tinyurl.com/pingtonglgbt

一四：三〇至一五：〇〇　參與成員集合

一五：〇〇至一六：〇〇　靜默遊行出發

一六：〇〇　縣政府前發表聲明、各團體及參與者發言

發起團體：新同志公民運動聯盟（台灣性別平等教育協會、台灣性別人權協會、台灣同志諮詢熱線協會暨九六八南部辦公室、台灣同志遊行聯盟、All My Gay、晶晶書庫）

參與團體：台灣愛之希望協會、陽光酷兒中心、南人寫、成功大學TO・拉酷社、中正大學酷斯拉社、政治大學陸仁賈同志文化研究社

是愛滋經費不足？還是愛滋政策不足？

台灣的愛滋政策，最大的隱憂就是：政策思維混亂無章法，治標不治本。講公衛的時候，以「公眾利益」為理由，要把感染者通報、列管，還要感染者交出和誰上床的名單。甚至在以「感染者權益」為名的法律中，將「未經告知的性愛」入刑治罪。看似「一切為防治」，但這種「把感染的責任都推到感染者身上，只要管制、處罰感染者就可以防止感染」的思維，真的能有效做到防治嗎？

另一方面，在講藥費負擔的時候，卻是把「吃藥和治療」當成「感染者自己的事」，用「市場機制的消費思維」來要求「感染者自己有支付藥費的責任」。「部分負擔」對感染者繼續服藥、對防疫影響有多大？卻未見嚴謹的影響評估！

愛滋政策難道只要思考「怎麼管制感染者政策」？難道可以視「汙名與歧視」的社會現實不存在，置「感染者人權」的公平正義於不顧？

愛滋藥費不足，是台灣執政當局不重視愛滋政策。把藥費當成「個人責任」，要求以「部分負擔」

來解決愛滋預算編列不足，是把防疫責任推卸給執行部門疾病管制局，是衛生署的政治失職。行政院不聞不問，更是藐視愛滋政策的重要。

愛滋經費是台灣「愛滋政策」的縮影，「要怎樣的愛滋政策」才是需要集思廣益的重要大方向，「編列多少預算」是政策決定後的「執行技術」。如今本末倒置，政策思維混亂，只在執行技術打轉。這讓我們看到，問題的核心不是「愛滋經費不足」，而是「愛滋政策不足」！

過去一年，為了這個「愛滋經費不足」，官方透過媒體放話，政策未見說明之前以小道消息測試民間反應，藉著「包裝專業的資訊門檻」進行「黑箱決策」，在民間壓力下召開的會議，則是把各種寶貴意見視而不見，一心只想粗糙草率地解決「眼前藥費不足」的問題。可議的是，「部分負擔」政策真的實施的話，一年也只能挹注三千萬，根本解決不了已經十多億的愛滋經費缺口！

今天的公民論壇，愛滋行動聯盟希望能打破政策黑箱，以民間的聲音為愛滋公共政策提出發言，修補台灣破碎與混亂的愛滋政策。用公民社會的力量，讓台灣當局重視愛滋政策。

■本文為二〇一一年三月十日「愛滋醫療公務預算不足」政策因應，北區公民論壇發言稿。

真愛聯盟事件

二〇一一年右派宗教團體發起的「真愛聯盟」，是當時台灣最龐大、最有組織的反同勢力集結。台灣同志運動在此之前，未曾遭遇如此強大的保守勢力反撲，這一年也是由南到北、全台同志團體及支持性別教育工作者最多人投入抵抗打壓的一場戰爭。而這場對抗真愛聯盟的戰爭不只延續一整年，戰火更蔓延至之後好幾年同婚立法的過程。甚至可以說，真愛聯盟是後來「台灣宗教團體愛護家庭大聯盟」（護家盟，二〇一三年九月成立）、「下一代幸福聯盟」（下福盟，二〇一三年十一月底開始運作）的前身，也是反同勢力的操兵前哨戰。

二〇一一年三月底開始，真愛聯盟打著「反對國中及國小高年級實施同志教育」名義，透過教會組織展開連署。同志團體在四月間得知消息，連署的事本來沒有引起社會關注，四月廿日，TVBS《全民開講》節目邀我上節目延續之前話題（註一），在我建議下，改為討論真愛聯盟的連署，成為與真愛聯盟的第一場交鋒。當時一起上節目的還有性別平等教育協會理事長卓耕宇老師。真愛聯盟代表卻以藏鏡人「齊先生」之名，僅接受電話 call out，躲在幕後回應，連名字都刻意隱瞞。剛開始，同志社群只感覺到其背後是很大的組織，卻不知道具體敵人是誰。查了很久才知道，原來「齊先生」是輔大神學院生命倫理中心的齊明。隱瞞組織者身分、淡化教會色彩、刻意包裝成「家長」代表，是真愛聯盟精細算計的媒體操作。這種不光明正大的暗黑手段，成為右派宗教在後來的反同戰役中，一貫使用的伎倆。

真愛聯盟自稱獲得數十萬連署，挾此對立委展開遊說拉攏（註二），為對抗反同立委對教育部的施壓，同志團體五月五日在立法院召開「排除同志教育　就不是性別平等教育」聯合記者會（註三），表達對同志教育的支持。

真愛聯盟拍攝「性教欲」影片，以移花接木、混淆抹黑手段，把提供給教師的參考手冊、強調尊重多元文化的內容，扭曲為「混淆兒童性別認知，鼓勵青少年發生性行為，鼓勵學生發展多元情欲，以及多元家庭」，連署文宣以煽情文字挑起父母誤解和恐慌，要求教育部停止發放至學校。遭攻擊的三本教育部委託民間團體編製的教師手冊，包括：二〇〇八年編印的《認識同志——教育資源手冊》（國中），以及二〇一一年八月將發放的《我們可以這樣教性別》（國小）、《性別好好教》（國中）。

五月十二日，國教司召開「研商國民中小學九年一貫課程綱要重大議題——性別平等教育部分內容會議」，性別平等教育協會及同志諮詢熱線協會代表出席。會議不久，支持教材的性平會和熱線代表對於國教司立場傾斜、違反行政程序正義，退席抗議，拒絕為會議結論背書。同時間，由同志及性別團體組成的「友善台灣聯盟」在教育部門口舉辦「揭發真愛不實汙衊、煽動歧視之惡意抹黑行動」抗議行動記者會（註四）。

「《性別好好教》編者專家、性別平等教育協會理事長卓耕宇，與《我們可以這樣教性別》編者專家、屏東教育大學教育系副教授王儷靜，出面嚴正抗議真愛聯盟扭曲此教師資源手冊內容，包含教材中根本未曾傳遞多男多女的婚姻形態、更沒有提及轟趴、戀童等相關資料；而《我們可以這樣教性別》的編者專家，東華大學課程設計暨潛能開發學系副教授蕭昭君老師，以及高雄師範大學性別教育研究所副教授蔡麗玲老師，都分別說明在此本教師資源手冊中，傳遞的是看見差異、尊重多元的性別平等觀。」（註五）

記者會後，教師參考專書的四位編著者前往地檢署按鈴申告，以真愛聯盟扭曲手冊內容、並到處散布錯誤訊息，對其提出毀謗罪的刑事控告。

七、八月，教育部國教司、訓委會，分別在全台灣北、中、南、東各辦一場公聽會。我印象很深刻的是，八場公聽會就像連環戰役，一個接一個開戰。公聽會之前，報名發言的朋友都不曉得會發生什麼事，也不曉得形式是什麼。第一場在台南大學舉辦的公聽會是最慘烈的一場。真愛聯盟發動大批教徒到現場，當天支持同志、支持多元性別的朋友約五十人出席，反同教會發動的信徒則是七、八倍之多。發言支持同志教育者，被反同教徒包圍，他們高唱聖詩，把同志視為魔鬼在現場進行驅魔儀式，令人備受威脅。很多教徒沒有報名無法進場，在場外叫囂，跳到桌子上吼叫，氣勢凌人。出席的梁益誌（梁小星）和「南人窩」朋友（註六），以及許多參加者形容：那是一場讓人「遭受極大創傷」的公聽會，即使過了很多年，聽他們回憶，依然覺得恐怖、痛苦印象揮之不去。他們將當天的親身經歷寫成文字或拍下影像上傳網路，隨即被大量分享，激起同志社群的危機意識和鬥志，全台延燒，紛紛發文聲援，或搶著報名參加後來各地的公聽會，爭取發言。這樣的戰鬥規模，史無前例。

後面七場公聽會，挺身發言支持「認識同志教育」的力量明顯占優勢，因為大家都被激怒了，覺得一定要出席公聽會，不能不講話。包括在台中、台北、台東、花蓮，不論多遠，很多人專程搭車前往。現場雙方短兵相接，氣氛緊張。支持同志教育的朋友從個人生命經驗或教育現場實況，以故事和清楚論點表達支持立場，而反同陣營發言，常見跳針式不斷重複被澄清過的謊言和扭曲教材的抹黑言論。經歷一場又一場的戰鬥洗禮，這些行動與串連，激勵了同志社群的運動意識，也為同志運動蓄積滿滿的能量。

七月廿五日，教育部長吳清基主持課綱審議委員會，雖然決議維持原本同志教育納入中小學「性平教育課綱」，但將原本「瞭解自己的性取向」修正為「尊重多元的性取向」，並取消「性伴侶」、「歧視」、「排斥」、「屏除」等字眼。

八月一日，「友善台灣聯盟」在立法院外舉辦「反對立院延宕性平教育　揭發真愛空殼真相」記者會，對於國教司在保守教會壓力下更改課綱，進行抗議行動。

當時的教育部在反同勢力壓迫下所做的妥協，無疑是對性平教育精神的背叛。性平法第一條提到「促進性別地位之實質平等，消除性別歧視，維護人格尊嚴」的立法宗旨，第二條揭示「性別平等教育」的定義為——「以教育方式教導尊重多元性別差異，消除性別歧視，促進性別地位之實質平等」，反同宗教勢力不願意看到課綱或教材出現這些字眼，是因為他們要死守、不准教育改變的，是壓迫在同志身上、認為性別只有傳統男女二分的價值，也就是性平教育想要扭轉的性別偏見。不談真實存在的「歧視」、「排斥」，要怎麼「消除歧視」、「尊重多元性別差異」？把原有課綱裡的「瞭解自己的性取向」刪除，等於漠視不同性取向的存在，缺乏瞭解、看不見差異，何能做到「尊重多元的性取向」？一個追求性別多元、平等，消除歧視壓迫的教育理想，怎麼會是和明顯代表歧視價值的人來討價還價，還要他們同意？

真愛聯盟在二〇一一年對同志教育發動的打壓，從初始的教會組織內動員，到後來的家長動員，有幾個算計甚深的關鍵手法：

一、隱瞞教會組織動員痕跡，淡化宗教干政色彩

基督信仰（包括天主教和基督教）信徒只占台灣人口比率不到百分之十，佛、道教和傳統民間信仰人口則高達將近七成。真愛聯盟深知媒體和大眾，對於用基督教義來指導台灣社會並不買單，明明是教會體系強力動員，卻在給信徒的行動準則上清楚寫著「不可以讓連署人知道這是教會發起的」。顯示行事出發點的不良善，其心機和隱瞞行徑非常可議！

二、為高舉保護兒少大旗，言必自稱家長老師

曾有人參與過齊明在真愛聯盟內部志工訓練場合，錄下齊明對志工的行動指示——對外一律自稱家長，不論有沒有小孩或小孩多大，當過彩虹媽媽(註七)的也可以自稱老師。以「家長」和「老師」身分，高舉保護兒少大旗，抹黑「同志教育、性平教育教師手冊會帶壞孩子、把孩子變成同志」，以此煽動其他家長心中對同志帶有偏見而存在的恐懼。

三、包裝歧視語言，移花接木製造假專家理論

真愛聯盟的動員連署和說明書常出現偽專家理論，有的是扭曲國外研究者論文結論，有的是科學論證大有問題的「論點」。最經典的就是在真愛聯盟文宣或公聽會多次被提及的以下說法：「『同性密友期』孩子上了同志教育，會在性別認同及友伴關係造成混淆，影響身心健康。」經文獻考據，真愛聯盟拿來否定青少年同志存在正當性的「同性密友期」之說，毫無根據，甚至有誤用之嫌。(註八)「同性密友期」之說猶如九〇年代常聽到的「假性同性戀」、「情境式同性戀」，都是為了徹底否認青少年同志的正當性，嚴重傷害青少年同志。

四、掩飾政治目的的精密組織動員

很多人以為宗教右派打壓同志教育，終極目的是為了反同，沒錯，只要歧視仍在，反同的確是操弄、動員最好用的議題，反同婚、反同志教育的戰役中清晰可見。真愛聯盟事件讓人看見，右派

宗教團體挾其驚人的（且不受約束、完全無可監督）的宗教奉獻財力，透過組織動員、大量文宣攻勢、政治遊說施壓、操作民眾情感（汙名下的恐懼），企圖左右公共政策（註九）。這種精密的政治操作和資金調度，絕非只為了反同，而是背後更大的政治目的——用宗教教義統治台灣。

華人社會沒有基督教文化的歷史，對於宗教干政缺乏警覺，未能在公共政策參與畫出清楚的紅線，正好讓右派宗教團體有機可乘。宗教干政的惡果，在同婚立法過程中，已經非常清楚看到。（註十）

註一：二〇一一年四月，施明德要求民進黨總統候選人蔡英文應公開說明自己的性傾向，遭婦女團體及同志團體撻伐。TVBS《全民開講》節目為此 call out 給我，我在線上表達：「性傾向、性身分公開與否，無關乎公眾利益，應尊重當事人選擇。」批評施明德：「以尊重同志為名，強迫任何人出櫃，對同志的社會處境視而不見，無疑強化社會歧視帶來的壓迫。」幾天後的四月廿日，該節目執行製作再次聯繫，邀我上節目繼續批評施明德。但我覺得應討論更值得關注的公共議題，告訴對方「真愛聯盟」反對同志教育連署之事。

註二：五月四日，立委陳淑慧、鄭金玲、管碧玲、江義雄、黃志雄、洪秀柱等人連署提案支持真愛聯盟主張，要求停止同志教育（第七屆第七會期教育及文化委員會第十四次全體委員會議）。五月四日，國民黨立委朱鳳芝、陳淑慧分別召開記者會，質疑同志教育課程內容，與會者包括：台北市教師會理事長張文昌、國小家長聯合會總會長林曉儀。教育部在壓力下宣布，教師參考手冊將暫停發放。

註三：五月五日「排除同志教育　就不是性別平等教育」聯合記者會參與的團體為：性別平等教育協會、台灣同志諮詢熱線協會、性別人權協會、青少年性別文教會、伴侶權益推動聯盟、台灣女人連線、婦女新知基金會、ALL MY GAY!!!

註四：五月十二日，「友善台灣聯盟」召開「揭發真愛不實汙衊、煽動歧視之惡意抹黑行動」聯合記者會。聯盟參與者包括：同志諮詢熱線協會、性別人權協會、性別平等教育協會、婦女新知基金會、同志家庭權益促進會、青少年性別文教會、同志遊行聯盟、伴侶權益推動聯盟、同志同光長老教會、跨性別權益行動會、高中生制服聯盟、ALL MY GAY!!!、賴正哲等團體與個人。

註五：本段引用自友善台灣聯盟「揭發真愛不實汙衊記者會」會後新聞稿。https://hotline.org.tw/news/230

註六：梁益誌曾在同志諮詢熱線協會愛滋小組擔任義工，返回家鄉高雄後與哥哥梁小兔開設「南人窩」同志友善酒吧，這段期間以「南人工作室」投身高雄同志運動和社運，並且帶領、訓練年輕的同志義工關注同運。後來加入綠黨，二〇一四年參選高雄市三民區市議員。

註七：彩虹媽媽是教會有系統組訓培養、到學校給學生傳教和灌輸守貞教育的志工。隸屬於彩虹愛家協會，以到校為孩子說故事為包裝，教材中常出現基督教用語。受訓完的志工，以「講義有著作權」為由，被要求簽署：「不可以把課程內容洩漏給其他沒有上過課程的人看，授課要完全按照彩虹愛家給的課程內容，不得更改。」創辦人陳進隆多次公開提到彩虹媽媽是為了「文化宣教」、把孩子帶進教會。陳進隆承認，全台有六千位彩虹媽媽跟彩虹爸爸。

註八：見高穎超、吳政庭、Chenghee Koh於二〇一一年五月十二日聯名發表的文章——拒絕「同性密友期」偽科學　支持「同志教育」進校園。https://hotline.org.tw/news/229

註九：二〇〇七年發行的教會內部刊物《靈糧薈萃》，齊明在專訪時，就以「維護家庭聯盟」成員身分說出右派宗教團體的計畫。他們用的組織名稱跟香港、美國反同勢力是一樣的。阻擋同志婚姻、打壓同志，都是強調「家庭價值」，高舉「維護家庭」大旗。齊明在訪問裡提到，「維護家庭聯盟」二〇〇七年已存在，對於怎麼打壓同志運動，用什麼手段，講得非常露骨、也很完整，證據十分明確。他們認為同志團體做的全都是為了性解放運動。他坦承，「維護家庭聯盟」過去或即將做的，就是進行國會遊說、法案遊說。引以為傲的「成績」包括：施壓後讓出版分級、以反墮胎觀點影響優生保健法立法、阻止二〇〇六年「同志婚姻法草案」。他們將會有計畫地阻止「性傾向」這三個字進到台灣的任何法律。

註十：有關反同教會的組織運作和受到美國右翼宗教勢力影響的歷史脈絡，熟悉基督教發展的評論家喬瑟芬這篇〈動員力驚人的台灣反同教會，與中美的千絲萬縷關係〉有清楚的描述：https://reurl.cc/9rQ7dx。

〔二〇一二〕只有病，沒有人——評議國家愛滋政策

愛滋是一個被汙名的疾病。汙名來自對愛滋的偏見，來自對性的道德恐懼，以及國家愛滋政策中歧視思維的影響。國家機器以防疫之名進行的政策，只看見「病」，企圖以各種隔離措施，以為可以防止病毒散播，卻看不見「人」，只把感染者當做疫情報表上的數據，無視於感染者遭遇到的社會歧視處境和政策歧視帶來的壓迫。

一、管控感染者就是防治？

「人類免疫缺乏病毒傳染防治及感染者權益保障條例」將感染者未告知刑事化（註一）、通報制度把感染者終身列管（註二）、個管師被要求要對感染者性伴侶加強追蹤，這些防治政策主張：「管制感染者性活動，是減少病毒散播的關鍵」，隱含著「都是感染者不負責任的行為，才造成病毒散播」的指控。

這種思維成為現下看到國家愛滋政策最關鍵的核心理念。

企圖以「隔離」與「監控」進行的防治，把一切傳染歸責到感染者身上，認定所有與感染者發生的性行為，都是感染者一方帶有「強迫」、「惡意」、「報復」、「自私」的產物。這種以國家之力、防治之名強迫介入詮釋個人性活動的暴力，無視於（也不允許）性活動中另一人的性自主權。無形中製造感染者與非感染者的對立，看似為了防治做出來的措施、政策，卻是一而再地形塑感染者負面、不道德的社會汙名。也製造、縱容了社會對感染者歧視、孤立與排擠的發生。

影響所及，剝奪感染者隱私權與性權、踐踏著感染者人格的各種歧視行為，從國家愛滋政策延伸到防治措施、防治宣傳，以及媒體報導、社會輿論。

【案例一】

二〇一一年喧騰一時的「台大器捐事件」發生時，輿論排山倒海要求在健保卡註記感染者身分，就是最典型的案例。當時許多醫護人員主張，如果不註記，將使他們陷入感染的風險，極端的意見甚至認為，「不註記是以醫護人員的生命來換取感染者的人權。」

把「醫護人員安全」和「保障感染者隱私」視為對立的說法，無疑就是建立在「管控感染者就能阻止病毒散播」的理念，卻忽視醫療人員在任何血液相關的醫療行為中，應遵守「標準防護措施」的責任，把降低風險的責任，單向加諸在感染者身上。而當時這些主張和社會氛圍，雖然被包括愛滋行動聯盟等反對聲音呼籲而未實施，卻已經透過大幅的報導，再次強化「都是感染者造成病毒的散播」的隱含控訴，對感染者族群造成極大的心理壓力，也讓感染者們擔心未來就醫可能遭遇的困難。

【案例二】

每年到了六月就有團體不遺餘力推動「全民篩檢」，甚至推出消防猛男的清涼海報，寫著「防疫如救火，消防猛男、愛滋滅火」，卯足全力，鼓勵全民都去做篩檢，配合官方「以篩檢做防治」的政策。

篩檢的確是瞭解是否感染唯一的方式，如果沒有篩檢，有可能已感染而不自知，時間久了，免疫力下降，讓伺機性感染威脅到健康。篩檢可以讓人瞭解是否感染，透過就醫掌握CD4和病毒量的變化，避免錯失須服藥的時機。

然而，以上所說，有關篩檢在「理論上」的正面意義，如果缺乏同等重要的「篩檢前諮詢」，「篩檢」與「就醫」不可能銜接，變成極大的問題，「篩檢」因此也無法稱得上「防疫」！

在愛滋知識普遍不足、對感染者歧視依然嚴重存在的社會環境，人們得知自己「成為感染者」的那一刻，往往有巨大的衝擊。害怕被排擠、擔心人生從此無望——這些第一時間常見的反應，讓很多人選擇逃避，躲起來不敢就醫。缺乏「篩檢前諮詢」，失去篩檢本來可以提供認識愛滋、消除愛滋恐懼的教育時機，也失去了讓感染者長出力量面對衝擊的機會。

「篩檢前諮詢」是從當事人立場出發的關照，和當事人討論面對感染後自身必須面對的議題；做不到這個，「篩檢」就只剩下「抽血」和「通報」，變成國家機器找出「誰是感染者」的監控步驟而已！

在意抽血管數、衝篩檢數量業績的「全民篩檢」，花力氣達成國家機器所要的「通報」數量和「監控」目的，配合完成報表上浮面虛假的「篩檢＝防疫」成績單。而把顧及當事人權益、解決當事人心理調適所需的「篩檢前諮詢」人力，還有，更多的感染後照護服務，則完全忽略。只重視抽血數量的篩檢，無異是不管人死活的「吸血鬼政策」。(註三)

從過去幾年的經驗證明，「只要管制感染者，就可以降低病毒傳播」的思維並沒有解決想達成的防治目的，可是卻增加、鞏固了對感染者的歧視、阻斷了整體社會對愛滋重視與認識的機會！

二、青少年感染都是因為被誘拐？

「性身分」經常是台灣防疫政策關注的焦點，關注度甚至高過「行為模式」。彷彿HIV病毒具有分辨被感染的人「是濫交或忠貞」、「是一夜情性伴侶或恩愛異性戀夫妻」的能力，而忽略傳染途徑、傳染要件。以下兩個案例，足以說明這類「高危險群理論」思維，充斥道德規訓，卻是經不起檢驗的防治理念。

【案例三】

「受害高中生父親的男子氣憤說，李男（四十七歲）明知有愛滋病，卻在網路上四處交友，一個月前誘拐其就讀高一兒子出遊，趁機性侵其子，因兒子近來行為怪異，老師深入懇談，就醫檢查始知感染愛滋，把兒子一生都毀了，讓他們很不甘心。」（註四）

【案例四】

「疾管局副局長林頂說，去年新通報感染者中，年紀最小的為一名十三歲男孩，追蹤發現，這名男孩是在打工時，疑遭五十多歲男老闆誘拐發生性行為而感染，這名老闆也被驗出感染愛滋病毒，依法移送法辦。

林頂說，網路上常會看到不少成年男同志，稱這些年紀較小的男孩為『天菜』，也就是天上掉下來的好菜，他們會以金錢或其他方法誘惑與其發生同性間行為。」（註五）

這兩則報導同樣是將感染HIV的責任歸咎給感染者，案例三是媒體引用所謂受害者高中生的父親的指控，案例四是主管疾病管制的官員主動發布給媒體的情節，共通之處都是男同志的跨代戀／性，其中明顯的年齡歧視，以「保護兒少」的保守思維，認定青少年同志是不能也無法有性自主的能力和權力。

案例三引述受訪者說法，把感染視為「毀人一生」的極惡大罪，做為潑硫酸「為子報復」的藉口。記者、編輯對「感染毀人一生」的偏見，不做任何澄清報導，顯示了社會大眾和媒體工作者對愛滋還停留在「愛滋很可怕，感染將會一生無希望」的刻板印象，持續在媒體報導中複製對愛滋、對感染者的歧視。這位父親會有不甘心，是打從心底認為：「四十七歲的中年人，怎麼可以和高一的兒子有性活動」，因而咬定是「性侵」；他也認為，高一的青少年，如果不是中年人的「誘拐」，怎麼會「變成」同志。案例四由防疫官員引述個案來做為說明，感染者年齡層下降的現象，暗示著兩者的因果關係，利用官方發言位置，透過媒體控訴：「若不是年長的同志在網路上以金錢誘惑，不會造成青少年感染者的增加。」

疾管局副局長的說法，無視於愛滋教育在青少年族群中匱乏的政策疏失，毫無想要檢討、改善青少年愛滋教育的作為，卻意圖以「金錢拐騙」的道德指控，把責任推卸給和青少年互動的中年男同志，甚至推論指控為整個族群的罪狀。這種天馬行空的指控，充滿了對跨世代戀情或性活動的汙名。

當青少年被當成無自主能力的弱智狀態，認為他們在網路上只會受騙，反應了疾管局對青少年文化十足的陌生與漠視，以及對同志青少年資源匱乏的全然無知。如此無視青少年文化、看不見青少年同志處境，才是對青少年疫情的最大隱憂。而疾管局官員類似的汙衊說法，除了這一則報導，早已不只一次在各種場合一說再說，彷彿意謂著：「只要成年男同志不與青少年男同志有性活動，青少年疫情就不會發生。」國家防疫官員看待疫情發展、思考防疫政策的能力可見一斑。

三、揮之不去的愛滋恐懼誰造成？

在過去十年的第一線工作裡，我看見了「愛滋恐懼」、「愛滋慮病」案例不斷地出現，沒有因為時間的演變而減少或減緩。許多人對愛滋莫名的恐懼早已超過對疾病擔心的層次，這些人不是感染者，卻活在對愛滋的莫名恐慌，長期煎熬。

【現象一】

有人做了一次又一次的HIV篩檢，即使結果為陰性，仍不放心，還是認為自己可能感染，甚至懷疑是篩檢單位操作有誤，而繼續找其他單位重複篩檢；與其說這些人想知道自己是否感染，更貼切地說，恐慌讓他們把HIV病毒視為無所不在的威脅，心裡認定自己必定會感染，他們透過HIV篩檢或電話諮詢，要第一線工作者回應他們心中根深蒂固的聲音：「HIV病毒如此可怕，我怎麼可能逃得過被感染。」

這些恐懼到睡不著、精神耗弱，甚至不敢有性行為的慮病者，其中有許多人窮盡力氣搜尋、打聽、探問任何和愛滋有關的訊息或知識，但這些早已被他們熟記得透澈的知識，沒有使他們從恐懼中被解救出來。

【現象二】

在同志諮詢熱線協會設置的男同志性愉悅網站：「爽歪歪」(SongYY; www.songyy.org.tw)，不只一次出現異性戀男生在「議題討論區」留言提問。才去過一次酒店性消費，後悔被喇叭店的性工作者口交，嚴重地焦慮自己是否已經感染愛滋。仔細瞭解後發現，在他們僅做的、風險低的口交行為背後，內心存在對自己性消費的道德譴責，潛意識裡不斷被「不道德的性會導致HIV感染」的錯誤連結所綑綁、迫害。

這現象突顯了恐性、懼性的主流道德價值中，對非生殖目的、非婚姻中一男一女的性，充滿排斥與譴責，當這個性的汙名與「愛滋是天譴」、「感染就是不道德行為造成」的論述連結，性汙名於是強化了愛滋汙名的力道，巨大地作用在性少數身上。

以上兩種現象，可以觀察到愛滋恐懼有三層意涵：

(一)覺得愛滋太可怕，以為感染就會立刻失去生命，人生絕望；對外貌變形的憂慮，以為感染一定會全身長滿卡波西氏肉瘤。

(二)根深蒂固將愛滋與性汙名連結，擔心自己會遭到社會譴責。

(三)不想被隔離，害怕被孤立；擔憂情人、家人與朋友不能接受而遠離，失去情感的支持。

這些內化的恐懼從何而來？無非是長久以來，由官方主導的愛滋防治宣傳所建構的價值體系，包括：強調預防愛滋必須「忠貞、單一性伴侶」的道德規訓；充滿恐嚇的宣傳中，將愛滋的可怕無限放大。

四、愛滋只是醫療與公衛問題？

台灣的愛滋治理體系，以疾管局為中心，加上醫療、公衛，以及擁有愛滋藥物專利霸權的跨國大藥廠，建構出龐大而複雜的系統。在國家愛滋預算的操控下，各種民間愛滋機構也被迫納入這個治理系統。但在政策制訂上，卻是充滿「醫療」與「公衛」至上的「專業」壟斷；對於「健康」的詮釋，被窄化到只剩「治療生理疾病」；至於影響感染者心理健康的巨大社會歧視與汙名、隱私及人權侵犯，則長期被漠視與忽略。更不用講，倡議性權實踐、維護性少數主體性自主的理念，更是在防疫大旗下強遭霸凌壓迫。

「知識」、「理性」、「科學方法」是公衛、醫療專業宣稱用來面對愛滋議題的研究方法和政策制訂基礎，但在被壟斷的「專業門檻」下，缺乏其他領域關照的「理性」和「科學方法」，顯得狹隘；影響感染者生活甚鉅的歧視、侵權、汙名等社會結構問題的影響，鮮少被關注與重視。

二〇一一年疾管局原計畫要實施「愛滋藥費部分負擔」，這個政策的大轉彎將影響感染者服藥甚鉅。「愛滋行動聯盟」透過舉辦公聽會，廣徵感染者族群、社工界、社運界、第一線照護工作者的意見，不斷呼籲：「在缺乏完整的影響評估之前，不應貿然實施。」然而即使民間團體用盡力氣，希望打造平等的政策對話機會，過程中仍強烈感受到主管官員的漠視。官員只想解決眼前「愛滋藥費不足」的問題，卻一點也不想就影響更大的「愛滋政策不足」問題，進行對話與交流。

■本文發表於中央大學性／別研究室「愛滋治理與在地行動研討會」，二〇一二年六月十日，在地行動論壇。

註一：《人類免疫缺乏病毒傳染防治及感染者權益保障條例》第十二條：「感染者有提供其感染源或接觸者之義務；就醫時，應向醫事人員告知其已感染人類免疫缺乏病毒。主管機關得對感染者及其感染源或接觸者實施調查。但實施調查時不得侵害感染者之人格及隱私。」

註二：《人類免疫缺乏病毒傳染防治及感染者權益保障條例》第十三條：「醫事人員發現感染者應於二十四小時內向地方主管機關通報；其通報程序與內容，由中央主管機關訂定之。」

註三：二〇〇九年十一月三十日由台灣同志諮詢熱線協會、愛滋感染者權益促進會、台灣露德協會共同發起「呼籲衛生署疾病管制局檢討全民篩檢政策」連署，主張「重篩檢　輕衛教　不利愛滋防治」，並提出對「全民篩檢政策」的疑慮。參與連署支持的有三十一個愛滋、同志、性別團體，以及二十七位醫療、公衛、同志與性別專家學者。另外，針對疾管局從二〇〇八年開始投注龐大經費在男同志空間進行大量篩檢，同志諮詢熱線協會曾於二〇〇八年十一月二十八日召開記者會發表「篩檢衡管數　防治不算數——二〇〇八男同志HIV場所篩檢評鑑報告書」，剴切指出其中的問題。

註四：《蘋果日報》二〇一二年六月四日報導：〈染指人子　愛滋狼被潑酸　十五歲少年『一生都毀了』　家長心痛氣憤〉。

註五：中央社，二〇一一年一月二十九日報導，〈性行為染愛滋　最低齡僅十三歲〉。

【二〇一三】不要忘記，我們曾經在櫃子裡

昨天經過新公園，發現圍牆不見了，很久沒來，再次走進去，我突然掉進記憶裡。第一次到新公園是在一九八八年，我二十二歲，那是個神祕又張狂的國度，讓人害怕又興奮。哇！好久，都過了二十五年；捷運出現，路燈變多，公園角落的樹砍了；圍牆消失，公園名稱也改了。過往萍水相逢的容貌早已模糊，但是，水池邊的石頭、花叢間的樹都還在；那座涼亭、那張石椅，都見證過我的青春。

儘管當年離開公園時，陪伴的常常是孤獨，但是，在那個不能出櫃的年代，我還是會回來。因為我孤獨！

新公園也是二〇〇三年第一次舉辦同志遊行的出發點。昨日我坐在公園，想著這些年來的變化：我們上街不再需要面具，遇見彼此可以不只在黑夜，也開始有更多機會展現生命的精采。但我們似乎遺忘了什麼！

最近，網路上對遊行主題有非常多激烈的論戰和爭辯，對這種前所未有的能量火花，我一方面覺得振奮，另一方面也對「我不是性難民，為什麼要和性難民站在一起」的觀點感到難過。

我以為，因為曾經在櫃子裡，對於不能出櫃的孤獨與無奈，應該感受最深刻。過去的同志運動努力打開櫃子，現在櫃子打開了，有機會出櫃的人，不應該看不見更多無法出櫃的族群。

我特別想講的是HIV感染者的處境。

櫃子看似不同，打造的素材卻相似。如果說，過去同志的櫃子是用偏見和歧視做成的，如今HIV感染者的櫃子還多了恐懼，更巨大更牢固，至今沒變。

恐懼從媒體報導日積月累而來，恐懼也在官員、在社會大眾的嘴裡繼續強化，恐懼還在不知不覺中住進了你和我的心裡面。

愛滋恐懼有什麼影響呢？它侵蝕了很多人看事情的邏輯能力，在人與人之間挖出一道破壞信任的鴻溝，把外籍感染者趕出去，把善意捐血的同志送進法院，把遭受黑函檢舉的國小老師判重刑，更把所有散播病毒的責任都賴在感染者身上。愛滋恐懼流竄在這個島上，也占據感染者保障條例的法條，企圖用刑法介入人與人之間私密的性活動。愛滋恐懼打造了感染者的櫃子、櫃中有櫃，禁錮感染者心靈自由。

有人說，為什麼同志遊行不能只談同志議題？為什麼要談性難民？那是因為，把不同的性難民關進櫃子的源頭，一樣來自於，當年把同志關進櫃子的刻板印象、偏見、層層疊疊複製的汙名！

我在新公園荷花池畔，想起了一九九八年TATTOO墜樓事件、二〇〇一年箱屍案、二〇〇四年農安趴事件——這過去十多年來加諸同志身上的三大汙名事件，媒體是怎樣獵殺同志，整個社群籠罩在風聲鶴唳中的悲憤。這些不能出櫃的苦，歷歷在目。

今天，我們有能量可以站在這裡丟開衣櫃，但是，請不要忘記櫃子裡孤獨的滋味，還有那些仍在忍受孤獨的人。

■本文為二〇一三年第十一屆台灣同志遊行終點舞台演講的發言稿。

【二〇一五】當同志與醫療相遇——寫給醫療人員

儘管同志的處境相較以往好像有所改善，但是對身邊沒有同志朋友的人來說，對同志仍然所知有限，講到同志，腦中會浮現的，仍是大眾媒體塑造的片面印象。當同志與醫療人員相遇診間，究竟有哪些值得認識、需要被提醒的面向？有些醫療人員很納悶，如果同志身分在醫療過程是重要的，甚至與治療效果有關，為什麼同志不願意直接讓醫療人員知道？本文謹以這些年來參與同志平權運動、長期服務同志社群的觀察與心得為基礎進行分享。

你要不要驗 HIV？

男同志在醫療現場會面對的窘況就是，有些醫療人員知道當事人是同志後，即使原本治療的疾病和HIV無關，卻還是要求當事人：先驗一下HIV！

二〇一四年南部某醫院的醫生，對求診腎結石的男同志病患未經告知而直接檢驗HIV，因違反了《愛滋防治條例》中，「須經當事人同意」的規定，而遭裁罰。也有許多男同志只是去陪診，或陪感染者前往衛生所辦理「全國醫療卡」，竟然被公衛護理師強烈暗示要「檢驗HIV」！

把看到的男同志都當成潛在感染者，而提出檢驗HIV的要求，十足反映了男同志身上背負「男同志＝愛滋」的巨大汙名。這種被對待的方式，讓同志朋友在醫療場所面臨很大壓力與差別待遇。當愛滋治療的醫藥已不斷創新發明，社會對愛滋的莫名恐懼和加諸感染者或同志身上的道德汙名，這二十多年來，改變卻很緩慢。

現在的愛滋治療藥物，只要感染者順從服藥半年，體內病毒量是可以達到測不到的狀況，這也使得傳染力大減。但台灣法律仍存在著「蓄意傳染」的刑罰。甚至有法官在判決時，不理會愛滋專科醫師的證詞，將順從服藥的被告以「蓄意傳染罪未遂犯」重判。

愛滋傳染途徑、預防感染的基本知識、感染後治療現況……即使具備了這些醫療知識，對有些人（包括醫療人員），就是無法消除面對愛滋的恐懼與焦慮。這也說明了，若要改變長年恐嚇教育所造成集體恐懼，光是認識愛滋基本知識是不夠的，必須認真地去討論與分析恐懼的來源，才有可能扭轉潛藏心底的恐懼陰影，讓愛滋回到一個疾病應該被對待的方式，避免感染者遭到拒診的案例繼續發生。

你的家屬在哪裡？

同婚合法前，同志在開刀住院時，最常面對的就是手術前、手術後，被醫療人員問：「你的家屬在哪裡？」即使當事人身邊已有一位形影不離、對病情的擔心全寫在臉上的伴侶，甚至是當事人已經告知「我們住在一起」，還被記下「獨居」身分，同志伴侶在醫療場所常被當成空氣或陌生人，而遭到嚴重忽略。

伴侶的陪伴與照顧，對生病的人來說，是重要的倚靠力量，也是放心養病恢復的後盾。或許醫院當局有醫療糾紛的法律顧慮，或因過去爭議事件帶來的保守謹慎，不過，不顧陪伴當事人身邊的伴侶，不願意向其徵詢醫療決策，或告知醫療進度，寧願等待一位極少往來、對當事人現狀幾近陌生的「親屬」來簽字，這對同志來說，等於是在面對摯愛伴侶遭逢身體疾病威脅時，另一種必須忍受的身心折磨。

為什麼同志不出櫃？

理解同志為什麼不易出櫃（讓別人知道自己是同志），是看見同志社會處境很關鍵的課題！身為同志，從意識到自己是同志開始，都會謹慎地觀察、衡量身邊的人是否友善，特別是對關係親近的父母家人，朝夕相處的死黨或同學，很多時候同志無法說，是擔心說出自己的性傾向，會遭到排斥而失去家人、好友。

讓同志朋友擔心顧慮而不敢出櫃的原因，來自於媒體上常見、根深蒂固的刻板印象和誤解，包括以下幾點：

成見一：男同志都很娘，女同志都很man；同志都想要變性。

說明：性別氣質分布如光譜，樣貌萬千。陰柔男同志和陽剛女同志因明顯有別於傳統而容易被看見，甚至被誤以為是同志全貌，卻是一大誤解。有些跨性別者會想變性，不代表所有同志都想變性。這類刻板印象的影響，讓許多人忽視身邊其實有很多同志朋友的存在。

成見二：青少年不能確定就是同志，只是假性／情境式／密友期。孩子變同志，是交了損友才被帶壞。

說明：青春期渴望靠近喜歡的人、期待談戀愛，異性戀或同志皆然。甜蜜或苦澀，喜悅或失落，掙扎、困擾或猶豫，每段關係都是真實的。否定青少年同志的正當性，或認為「變成」同志是被帶壞，追根究柢，是把同志視為次等或病理化才有的論點。這類刻板印象的影響，讓許多人忽視青少年同志的自主性。

成見三：同志很淫亂，會搞轟趴，容易得愛滋。常換對象，感情激烈，常見情殺。

說明：刻板印象是什麼？就是當你身邊並不認識特定族群的朋友，但講到他們，你還是會立刻浮現帶有價值判斷（或貶抑）的看法。這些成見常發生在少數族群，像是：原住民、新移民、同志的身上，因為少有被認識的機會，往往登上媒體就是負面的社會新聞，長久累積下來，不知不覺受到偏頗報導的影響。

社會對同志的成見當然不只以上這些，僅舉出幾個，是想讓大家瞭解，同志一旦出櫃，就要面對社會上已存在的這些刻板印象的壓力。誰不希望成長過程或生命中，可以和知己好友分享各種喜怒哀樂，一起商討一起面對人生旅程的挑戰，可是同志往往怕失去身邊親近的人而不敢出櫃。

不出櫃代表同志在生命各階段，常要獨自承擔許多壓力，或是隱藏生命旅程的難過或快樂，包括：青春期暗戀的苦澀、與同儕分享關係中的徬徨、中老年就醫時的醫療決策。

從開放的態度開始

對同志友善，沒有什麼標準課程或制式的SOP，第一步就是打開心胸，或許你不夠認識同志，還沒有機會和同志當朋友，但如果可以把成見放下，先相信世界上每個生命個體的獨特性，對於不同的人生哲學、生活方式、性愛偏好都能給予他人尊重，就是一個很好的開始。

舉一個婦產科診間常見的狀況，女性就診時如果醫生要觸診前，會先問病人是否有性經驗。從醫生朋友的交流中我知道，這是避免日後醫療爭議的必要詢問。同樣這件事，我從女同志社群經常聽到的卻是抱怨，女同志對婦產科醫生的問法不知該如何回答，讓她們很為難。她們認為，這問法預設了就診的人一定是異性戀女生，女同志沒有「陰莖插入陰道式」的性經驗，卻有女同志的性愛經驗。是否應該在診間跟婦產科醫生出櫃，直接了當把自己同志身分的身體經驗告知？醫生可以接受我的同志身分和同志性行為方式嗎？會不會取笑、排斥或譴責呢？

在診間的同志是一個病人，也就是一個人。回到對待人的尊重和善意，透過更多的對話、互動，進一步增進認識與瞭解。當同志與醫療在診間相遇，其實並沒有比遇到外星人時的溝通困難！

■本文原載於二〇一五年十一月《台灣婦產科醫學會會訊》廿九期。

台灣同志運動的歷史回顧

各位貴賓、各位LGBT朋友：大家早安！我是喀飛，很高興在這裡代表活動主辦單位之一——台灣同志諮詢熱線協會，歡迎各位從各地來到台灣台北，前來參加二〇一五年國際同志聯合會亞洲區域雙年會。

這個週六、十月卅一日是第十三屆台灣同志遊行，預期可能有超過七萬人參與這個亞洲規模最大的同志遊行。許多人將此視為台灣同志運動進步的象徵，特別是同為保守且高度重視家庭關係的華人社會的朋友，常問我們：這是怎麼做到？我想藉此簡短地回顧台灣同志運動的歷史。

一九八六年，同志運動前輩祁家威站出來為同志發聲，成為台灣投身同志運動的第一人。

一九九〇年，第一個同志組織——女同志團體「我們之間」成立，這是台灣組織化同志運動的開始。

在那個年代，以及更早的台灣社會，對同志陌生且充滿偏見，社會大眾所知的同志印象，全部來自媒體上負面的、疾病化的社會新聞報導。社會不友善，使得大多數的同志們，只能孤獨地躲在暗櫃裡。同志運動的出現，讓台灣同志的命運終於有了改變的機會。

同志開始集結成立組織，校園出現同志社團，團體間串聯結盟互相聲援，對歧視不再沉默，對公共政策表達意見，透過書寫創作、編輯出版發聲，記錄同志生命故事，或是傳達同志社群的怒吼與異議。同時期，在許多主流報紙舉辦的文學獎，同志主題的文學創作經常成為得獎作品。一九九〇至一九九七年間，同志相關主題的出版極為興盛，包括：小說、報導文學、性別論述、傳記、劇本、愛滋故事等，八年裡將近八十種！這些書寫與出版，透過文字撫慰且鼓舞了許多孤單的同志，台灣社會大眾也透過閱讀這些書籍，重新認識、理解同志生命的真實樣貌和處境。

一九九〇年代中期，新媒體——網路在台灣出現，當時的主要平台BBS（也就是電子布告欄）的「同志討論區」在二至三年內普及到各大學BBS站。網路匿名特性造就了彩虹虛擬社區快速成形。網路之外，同志廣播節目也是一九九〇年代重要媒介，最高峰時期的一九九六年（見本書五十五頁），同時存在十個同志廣播節目。無遠弗屆的電波傳送，打破實體連結的限制，照顧了許多無資源的同志。網路和廣播，成為同志社群意識啟蒙、抗爭行動動員、同志公共政策參與，最重要的媒介。

在學術研究上，延續女性主義在台灣的發展，更深刻也更基進的性權論述、酷兒論述也在台灣生根開展。反省批判的思潮，讓台灣的同志運動有更廣泛的參照，也激盪出更強大的運動能量。

一九九〇年代後期，過去常被濫用的警察臨檢開始被關注，同志團體經常要救援遭到警察濫權臨檢的同志空間。後來，台灣同志諮詢熱線協會藉著承辦台北市「同志公民運動」時，規畫了同志人權課程，要求台北市警察局各單位派員參加。在那之後，甚少發生同志空間遭到警方惡意臨檢的事件。沒想到十多年後的今天，竟然重演惡意臨檢事件。一家男同志三溫暖ANIKI，從去年夏天到今年七月，總計遭到警察臨檢高達五十多次，這些宣稱是例行性的臨檢，卻每次都是大陣仗。頻繁且刻意的臨檢，嚴重地違反了執法的比例原則。在此我要表達對台北市政府警察局的嚴正抗議。

以上提及的各種面向發展，因緣際會地在一九九〇年代交會碰撞，交織成台灣早期同志運動百家爭鳴、齊頭並進又全面翻轉的局面。

如果這廿五年來的台灣同志運動看得見成長茁壯，一九九〇年代就是那片埋下種子、灌溉施肥的豐厚土壤！如果後來的台灣同志運動火力旺盛，一九九〇年代就是提供柴薪燃燒的能源倉庫！

而這段重要且能量充沛的歷史，和台灣社會一九九〇年前後經歷的鉅變歷史息息相關！

一九八六年不斷挑戰一黨專政的反對力量民進黨，突破黨禁限制宣布組黨；反核、反杜邦的環保運動，以及農民運動風起雲湧；迫於民主運動和各種社會運動的壓力，執政當局在一九八七年解除將近四十年的戒嚴；一九八八年控制言論自由的報禁解除，同一年長期統治台灣的蔣家第二代強人蔣經國過世；一九九〇年呼籲廢除萬年國會的野百合學生運動首次以學生力量施壓當局，促使隔年廢除「動員戡亂臨時條款」和四十多年不曾改選的國會；一九九三年廣播頻道開放；一九九六年人民首次直選總統。

台灣在一九九〇年前後的民主化運動和蓬勃的社會運動，對於長期遭受壓抑的同志族群有很大的啟蒙作用，甚至許多早期的同志運動參與者本身就曾經投身這一波改革運動。

解嚴、國會改革、媒體開放，這些都象徵著威權統治結束，政治監控瓦解，言論自由的火在整個社會燃燒，在媒體上談論同志、書寫同志議題不再是禁忌。社會運動喚醒了包括同志在內的妓權、工運、原住民運動各種弱勢族群，開始展現主體站出來抗爭。

我們可以說，台灣這廿五年來的同志運動，是貼著台灣改革運動的脈動前行；這也說明了，同志運動的軌跡無法自外於政經大環境的變遷起伏。

回顧歷史的目的是給未來啟發，記取過去的經驗，學習前輩運動者的智慧。

台灣現今同志運動面對的最大阻力，來自跨國反同宗教勢力排山倒海的打壓，不論名稱是真愛聯盟或守護家庭聯盟，不論是反對校園裡的同志教育政策或是攻擊婚姻權立法，核心目的都在否定同志存在的正當性。而其慣用手法，則是搭建在「否認青少年同志主體、兒少必須被保護的價值思維」，還有「煽動社會上既存，對愛滋、對性的汙名和恐懼」。這場戰爭不會停止，在疲於奔命的各種對抗中，組織工作者更應該記取歷史教訓，從文化與價值體系去思考戰略。

這幾年，不論台灣或是其他國家，婚權運動成為同志運動中最受社會及媒體關注、發展最蓬勃的一項議題。對此，我一方面認為，婚權運動能夠普遍引起社會關注、對話或衝擊，是同志運動的重要契機，但是另一方面，我也對有些人把婚權運動視為解決各種同志困境的唯一努力目標感到憂心。過去的同志運動，我們努力打破僵固的主流思維、逃脫來自傳統家族制度對個人的束縛，如果我們對婚姻與家庭制度少了高度的警覺和反省，未來的出路又在哪裡？

在努力從體制取得影響力時，應該在政治實務參與中，抱持對權力的反省和警覺。因為政治權力運作的慣性，很容易讓人忘記初衷。

我們所處的二〇一五年，牽動同志運動發展的大環境已經不同於以往；在這後冷戰時期，經濟勢力高度主導社會變化，國際間新的合縱連橫正在重組，同志運動的大敵——極右派種族主義勢力蠢蠢欲動，社群媒體和行動通訊科技重新建構人群關係與溝通模式，如何在這些新的變局下維持同志朋友「身體．靈魂自主」，考驗著當今同志運動組織工作者的智慧。

現場都是各國、各地區的組織工作者，我們不但要為身邊看得見、看不見的各種不同生命解決現在的困境，更應該冷靜思考未來的變局和出路。第一線工作者平常總是衝鋒陷陣，在同志運動的戰場裡每天作戰，這次難得有機會暫時放下永遠做不完的組織工作，停下腳步和我們的亞洲鄰居進行分享交流，希望能把握這次交流，在研討會裡有美好的收穫，也祝福大家能夠盡情享受台灣的美食和台灣朋友的熱情！

■本文為二〇一五年十月廿八日國際同志聯合會亞洲區域雙年會（ILGA ASIA）開幕演說。

〔二〇一六〕

瀟灑九十年　告別王公公

一個多月前，漢士三溫暖阿嬤（註一）到台灣同志諮詢熱線（以下簡稱熱線）為接線義工上課後，告訴我們，王公公走了。獨居的王公公好一陣子沒到漢士，阿嬤之前打過幾次電話都沒找到他，有一次王公公女兒接了電話，阿嬤才知道王公公已經離開人世。

一九二六年出生在廈門的王公公，二〇〇六年接受熱線老同小組訪談，當時八十歲的他依然身體硬朗，侃侃而談聊著他的生命故事。後來幾年，在阿嬤的號召下，不論是「彩虹熟年巴士」出遊活動、熱線晚會或是歲末的熱線義工尾牙，都可以看見王公公老當益壯的身影和他招牌白眉毛的親切笑容。直到三年前，他視力變差、行動變緩，阿嬤擔心他行動安全才沒再邀請他出遠門參與活動。

以個人生命史　參與同志運動

台灣同志運動過去近三十年，是以組織力量為同志的生存披荊斬棘，開拓平等大道，十年前開始，王增勇老師帶領的老年同志口述歷史計畫則是重新回頭，為更早年代同志以個人經驗對抗社會壓迫的軌跡，留下紀錄與見證。

王公公是《彩虹熟年巴士：十二位老年同志的青春記憶》（二〇一〇年，基本書坊出版）書中，最年長的受訪者，他願意挺身而出敘說他的同志故事，讓年輕一輩瞭解早年的同志生活與處境，使同志過去的歷程被記錄、被看見、被討論，為同志運動打開更廣泛的眼界，讓不同世代有機會交流認識與互動。這書做為華文出版書籍中，第一本當代老年同志生命史的紀錄，兼具著社群內認識老、認識老化、認識世代議題的教育意義。王公公和其他受訪長輩站出來說自己的故事，就是以個人生命史參與了同志運動。

成長於廈門鼓浪嶼的王公公，自幼父母雙亡，九歲被收養。念完小學後，十五歲進入美國牧師所創辦的美華中學，沒多久就為躲避日軍占領鼓浪嶼而遷徙漳州，中學也沒念完。當時的鼓浪嶼從一九〇二年起，就是列強占領的公共租界，距離廈門一千公尺、面積一點七七平方公里，就有十三國領事館。小小鼓浪嶼，宛如中國近代戰亂紛起與外國勢力瓜分的縮影，也牽引著王公公的人生。

唱一曲〈王昭君〉 寄託六十年思念

王公公的同志情欲是在中學時，意外看見心儀學長洗澡而啟蒙。一九四五年戰爭結束，二十歲回到鼓浪嶼，當時在華僑銀行擔任看守，認識對面另一家銀行也是看守的年輕男孩，兩人都沉默寡言，互看幾回成為朋友，那一年內他們最常做的，就是相約去聽歌。沒有任何身體接觸也沒有進一步講明愛情的許諾，朦朧的曖昧情誼。哪知道有一天王公公被當連長的舅舅邀去金門遊玩，隔日中共竟占領鼓浪嶼，再也無法回去，讓兩人情緣畫上休止符。未曾說出口的愛情和來不及的道別，就這樣被戰亂分隔數十年！

說起往事時已八十高齡，王公公說，二十歲這段，是他這輩子想念的一段。「他和我同年紀，當時離開廈門，只是到金門去玩，沒想到隔天，大陸就淪陷，回不去了。我們沒有說再見，我到現在還想他耶，但是我們沒有怎樣，什麼都沒有。開放（大陸探親）後，回去七、八次，試著找他，找不到啦。」

從來不唱歌的王公公，有次和老同小組到一家Gay的老人吧聚會，他拿起麥克風唱著〈王昭君〉，這是當年他們一起去聽歌最常聽的一首歌曲，歌聲再起宛如舊日時光重現。「悶坐雕鞍，思憶漢皇，朝朝暮暮，暮暮朝朝，黯然神傷。前途茫茫，極目空翹望，見平沙雁落，聲斷衡陽。月昏黃，返照雁門關上。塞外風霜，悠悠馬蹄忙，鎮日思鄉，長夜思量，魂夢憶君王」，哀怨綿長的歌詞原是遠嫁塞外的漢朝公主思憶漢皇，這時，寄託的卻是王公公對隔離一甲子初戀情人的思念，時空有別，對人生的無奈慨歎卻相同。

做就要下功夫　館長聲名遠播

到台灣的王公公繼續經歷顛沛流離的窮困，三十二歲工作稍安定，在朋友催促下結婚。他說自己和老婆個性不合，吵鬧一生，也生了一子一女，後來還有了孫子。真正踏入同志圈，是四十歲時在南陽戲院（註二），一位體育老師主動和他有身體接觸，正式開啟他的同志情欲生涯。南陽戲院關閉後轉戰紅樓館（即現在的西門紅樓），因為性技巧太好、口碑流傳而被稱為「紅樓館長」，許多人慕名搶著要找他。

在現在青春當道的男同志圈，四十歲恐怕會被某些人視為「太老」而遭冷落，王公公輕描淡寫他昔日受歡迎的盛況和戰功，讓聽故事的我們眼睛全都亮了起來。他還說，要不是八十歲開了刀，一直到七十八歲時，他的性生活還很活躍。

王公公對於性有獨到觀點，「我經驗太多了，你要自己研究。要盡量給對方舒服，只要對方舒服，我們也舒服。人不能太自私，只顧自己舒服就好。你沒有功力的話，人家不會喜歡你啊，這個很重要。很多人不懂細節，但是我們不能夠說是你不懂啊什麼，人家沒那個經驗，我們也是慢慢累積的啊。做愛這東西，一定要下一番功夫，除非你不要做，要做的話，一定要下工夫，大家都喜歡，這是最主要的目的。搞得不歡而散，幹什麼呢？沒有意思。」

我記得十年前那次訪談結束後，風度翩翩的八十歲王公公對性侃侃而談的自在與自信，給我非常大的啟發：對於老年生活，對於變老，好像沒有那麼困難想像。那次訪談時，王公公記掛著要趕回家看八點檔連續劇《楊家將》，他說，「我生活很規律，因為怎麼樣，就沒有人要喜歡我，我也沒有需要去找人，我也不願意去找人。」經歷過九年、七年不等的三段關係，王公公八十歲時選擇自己過日子，在異性戀的家庭關係中，他也是獨居。

很多年輕同志常問，老了怎麼辦？如果有伴就互相扶持，如果老了還單身，心態調整好，或許能像王公公一樣，用累積歷練的人生智慧，隨遇而安，也能夠瀟灑自在安享晚年。

聽老人說故事　是重要的陪伴

近三年，王公公較少出席活動，每次遇到阿嬤，我會詢問王公公近況，知道他還是會到漢士，就像過去多年習慣，抽根菸、喝個茶、睡個覺，醒來下午四點鐘，再洗個澡就回家。聽到時我心裡覺得滿好，他的晚年還是和社群有互動，有老友陪伴。去年我惦記著，王公公快九十歲了，應該再次邀請他到熱線晚會讓大家為他祝賀，不料卻是聽到王公公離開的消息。阿嬤告訴我們的當下，腦海浮現這十年來他和熱線朋友們互動的許多畫面，他的招牌白眉、清瘦身骨，還有一切淡然的瀟灑態度，縱然有情感上的不捨和遺憾，但想到他以自然老化而非苦痛臥病告別，也算是福分安享、壽終正寢。

王公公不僅見證了老一輩同志生命與戰亂糾葛，庶民同志的情欲史對開拓同志運動史觀更有重要啟迪。告別與追思王公公，讓我再次思索同志生命出路的議題。

這幾年社會關注長期照護議題，老同小組花了很多年試圖從「老年陪伴」、「與老同做朋友」為出發，開啟對同志老年的更多瞭解，十年前開始與王公公的互動，是一個重要的開始。老年陪伴是什麼？不是只有疾病／失能的照護，或是延長生命的三餐供應（當然這些也很重要），老年人不該只被當成病人，他們承載著時間刻化的記憶，沉澱著珍貴的生命智慧與豐富的生存經驗，陪老人說話、聽他們說故事，是我這些年來覺得最重要的陪伴。

二〇〇七年王公公登上熱線晚會舞台，現場一千多位年輕同志為他熱烈鼓掌。舞台的精采演出，總有謝幕的一刻，但王公公的身影，將會鮮明地被記住。

王公公，謝謝你！

註一：漢士三溫暖老闆余夫人，因為在男同志社群裡常照顧人，輩分高、受人敬重而被暱稱為阿嬤。

註二：已經拆除多年的南陽戲院，原址就在台北車站和二二八公園之間，現今補習班林立的南陽街。

台灣的愛滋教育怎麼了？

國防大學將感染HIV的學生退學，引發社會譁然。儘管校方否認歧視，但從當事人一再遭校方各種隔離、刁難的情節，很清楚看見校方做出的差別待遇就是因為當事人的感染者身分。在批判與責罰、侵權維護與司法訴訟之外，更值得探究的是，國防大學這些處置，顯現對愛滋的陌生、誤解，這現象在台灣並不罕見，從醫療現場、媒體報導，到感染者日常生活，經常上演。在愛滋出現三十多年後、醫藥與治療不斷進步，為什麼許多人的觀念卻仍停留在二、三十年前？台灣的愛滋教育究竟怎麼了？主管愛滋教育的衛福部疾管署、曾經參與愛滋政策和宣導執行的專家，實在應該徹底檢討一直以來愛滋教育的缺失。

在演講愛滋相關題目時，我常在一開始請來賓就這幾個問題進行思考，再請大家分享自己的答案，還有，為什麼這樣決定的理由。

一、如果你是感染者，你會告訴伴侶嗎？

二、如果你的伴侶告訴你他是感染者，你的反應是？

三、如果你是感染者，會和伴侶做愛嗎？

四、如果你的伴侶是感染者，會和他做愛嗎？

練習回答這些問題是為了拉近與愛滋的距離，也讓大家體會感染者生活中經常因為偏見而被迫要面對各種決定的煎熬。過去大家談愛滋，總是把它當做「那是感染者的事」，用帶有隔閡的眼光或是高高在上的態度，談論著「他者」。一旦愛滋變成自己必須面對的問題，或是和自己息息相關的時候，思考和看待的角度才會完全不同。這種不再把愛滋當成「他者」的同理心訓練，正是台灣當前愛滋教育最缺乏的一環。

常見的愛滋教育，總喜歡在「我們非感染者」與「他們感染者」之間畫一條深溝，用各種帶有訓誡或警告意味的口吻，把愛滋說成極度可怕、恐怖的疾病，也把所有非婚姻關係的性行為統統描述成「只要一次約炮，就很可能感染」，藉以殷殷教誨社會大眾，千萬不要跨過鴻溝變成「他們感染者」，不然就會「悔恨終生」。這類教育思維，讓一般人不願意去思考或面對「如果有一天我感染了」、「如果有一天我的生活和感染者有關」的真實處境，嚴重的後遺症就是讓大眾更逃離愛滋、更失去認識愛滋的機會。

建構愛滋的恐怖圖象、以極端案例打造愛滋相關的刻板印象、在不同性行為中區分性道德的優劣，這些常見的愛滋教育手段經過長年累積，已然根深蒂固把各種偏見和誤解傳到許多人的腦海裡。

於是我們很容易看到以下這些常見的愛滋誤解：

一、愛滋是絕症，感染會立刻面臨死亡威脅。
二、感染後工作、課業一定會受影響，人生無望，悔恨終生。
三、怕被傳染，將感染者用過的東西消毒、衣服分開洗。
四、會感染都是因為常亂搞、性伴侶很多。
五、感染者不能有性行為。

或許在遙遠的過去，愛滋曾經讓人類手足無措，也曾經席捲淹沒許多生命，過了三十多年，在研究者努力之下，愛滋的醫藥和治療已經改變這疾病的死亡威脅，感染HIV早已被視為慢性病，如同高血壓、糖尿病一樣，無法治癒，但可以透過藥物控制病情。定期監測病毒量和CD4（檢視免疫力變化的指標，數值愈大代表免疫力愈好），照顧好身體，其實感染者和非感染者一樣，都可以正常上班工作或上學，只需要定期回診、取藥，絕對不會「人生無望」！更不用說，HIV病毒脆弱得無法離開血液和體液，只要暴露在空氣中短時間內即刻死亡。和感染者一起生活、同桌吃飯、共飲一杯水，都不會有感染的風險。

近年來，醫界普遍證實，感染者透過穩定的治療服藥，達六個月以上HIV病毒量檢測不到，將不會透過性行為的途徑傳染給他人（註）。換言之，一個穩定服藥而測不到病毒的感染者，比一個完全不知道自己是否感染的人，傳染給別人的風險還要更低！瞭解這樣的治療新知，過去許多刻板印象和偏見建構的想像和恐懼，早該被打破！

對愛滋的偏見、誤解和落伍的知識，製造了許多民眾對愛滋不必要的恐懼和焦慮，經過反覆傳播和偏見複製，糾結纏繞出一張巨網，受害最大的就是感染者。還有一些人根本就不是感染者，也一樣被偏見和誤解擠壓得喘不過氣來，時時擔心著自己是否已感染。

全面檢討愛滋教育，不該停在「檢討有沒有」的低階層次，而是要提升到探究「教了什麼」、「為什麼這樣教」的格局。藉著同理心訓練、交流討論議題，讓上課的人有機會深入理解感染者的生活樣貌、社會處境，才有可能扭轉改變汙名烙印已深、愛滋焦慮惡性蔓延的現況！

■本文原載於二〇一六年十月廿八日「女人迷網站」。

註：U=U（undetectable=untransmitrable，測不到=不具傳染力）。

關於愛滋，你到底恐懼什麼？

愛滋病從一九八一年被人類發現，已經三十多年。這麼多年來，人們對愛滋病從一無所知、束手無策，歷經許多醫藥專家的努力研究，現今愛滋病早已不再是高致死率的疾病；透過進步的醫藥控制及治療，今日愛滋病普遍被醫學界認為是慢性病。

每次愛滋相關新聞出現，就讓人又「見識」一次台灣社會的愛滋偏見與歧視有多麼嚴重。國防大學將愛滋學生退學一案，事件爆發後，某些媒體刊載的投書內容尤為代表。

「讓你跟愛滋病患同寢共食，你願意嗎？讓你跟愛滋病患共享教室空間，在體育課流汗衝撞，撞破皮流血了，還得護著他的傷口送保健室，途中你可能碰觸到他的血液，基於同學情誼，勇敢地擦拭血液，學校醫護單位也是勇敢的承接病患，你願意嗎？如果你都不願意，為何國防大學的師生就必須被迫願意？」

「多數人感興趣的問題是，請問阿立，你的愛滋病怎麼來的？大家對感染途徑的高度興趣，跟所謂的社會歧視絕對是百分之百的正相關。」——摘自三立新聞網站專欄，作者曾有文。

類似的說法，也出現在許多相關新聞報導的網路留言，文字裡蔓延著對愛滋的恐懼與偏見。落伍的愛滋知識加深了偏見與恐慌，帶著被渲染的恐懼最後反映在對於感染者的排擠、壓迫與歧視。其中論點令人匪夷所思的程度，等於對台灣這些年來的愛滋教育打了一個大巴掌。

前面所引文章中最大的矛盾就是，講到愛滋感染立即想當然耳認定「當事人是男同志性行為所致」，但是表達恐懼與排斥時卻認為「只要一起生活就隨時有感染風險」。

對愛滋最常見的錯誤認知包括以下幾點：

錯誤認知一：同桌吃飯、共同喝一杯飲料、衣服也一起洗、一起游泳……會感染愛滋。

澄清：HIV病毒要進到一個人體內，必須接觸到HIV感染者的血液或特定體液（精液、前列腺液、乳汁、陰道分泌液），而且，接觸時還要有明顯的傷口或是黏膜組織，以上兩個要件同時存在才有感染的風險。

也就是說，吃飯、喝飲料、洗衣服、游泳、打球根本不符合感染要件，不可能造成感染（汗水和口水都不具傳染力）。即使感染者不小心受傷流血，只要自身沒有傷口，健康的皮膚接觸到感染者血液也沒有機會感染！

錯誤認知二：感染HIV會立刻面臨死亡威脅或是立刻病倒無法再念書、工作。

澄清：很多人混淆「感染者」(指感染HIV病毒)與「愛滋病人」(CD4降至200cells/mm3以下，或因免疫系統能力下降而出現伺機性感染)；「感染者」只要定期就醫或吃藥可以維持健康身體，和一般人一樣正常工作、念書，即使發病變成「愛滋病人」，在現在的醫藥技術妥善照顧下仍然可以恢復健康。

錯誤認知三：愛滋是特定身分者的疾病。

澄清：要降低感染HIV的風險，重點在避免傷口接觸到具有感染力的血液或特定體液，也就是說，行為模式比身分更值得關注。

HIV病毒進入另一個人身體，並不會分辨你是什麼性身分、是否遵守性道德，或是選擇什麼生活方式，它只能分辨你是否提供了傳染路徑。過去的衛教宣導常常把愛滋當成男同志、性工作者、藥癮者的疾病，最大的負面影響就是，讓許多民眾誤以為愛滋和自己絕對無關，而不去好好認識愛滋基本常識。當你不瞭解傳染途徑和愛滋知識，就是讓自己暴露在風險之中。

害怕生命受威脅是人類的本能，但是如果只是存在對疾病(愛滋)的恐懼，其實不是保證自己身體健康的好方法；甚至把排斥、隔離生病的人當成「維護自己權益」的主張，更是弄錯了方向。

與其做出、說出一些無濟於自身健康的謬誤主張，且壓迫感染者生存的歧視說法，不如好好地思考：關於愛滋，到底自己恐懼的是什麼？這些恐懼如果在深入瞭解愛滋的現代知識之後，是否還存在?去聽聽感染者真實的生命故事(不是那種覺今是昨非、自我否定的懺悔式認罪告白),瞭解感染者有血有肉的真實生活面貌後,想想如果那個人是你的至親好友,你還會只是想到排擠、隔離與丟石頭嗎?

■本文原載於二〇一六年十月十日《新使者雜誌》第一五六期。

【二〇一七】
賴清德失言誰受害？殺人的不是HIV，是汙名！

到這個年代了，你看見男同志，還像是看見病毒載體嗎？

故事一：未曾與人發生性關係的小男同志，擔心自己會得到愛滋而死去。問他明明沒做過愛，為何擔心？他反問：「不是男同志都會得嗎？」這是二十年前發生的故事，過了這麼久，這樣的故事沒有消失，今天依然還會聽到。

故事二：兒子剛出櫃的同志父母，除了要調適心情面對原本陌生的同志議題，還要擔心兒子健康，怕同志兒子會感染愛滋失去生命。

故事三：曾在五、六年前陪剛感染的朋友去衛生所辦全國醫療卡（感染者證明）。公衛護理師看到我，立刻問我要不要做HIV篩檢。沒問我是誰、也未瞭解我是否有需要，毫無理由就認定我有感染風險。

故事四：高醫附設醫院曾因未經病人同意、擅自抽血做HIV篩檢，因違反愛滋條例，被病人申訴而遭主管單位裁罰。這位病人看診是因為腎結石，和是否有感染愛滋風險毫無關聯，只因為他對醫生告知自己的男同志身分，就被高醫偷驗HIV。

同志經歷的不只以上例子。把每個男同志都當成HIV病毒的載體，如此粗魯的對待方式經常上演，令男同志們無奈與生氣。「男同志等同愛滋」的觀念，不是一天、兩天造成，追溯起來就是昔日衛教宣導常見的「高危險群理論」。

統計事實，並非因果關係

賴清德二〇一七年九月二十二日接見第二十七屆醫療奉獻獎得獎人時指出：「現在愛滋病的病人，主要的來源，已經不是針筒引起的，而是同性戀、男男同性戀之間所引起的。」賴宣稱，「說的是事實，只是表達統計事實。」自以為描述事實，語意卻直指「因果關係」。

「愛滋＝男同志」、「愛滋＝不道德」，這些論點對男同志社群是深深的烙印，讓男同志們一直承擔巨大的汙名，在生活中、伴侶關係中或社會處境上，不時就會冒出來拉扯刺傷。誤用統計傳達因果論述所造成的傷害，絕不是說者自稱的「事實描述」，而是對男同志整體的「指控」了。

賴清德的說法並不罕見，就是一種落伍的防疫語言。昔日衛教就是用這些說法做「防疫」，但根據歷史經驗，這對防疫毫無助益。強化疾病與身分連結，對社會大眾傳達了：「感染愛滋只和男同志有關，如果不是男同志就不會感染。」使異性戀以為愛滋不會找上門，忽視愛滋知識對保護自己的重要性，反而成為防疫的最大死角。

標籤化從來就不是有效的防治教育。特殊標籤化加上愛滋汙名，使得更多同志害怕篩檢、篩檢後不敢就醫，反而不利於及早發現、及早治療的防疫目的。

知識落伍，彌漫愛滋恐懼

檢視這二十年來的社會現狀，對愛滋無知和歧視的情況依然普遍。

社會上還有很多人認為：感染愛滋就會死、分不清楚「感染 HIV」和「愛滋發病」的差別、不知道規律服藥可以讓病毒測不到傳染性趨近於零、以為感染者從事教職會讓學生處於感染風險、不時出現「不要吃泰國愛滋罐頭」的網路流言、安養及安置機構普遍拒收感染 HIV 的老年或失能者、被感染者嫌犯咬傷的警察過了空窗期篩檢為陰性仍焦慮不已、職場體檢後雇主把感染者員工逼退……各行各業民眾落伍的愛滋知識令人感到震驚、不可思議，追根究柢和「高危險群論」、「恐嚇說詞」為基礎的愛滋教育息息相關。

人們總以為刻板印象和偏見不算歧視，認為那只不過是陳述事實、表達個人真實感受，有什麼好大驚小怪？卻忽略了，刻板印象和偏見經過不斷複製、再傳播的結果，就是變成深植人心、撼動不了的巨大汙名。

經過三十年醫學研究，人們對愛滋的認識愈來愈多；在一九九六年何大一發明雞尾酒療法後，因愛滋死亡的人數已大幅下降，醫界也普遍將愛滋病視為慢性病。為何台灣社會大眾對愛滋的巨大恐懼，卻還停留在那個「對愛滋很不瞭解」的上古時代？HIV病毒已經難以致人於死，汙名和歧視卻常屠殺感染者！

院長失言，傷害影響更深

同志社群對賴清德的失言反感、憤怒，不是因為同志要和愛滋感染者切割，相反的，同志團體一直以來都在教育同志社群和感染者站在一起，也呼籲社會關注愛滋平權、倡議改善感染者人權。官方統計中「同志感染者占多數」的數據，同志團體不曾遮眼忽視，反而是長年投注資源、更重視社群內的愛滋防治教育。

長期與汙名對抗、追求平權的同志團體這次站出來發聲，是為了拒絕再被刻板印象傷害，尤其憂心賴清德以（當時身為）行政院長的身分失言，只會讓烙印更深、傷害影響更長遠。

行政院發言人徐國勇當天稍後對媒體傳達：「若造成誤解，願意表達歉意」，卻仍宣稱：「僅是客觀表述統計數字的比例，沒有對同志有任何不敬。」讓人覺得，從院長到幕僚，不曾瞭解同志因汙名與刻板印象遭到的傷害有多大。不瞭解錯誤的道歉，是無法降低傷害的。

賴清德如果真的關注愛滋議題，以其全國最高行政首長的位置，不應該只是隨口議論「現象」，他更應該做的，是認真提出有長遠眼界的愛滋政策，並投注更多預算，在務實、有效、帶有平權觀點的愛滋教育。

■本文原載於二〇一七年九月廿六日，「獨立評論@天下」。

關於愛滋，歧視和恐懼的改變，為何如此緩慢？

為什麼HIV+出櫃仍然困難重重？

即使在今天這個走過愛滋三十年的反歧視研討會、可能是全台灣對愛滋議題最友善的場合，感染者的身影仍然有限。

經常在思考，為什麼有這麼多關心愛滋的團體機構和第一線工作者努力，歧視的改變卻是這麼緩慢？

歷經三十年　恐懼猶在

三十年前，師大美術系學生田啟元遭到師大退學，二十三年前，澎湖感染的小學生走進教室，發現同學都不見了。過了二、三十年，國防大學感染者學生，仍然面對百般隔離，最後仍被退學。

為什麼在雞尾酒療法出現超過二十年、愛滋不再是絕症，甚至已被視為慢性病的此刻，台灣社會卻仍然普遍存在對愛滋病的巨大恐懼？還有人以為感染了很快就會死亡？為什麼這個社會還存在著，讓反對同婚的宗教右翼勢力可以利用恐懼煽動更多人對愛滋、對感染者、對同志進行抹黑與歧視？為什麼已經服藥測不到病毒的感染者，仍然遭到蓄意傳染罪惡法的重刑司法判決？

當「歧視」和「恐懼」是那麼真實而且普遍存在，從愛滋政策、愛滋教育到愛滋工作，我們對於「消除歧視」、「消除恐懼」是否曾經檢討過其中的成效？

歧視恐懼　從何而來

我認為，面對愛滋歧視和愛滋恐懼，思考why比討論how更為重要！愛滋工作者在急著怎麼做的時候，是不是可以放慢步伐，先想想歧視和恐懼為什麼存在。

過去以來，台灣就是因為不去檢討「why」、不去檢視歧視如何造成、歧視的源頭是什麼，所以即使這麼多人呼籲不要歧視、指出歧視不該存在，那麼多NGO努力試圖改變社會歧視和恐懼，卻彷彿依然停留在三十年前的水準！

愛滋歧視和恐懼不是憑空出現，如果我們不去討論、辨識它是從哪裡、從什麼樣的土地長成現今難以撼動的歧視叢林，只想倚靠政治正確的口號，每年在十二月一日呼喊，那對減少恐懼、消除歧視毫無實質幫助！

愛滋歧視和恐懼不是一開始就長得那麼容易辨識、引人注意，也不是一開始就讓人感覺到它的威脅和殺傷力，愛滋恐懼和歧視的前身，還是無知、偏見和刻板印象的時候，我們以為它看似無害而忽視、甚至縱容，草率以對的後果終至一發不可收拾。

恐嚇衛教　製造歧視

在此我想舉例說明的，是經常可見也歷史悠久的「恐嚇式」衛教，儘管現今可見的，不像過去歷史上大家印象深刻的，張博雅的「活得難堪、死得難看」，或是呂秀蓮「天譴說」那麼露骨直白，但是每到寒暑假、情人節前，衛生部門競相發布的愛滋新聞，企圖以極端案例搶上媒體版面，發布單位自以為只是提醒、警告，實質上卻是不斷在製造各種恐性、恐愛滋，也將所描述的行為族群（同志、青少年、網路約炮者）製造社會刻板印象、形成汙名。這樣的做法對於衛生單位原本期待的防疫目的不但無濟於事，還製造了新的汙名問題。

同志社群長期對抗社會壓力與歧視，對於各種刻板印象和汙名所造成的長期傷害體會非常強烈。國際愛滋機構或歷年愛滋大會，已經不只一次提出建議或警告，只有消除對感染者和特定族群的汙名與歧視，對於防疫才有正面的影響。

愛滋教育　檢討內容

第二個我想談的議題是：愛滋教育。

每次在校園進行愛滋宣導時，我都會問學生，你們之前曾上過愛滋課程或聽過愛滋演講嗎？大部分的學生都聽過、上過。可是為什麼社會呈現的認知落差卻這麼大？

我認為，台灣不是缺乏愛滋教育，而是我們的愛滋教育到底教了什麼？愛滋教育不能只停留在「傳染途徑」、「安全性行為」這麼基本的項目內容，而應該把「看見愛滋汙名」、「認識感染者生活」甚至是「風險觀念的討論」放入愛滋教育。

對於最近頻頻遭到抹黑打壓的性教育，更應該關注呼籲重視。沒有性教育的基礎，要談愛滋教育猶如沒有地基卻想搭建空中樓閣。

打破壟斷　全民關注

第三個議題是「社運的意識」。

這次研討會有個時段在討論「除罪化」議題，關於廢除備受爭議的愛滋條例二十一條蓄意傳染罪，有人認為：目前社會上對「除罪化」還不能接受，聽到「除罪化」就有激烈的反彈，應該換一個說法，用「刑事合理化」的改革做為訴求。

我不是很贊成這樣的做法，除罪化的提出固然會有很多人反對，要推動二十一條廢除可能要經歷漫長艱辛的歷程，但是，社會激烈的反應，正是我們有機會去談論、去訴說這個惡法怎麼造成傷害，為什麼要主張廢除蓄意傳染罪的理由。大家想想，平常我們有什麼機會能引起社會大眾關注愛滋相關的法律和人權議題？

我們不要害怕去辯論、去吵架、去對話，推動除罪化引起的爭論，這個過程就是一個非常重要且難得的社會教育機會！

二〇一一年，為了對抗官方企圖推出「愛滋藥費部分負擔政策」，我提議愛滋NGO組成「愛滋行動聯盟」，當時我們在北、中、南舉辦了三場愛滋部分負擔政策的公聽會，廣邀各界一起來關注這個政策，舉辦的同時也做網路直播。

這些做法的目的，就是要消除門檻，讓更多人能夠看懂並且進而關注愛滋政策、吸引大家都能在愛滋政策上表達意見，也教育更多人瞭解政策的各種背景和歷史脈絡，無非是要打破過去愛滋相關政策總是被官方或是特定的醫療或公衛領域壟斷的陋習。

爭取發聲、打破發言壟斷、在權力不對等的情勢中扭轉局勢，這些都是把社會運動的意識和做法，帶進愛滋公共政策的關注和討論。

壓迫還在　繼續抗爭

昨天晚上熱線「HIV＋OK」活動邀請大家觀賞法國電影《BPM》，這是一部講述三十年前法國基進愛滋組織「Act Up」歷史的電影。最後一幕，「Act Up」組織完成一位過世成員遺願，將他的骨灰撒在保險公司的華麗盛宴上進行抗爭，電影畫面令人震撼。沒想到走出電影院，一位朋友跟我說，他來不及在確診前辦好保險，因為他被抽到要驗血，於是失去辦保險的機會，說完潸然淚下，抱著我哭。

是的，這些加諸感染者身上的壓迫沒有停止過，依然還在發生。在座都是台灣最關心愛滋議題也正在第一線服務的工作者，面對歧視和恐懼仍在的環境，我們應該有更多思考，用什麼方法可以更有效地改變這樣的社會。

■本文為二〇一七年十二月二日露德協會、東吳大學社工系主辦，「反歧視研討會論壇：走過愛滋三十年——回顧與前瞻」發言稿。

同志文化地景的歷史意涵

同志文化地景記載著昔日同志生活的軌跡，蘊藏著許多過去同志生活的悲歡歲月。這次的「台北同志文化地景特展」，藉著呈現實體和虛擬的同志文化空間，讓這個時代的社會大眾重新認識同志社群。

台灣有組織化的同志平權運動，要從第一個女同志團體「我們之間」一九九〇年成立開始計算，迄今已經廿七年。這將近卅年的歷史，各團體從各種不同領域、針對不同議題、以不同方式開始進行改變同志處境的平權努力。在此之前，許多同志只能以一己微薄力量對抗整個社會加諸於同志身上的偏見和歧視壓力。

不論是實體的公園、三溫暖、酒吧、戲院，或是虛擬的網路同志討論區、雜誌交友欄，創造群體連結的同志廣播、同志雜誌或同志團體，每個同志文化空間都是同志生命實踐的堡壘，也是同志生命交會的記憶站。回顧及認識同志歷史空間，是為上一個世代的台灣同志重溯、重建歷史。

你不會聽到有人跟你介紹異性戀空間，因為全世界早已被預設為當然的異性戀空間，這種理所當然的預設，突顯同志空間存在的稀少珍貴與重要。特別是早年，同志處境比現在更艱難的時代尤其如此。

循著歷史軌跡尋找，有些空間的樣貌早已歷經歲月擠壓而變換更替，也有許多同志歷史空間已經不復存在，只留遺跡。今天回顧，是對於曾在這些地方發生過的事件，檢視其所標示、昔日同志的遭遇和困境。

從同志歷史、同志平權運動的角度來看，要充分理解同志文化空間的歷史意義，可以從六個意涵來認識其重要性：

▬ 一、理解同志處境先認識出櫃困境 ▬

同志因為社會的歧視和壓力而不敢出櫃（讓別人知道自己的同志身分），是談同志處境非常核心的一件事，理解同志為什麼不敢出櫃，才能感受到同志遭受的壓力。當社會上還有很多人不夠理解同志，對同志的描述充滿了刻板印象和成見。過去年代，大眾傳播媒體上出現同志時，幾乎都是負面新聞，不論是犯罪事件，或是充滿汙名的疾病與性的新聞，繼續複製及渲染長期以來的偏見。

當同志不知道身邊的人是否能夠接受，只好被迫選擇隱瞞自己的同志身分，這是因為他們不想失去身邊最好的死黨、每天生活的同學及朋友、關係密切的家人。不敢出櫃讓同志必須獨自承擔各種喜怒哀樂，即使來自職場、社會或學校的龐大壓力，也沒有人可以訴說，只能一個人面對。對於青少年同志來說，這樣的壓力更大。

二、能卸下面具做自己的地方

不敢或無法在朋友、家人面前出櫃，同志只能戴著面具，假裝自己是異性戀以免身分被「識破」，也因此無法在平常生活中互相遇見。許多青少年同志常孤獨地以為，全世界是不是只有自己是同志。另外，遭受壓力而進入異性戀婚姻的同志，扮演雙重身分的時間更長，週一到週五在（異性戀婚姻）家庭中扮演老公／老婆、爸爸／媽媽的角色。只有假日、週末的夜晚，才有機會來到同志空間，卸下面具做自己。在同為同志的其他人面前，回歸同志真實身分，在這裡不隱瞞地表達內在情感與欲望。等時間一到，走出這個可以信賴的空間時，就又必須繼續戴上面具，假扮異性戀度過平常的日子。

對昔日的同志朋友來說，同志空間給予的就是可以做自己的信任與安全。

三、生命連結對抗孤獨與壓迫

同志空間對同志來說，還有一項具體而重要的意義是「連結」。在同志空間，世界上不再只有自己一個人是同志，認識其他有共同生命經驗的朋友，互相交流分享、彼此鼓舞，甚至有機會固定聚會、形成同志團體；或是遇見能夠互相扶持、共同生活的伴侶，談一場戀愛、體驗親密關係。

因為連結，讓自己不再孤單，有機會抒解各種社會壓力。進一步與同志社群建立連結網絡，瞭解社群文化和生活資訊，熟悉並獲得社交能力，這些都是為了改變一己無法對抗社會壓迫的處境，讓同志生命的內容更豐富，也是形成同志平權運動團體的基礎。

四、圍繞著交通要塞的空間分布

觀察各地同志實體空間的起源和分布，有一個共通的特色就是，傳統同志空間所聚集區域經常是靠近重要的交通據點。以台北市來說，台北車站附近到二二八公園一帶，再往西延伸到西門町，都是在這樣一個地緣關係的範圍。台南車站附近的台南公園、台中車站附近的台中公園，也有類似情況。

在早期，同志空間少，傳遞訊息不易，同志空間所在位置的情報因為擔心曝光，只能透過人際關係口耳相傳。選擇在火車站這類大型交通據點附近設置，便於口耳相傳資訊，也方便共同生活圈鄰近郊區城鎮的同志容易前來。這種提高可及性的策略，是長時間摸索下，使用者與空間經營者累積的體貼和經營智慧。

五、科技進步影響同志社交及公共參與

日新月異、變化萬千的通訊科技和社交媒介，對於廿年來的現代社會有巨大影響，同志的社交和公共參與也深受影響。

九〇年代中期網路興起，因為「匿名性」與「超越地理限制」的特性，讓年輕世代同志得以無後顧之憂地使用網路BBS，打造虛擬的彩虹社區，這除了開闢同志連結互相認識的新平台、新世界，也給同志們有機會練習公共事務的參與，為當時蓬勃發展的同志運動蓄積能量。回顧歷史，同志平權運動可以說是台灣網路發展初期，第一個深度依賴並受惠於網路普及的社會運動。

手機在九〇年代末期開始普及之前，一般人只有家用電話，當時的同志社交受限於出櫃壓力，許多人不敢將家裡電話號碼告訴剛認識的同志朋友，人際連結因此受到很大的局限。這件事直到手機普及，個人通訊成為主流之後才改變。

二〇一〇年前後逐漸風行的智慧型手機更是帶動通訊與社交媒介的大變革，即時通訊讓人與人之間的聯繫變得更便利與頻繁，同志社交大受影響。連帶的社交軟體興起，改變同志交友方式。

但是在看似縮短距離、提供超級便利的交友軟體世界，同志的交友也產生新的門檻，身體資本的差異形成新的階級。那些老的、醜的、沒有身材的，缺乏誘人身體條件、沒有吸引人照片的，變成同志輕鬆交友神話下的邊緣人。科技從看似形式平等的媒介型態，變成營造不平等發言權階級的實質門檻。這是包括同志族群在內的人類社會，一個新的平等議題。

六、歷史的啟發與教訓

這些年常有人邀請我演講台灣同志運動史，我會請上課的朋友寫下一件和他有關的同運歷史事件，說明這件事對她（他）的影響，如果一堆表列的歷史事件對她（他）來說距離太遙遠，就挑一件自己感興趣、很想瞭解的事件。這個方式讓參與者將個人經驗（或關注）融入更大的同運歷史脈絡，看到個人生命史與大環境、大時代的連結與交織。

回顧同志歷史最重要的意義，是讓歷史的經驗帶給現在的同志具備歷史視野，得到走下去的力量，而對非同志來說，瞭解同志歷史是看見弱勢者的社會處境，讓同理心能夠延伸看見更多不一樣的弱勢族群，啟發公平對待其他人的社會意識。

許多人以為，台灣有全亞洲最大規模的同志遊行，代表台灣的同志處境已經沒有什麼問題。我不這麼認為，當我們從同志文化地景去認識過去台灣同志的歷史，得到的重要提醒是：不要以為，當下過得還可以，是天上掉下來的恩賜，就可以不用再奮鬥。歷史的路徑從不必然是直線前進，只要忘記不公不義曾經怎麼壓迫，失去抵抗的能力和意志，歷史也可能走回頭路。

■本文原載於《以進大同：台北同志生活誌》（財團法人台灣文學發展基金會出版，二〇一七年十一月）。該書為「以進大同：台北同志文化地景特展」活動專書。

〔二〇一八〕愛滋的前世今生

愛滋不是單純的醫療、公衛問題，而是人性的議題。習慣只用醫療和公衛的眼光看愛滋，無法解決醫療與公衛以外的問題。

浩劫與烙印

人類三十多年前知道愛滋時，對它很陌生，不知道怎麼治療，眼睜睜看著它奪走許多人生命。後來逐漸認識，知道不是HIV病毒直接致人於死，而是它會破壞免疫力，讓身體防護大開，任何疾病都會變成威脅。

那是一段人類醫療史上的浩劫，留下幾個重大影響：

一、科學家三十年來不斷探索、研發，對愛滋病愈來愈瞭解，也研發出治療效果愈來愈好的治療藥物。最劃時代的轉折，是一九九六年何大一博士提出的雞尾酒療法，此後，愛滋不再是絕症，致死率大幅下降。至今，感染者只要照顧好，平均壽命和一般人很接近。

二、儘管進步的藥物已經讓感染者不易被死亡威脅，但是早年巨大的死亡威脅陰影，卻隨著長期以來的恐嚇式衛教餘威，在許多人心中深深烙印，依然聞愛滋色變、驚恐萬分。

三、懼怕死亡和落後的愛滋知識，讓不少人停在愛滋連結死亡的印象，也以為這是特定族群才有的病。不符現況的錯誤認知，讓有心人有機會操弄恐懼做為攻擊感染者和同志的武器。

感染者≠愛滋病人

傳染HIV病毒有三個（缺一不可的）條件：

一、接觸到帶有病毒的血液或特定體液（精液、前列腺液、乳汁、陰道分泌液）。

二、足夠的病毒濃度。

三、正在流血的傷口或黏膜。

許多人分不清感染和發病不同，混淆影響了對疾病的態度。

HIV跑到一個人身上，這人叫「HIV感染者／帶原者」，他有傳染給別人的可能。這時免疫力還沒被破壞，身體一樣運作，不影響生活。

過一段時間病毒破壞免疫力讓免疫指標CD4降到某個程度，就是發病，才叫「愛滋病人」，這時健康受極大威脅，沒好好治療甚至會死。

感染到發病期間，叫「潛伏期」。時間多長？因人而異，有人三、五年或十年，也有人二十年沒發病。

所有治療、定期就醫監控病毒量和免疫力數值，目的都是為了維持健康不要發病。

隔離病毒？隔離人？

有人認為，把感染者和非感染者隔離，病毒就不會亂傳染、不再有人成感染者。

於是，有人被驗出感染後遭排擠、被退學或工作權被剝奪。台灣法律上還有個存在多年的「蓄意傳染罪」——知道自己感染、和人進行無防護性愛、讓對方感染，就罪刑伺候。還有個政策措施「接觸者追蹤」——主管機關逼第一線個管打電話問感染者最近和誰做愛，請感染者交出對方聯絡方式，想叫對方去做篩檢。

這類法規或政策措施，對防疫無濟於事，且嚴重侵犯隱私，也讓執行者可能失去好不容易建立的信任關係；忽視親密行為裡的決策是彼此互動而來，把傳染責任單向歸咎於感染者並不公平，長期下來對感染者造成很大壓力和汙名。

感染者是有血有肉、有感情及性愛需求的人，不是得瘟疫的豬牛雞鴨，況且這個病已有進步的醫療方式，不再輕易致死。隔離思維防止不了病毒，卻把感染者逼入絕境、加深罪惡感、切割人際連結。

劃分「他們HIV+感染者」和「我們非感染者」的紅線，意味著許多人以為和愛滋的距離很遠，不用認識愛滋、不必去瞭解感染者處境，好好躲在這一頭，我不感染就好。這條線刻畫了人性的自私，也抽離了人與人之間各種關係的複雜性。

測不到＝不具感染力

近年，醫學上普遍瞭解，規律服藥的感染者，服藥超過半年，有很高比例測不到病毒。科學上，「測不到」指的並非病毒為零，而是現有儀器精密度限制，無法測出低到二十或三十以下的病毒量。此時，感染者身上雖有病毒，但數量低到無法感染給別人。這幾年幾個大型研究，更肯定這個論點。

相異伴侶（一方為感染者，一方未感染），只要感染一方測不到，即使兩人做愛不戴套，另一方也不會被感染。這項知名的「PARTNER II」大型研究結果，在二〇一八年七月阿姆斯特丹世界愛滋大會上發表，再度證實論點。

U=U（Undetectable=Untransmittable；病毒量測不到＝不會傳染）是現在世界上許多愛滋團體重要的倡議主題。U=U的倡議，有助於消除長期以來感染者的罪惡感，不必再擔心伴侶或性對象被感染，卸下被指責的重擔。

恐懼是歧視的小時候

對愛滋和感染者的歧視，是從恐懼和偏見的小小種子萌芽，初始讓人忽視，以為沒什麼。殊不知，恐懼和偏見已在反覆渲染下，長成難以撼動的巨木叢林，社會上對愛滋和感染者的歧視，普遍且烙印心底！

當反歧視已成政治正確，沒人會直說「我歧視愛滋」、「我歧視感染者」。現實裡，歧視卻未曾稍減，躲在層層的美麗說詞包裝下。想改變，光喊「我不歧視」、「大家不要歧視」沒用。

這幾年演講「認識愛滋」，我會把「愛滋恐懼」當主題討論，邀學員從自身經驗出發，想想自己在什麼時候、什麼狀況下，曾對愛滋恐懼？恐懼的樣貌為何？正視恐懼的存在、瞭解恐懼的運作，才有機會消除恐懼。

生命受威脅時遠離危險，是人類求生本能，這是愛滋恐懼的原始動力。但人類還有行為決策和風險管理的機制，既要避險，又不致寸步難行、什麼都不做而影響生活。有人把愛滋講得恐怖萬分、聞之喪膽，高喊要保護孩子不受威脅，用的方式卻是汙名疾病、踐踏感染者和禁止性安全教育。

要講生命保護，路上車禍喪命的，遠比因愛滋死亡的人多，為什麼人們對愛滋的恐懼卻遠遠大於交通事故？

面對路上常發生的交通事故，保護生命安全的風險管理，不是足不出戶，而是理性分析事故原因，遵守交通規則、戴安全帽、遠離大卡車、不闖紅燈、不酒駕，為什麼遇到愛滋，卻認為「青少年不做愛」、「男同志不肛交」才能避免愛滋傳染？

愛滋工作是社會運動

從同志觀點看，愛滋工作是一場愛滋運動，不應只停留在防疫宣導。社運理念以人為中心，檢討權力結構造成的不公不義，發聲並促成改變。

隔離和圍堵阻擋不了病毒的傳染；喊口號解決不了歧視；只用數字瞭解愛滋，看不見感染者遭受的傷害以及汙名帶來的壓迫；不談感染者處境、不討論恐懼的教育，無法有效改變人們的想法。

澄清錯誤和落伍的觀念，須以醫學知識為基礎，但解決和扭轉愛滋政策偏頗，不能只仰賴專家觀點，決策機制必須聽見更多感染者主體的聲音、第一線工作者發掘的問題，以及民間團體豐富的處境觀察。

■本文原載於《PAR表演藝術》三一二期，二〇一八年十月號，焦點專題（一）：從「叛徒」出發　追尋劇場愛滋啟示錄／認識愛滋。

〔二〇一九〕

從熱線老同工作看照顧議題

面對人口老化的台灣，長照是這幾年受高度關注的重要公共政策。台灣同志諮詢熱線協會（以下簡稱熱線）在二〇〇五年成立老年同志小組，開始關注同志相關的生、老、病、死議題。常有人問，老年同志需要什麼樣的長照服務？問的人包括小組成員、社群裡其他同志。經驗告訴我們，答案必須建立在對老年同志生命與生活更多、更深入的瞭解。而目前，對老年同志的認識與瞭解仍然欠缺，只能透過經驗分享、故事蒐集，拼湊出老年同志的需求。

熱線老同小組成員年紀從二十到五十多歲，過去十多年從相處陪伴、口述歷史訪談、同志歷史文化探索，才慢慢累積對老年同志的理解。過去在同志社群，活動大都是為年輕世代而辦，大部分同志空間能見到的也都是三、四十歲以下世代身影。僅有少數的男同志三溫暖，會聚集較多的五十歲以上世代。更不用說跨世代之間的交流，受到崇尚青春的影響，老年同志被忽略得更為嚴重。女同志空間比男同志少，僅有女同志酒吧，連結只能靠各自的小型社交圈群組。

熱線老同小組從二〇〇八年開始舉辦「彩虹熟年巴士」活動，邀請不同年紀的LGBT同志，特別是五十五歲以上的大哥、大姊，進行一日出遊，提供跨世代認識交流的機會。二〇一〇年出版了《彩虹熟年巴士：十二位老年同志的青春記憶》（基本書坊出版），之後亦將出版老年女同志生命故事的書（註二），訪談成為我們認識早年同志處境、勾勒昔日同志生活樣貌的重要管道。「熟女同志聊天會」、「熟男同志聊天會」、「光陰的故事講座」，也是老同小組連結中老年同志，或是進行「老年」、「老化」議題社群教育的方式。

長期舉辦這些活動，讓老同小組不斷討論老年或生老病死議題，和老年同志成為實際生活裡互動的朋友，貼近老年同志生活。從當中，老同小組觀察到老年同志在照顧上的一些議題。

社群連結的支持系統

「回花蓮是藍天人生的分界點，她退化得很快，離開台北人際圈萎縮、支持網絡薄弱，沒網路、沒電腦，加上退化已經學不會，雖有智慧型手機也不會用，LINE也不通。」阿芬感歎：「台北、花蓮兩個世界，雖然藍天常說是落葉歸根，但其實她變成斷線的風箏，一個人，找不到同伴，跟從前那個參加團體當志工、開朗而談笑風生的藍天，判若兩人。」

二〇一六年十月，阿芬為了幫藍天慶生，邀約多年老友到台北聚餐，藍天卻在台北車站迷路，手機也連繫不上。焦急的阿芬趕回住處，在巷口便利商店找到，「她記得這裡，以前我們都約在這裡。」

幾番折騰，終於在餐廳團聚時，藍天笑得燦爛，像個孩子，看到老朋友特別開心。目前處於失智症第二期，出門通常是妹妹陪著，但長期照顧，妹妹壓力大，姊妹間張力難免增強；到台北一趟，阿芬戲稱要「接駁」，一站一站安排好，若有閃失難保不會像生日這次發生漏接。——老拉訪談：〈藍天的故事〉（註二）

受訪者藍天在第一次訪談三年後，進入失智症第二期，故事記錄著她的老化，也呈現部分未婚／單身老年同志老後相同的狀況。如果不是前女友阿芬的熱心，她回故鄉生病後，更難有機會和昔日社群再有連結。

在照顧機構重新入櫃

多年前老同小組的朋友也曾在阿嬤介紹下，前往老人院探視黑美人大哥。據說他年輕時非常風騷，早年在Gay圈也是響叮噹的人物。後來出車禍撞斷雙腿，行動不便住進老人院後，幾乎與社群沒什麼聯繫，只有極少數很熟的朋友知道，因為他不想被人看到不再意氣風發的老態。

黑美人對探視的朋友說，希望有機會帶一些同志色情片給他。可以想像他住在身邊都是異性戀的老人院，沒什麼機會得到情欲紓解。往日在圈子裡高調的同志身分，在這裡被他悄悄地收藏起來；這裡沒有人知道他是Gay，也沒人知道他風光的過去，只知道他是一個單身的老人。

這樣的故事，數年前熱線引進一部美國波士頓地區拍攝的老年同志紀錄片《沉默世代》（Gen Silent，二〇一〇，Stu Maddux導演）中，也看到一樣的處境。一對老年拉子回憶，她們有位曾在社群裡非常活躍、年輕時積極參與同志平權運動的Gay老友，身體失能後住進安養院，因為擔心照顧者不能接受他的同志身分，於是脫離社群，不願意讓同志友人探視，連書信往來都斷絕。等到她們獲知他過世消息，已經是他往生一段時間之後。曾經站在第一線為同志權益奮戰的運動者，到了老年因為已經無法掌控自己身體、處處需要依賴他人，而被迫重新入櫃，是何等殘忍又令人不勝唏噓。

醫療外的生活陪伴

七年前獨居的大俠，突然倒下癱瘓、住進加護病房，醫生開出病危通知，急救後醒來，卻依然四肢癱瘓在床，僅能活動的手指力氣不足以自己進食，仍須依賴照護者餵食。出現在醫院的家屬只有年紀比他大的姊姊。與熱線熟識的醫生猜出他的同志身分，聯繫老同小組過去探視。就這樣許多老同小組成員每週前去陪他聊天，知識廣博、個性開朗的他有說不完的陳年趣事，讓探視他的年輕朋友聽得津津有味。

後來大俠身體逐漸好起來，離開醫院住進照護機構。照顧他的護理師告訴我，大俠復健時非常有毅力，不像別人怕痛，他很認真做著復健動作。其後我才知道，讓他有很大動力復健的原因，一方面是他個性活潑，另一方面則是他想在同志遊行時，和我們一起上街。他果然如願恢復行動能力，那幾年我兩週一次帶著他到西門町吃飯聊天，成了忘年之交。

當長照制度還不知道能提供老年同志失能者怎樣的資源之前，依賴同志社群力量的支持系統，在一些地方已經在進行著。這些我們曾經歷過、看過或聽過的例子裡，社群連結是醫療照顧之外，一個讓老年同志可以活得更自在、更像一個人，而不只是病人的情感支持系統。

▌未婚被期待任照顧者 ▌

中老年同志會遇到另一個和長照有關的議題，是背負照顧者角色。

在原生家庭沒有出櫃，或是因為無法（和同性伴侶）結婚，中老年同志在家庭中往往被視為「單身」，因而被要求擔任年邁父母照顧者的角色。沒有外援的情況下，有時成為難以承受的負擔。

熱線老同小組曾在二〇一四年晚會拍攝一個短片《喘息》，這個根據真實故事改編的短片，談的是在家裡沒有出櫃的中年女同志，一方面要工作，一方面要照顧自己生病開刀的伴侶，而原生家庭也期待她扮演陪伴母親的角色，蠟燭多頭燒讓她心力交瘁。這樣的故事並不少見，不斷在我們身邊的中老年同志身上發生。

舉辦了十年的「彩虹熟年巴士」出遊，有次來了一位大哥，他在家照顧生病的母親超過十年。母親離不開他，讓他寸步不離，沒了工作也沒了社群連結，完全困在家庭中擔任照顧者。終於有次他從 Vincent 的同志廣播節目知道我們的活動，幾經掙扎下定決心走出家庭，報名參加活動，認識新的同志朋友，重新和社群有連結，也讓他的生活有了喘息安頓的機會。

老年感染者仍遭歧視

隨著治療進步，愛滋已經被視為慢性病，感染者壽命延長，老年感染者的數量逐年增加。可是長期以來，台灣的照顧機構一直排斥感染者入住，使得需要機構照顧的失能或老年感染者，經常被當做人球無處可去。收留及照顧感染者的關愛之家，成為最後收留的機構，但也承擔龐大的照顧壓力。

愛滋在人類社會出現已經三十多年，醫藥和治療都大幅進步，社會歧視和排擠卻停留在古早的年代，對這個疾病有許多落伍的認知，對感染者有巨大的汙名。在第一線工作者努力下，有些機構雖然願意，卻要求更高的費用，或是隱藏感染者身分才答應收留。更離譜的是，這種對特定疾病、特定身分者的歧視與排擠，竟然也普遍存在於公立的照顧機構，而多年來，官方依然無能解決改善這種離譜的歧視陋習。

老人不該只被當病人

財政負擔重、資源不足，影響著長照政策規畫及服務內容。如果能更長遠地思考，應該多花心思，怎麼讓長者可以活得更健康，縮短需要使用長照資源的時間。

「照顧」是什麼？背後思維，是來自對於老的詮釋。

身體如機器，用久了機能退化、失去正常運作功能，這是生命周期規律，也是時間累積無法逃避的作用。但是歲月對生命的作用豈止是生理機能消磨的負面意義，歲月也在每個不同生命沉澱寶貴的生活智慧和人生閱歷，這是歲月影響的正面意義。夕陽雖然近黃昏，卻有其迷人的燦爛餘暉，老人又何嘗不是？

照顧，不是只有維持心跳、穩定生命跡象，還要讓被照顧者活得有尊嚴、有意義、有樂趣。老人不應該只是被當成病人，只考慮到解決生理與醫療需求；老人的生活習慣、生命特色、個別生命差異，甚至是性的需求，也應該被看見、被照顧到。特別是具有LGBT身分的老年同志，照顧機構、照顧服務提供者，應該透過職業訓練進行認識及瞭解的教育。

■本文原載於二〇一九年四月台灣大學人口與性別研究中心出版之《婦研縱橫》刊物。

註一：中老年女同志生命故事訪談《阿媽的女朋友：彩虹熟女的多彩青春》已於二〇二〇年十月由大塊文化出版。

註二：節錄自《阿媽的女朋友：彩虹熟女的多彩青春》。

同婚立法運動的眼淚

二〇一九年五月十七日下午，立法院長蘇嘉全敲下議事槌，宣布《司法院釋字第七四八號解釋施行法》三讀通過。台灣的同性婚姻取得法律的保障。

消息傳來，立法院外守候的同志社群人潮歡聲雷動，全場彩虹旗飄揚，許多人激動地相擁而泣，台上正在主持這場立法聲援活動的婚姻平權大平台召集人呂欣潔和大平台幹部們也為這個歷史時刻流下眼淚。

早上八點半，和死黨好友Alex、慶祐、華齡四人一起到青島東路聲援立法。大雨滂沱，全身濕透。四個加起來超過兩百歲的老友，中午偷空躲進青島東路附近咖啡店吃午餐，來不及回到現場，傳來婚權立法最關鍵的第四條表決通過。慶祐和華齡立刻抱頭痛哭，我的眼淚也一直滴下。

他們是我廿幾年前開始參與同志運動最早的革命伙伴與支持，我們一路做同志廣播、辦各種活動、發起熱線。儘管已經不在運動第一線，他們卻一直是我最堅強的後盾。同婚合法了，慶祐馬上發揮超級婚祕本事，吃飯當下，俐落地聯絡妝髮、攝影諸多事宜，還交代我要擔任證婚人。為的是七天後，五月廿四日，好友華齡將舉行的婚禮。華齡本來只想在登記後找幾個好友吃飯，並未計畫複雜的儀式。聽說華齡的爸媽會從南部上來，慶祐覺得可以簡單，但要隆重。於是快速為華齡籌畫，兩三下已具雛形，這種效率，是從廿幾年前我們一起辦各種同志活動培養的默契。

同婚專法通過的時刻，同志們潰堤的眼淚裡有非常多複雜的情緒，包括做為一個同志，從小為自己性少數的身分獨自摸索、跌跌撞撞的掙扎、辛苦，不敢向身邊親人、好友出櫃的孤獨，還有連續幾年下來，婚權立法運動中，反對者排山倒海且毫無隱藏的攻擊、羞辱，相愛的人想要結婚，為什麼重重險阻，這麼難？

由台灣同志諮詢熱線協會、台灣同志家庭權益促進會、婦女新知基金會、台灣同志人權法案遊說聯盟、GagaOOLala同志影音平台共同組成的婚姻平權大平台，是這波推動婚權立法的主力推手。過程中與立委折衝協調、遊說結盟，募集整合資源，凝聚、教育支持群眾，好幾場的大型動員活動，一波一波對抗資本雄厚的反對者無所不用其極、不擇手段的攻擊。呂欣潔和大平台幹部們的眼淚裡，有一路走來道不盡的辛酸和委屈，還有長期對抗下的無奈與疲憊，全在通過的這一刻自然流露。

同志因為無法結婚造成的悲苦故事很多，有一個是我親自聽過、沒有公開講過的故事。

同婚通過前一年，台南日澗咖啡來了一位年近六十的陌生H大哥，老闆基哥從聊天中得知，他對同志圈非常陌生，過去只活在自己的小世界。H大哥後來經常去日澗咖啡，我也有機會一起聽他說故事。

H大哥來日澗咖啡的三年前，他的長期伴侶在一週內突然病倒過世，最後關頭因為兩人沒有法律上的配偶關係，無法簽署手術同意書，只能急電伴侶在國外的親人來台處理。親人來台後，伴侶還是撒手而去。身後，親人只在意伴侶的財產，全數帶走。完全不問這位陪伴到最後的Ｈ大哥和他的關係。突然失去相伴近卅年的親密愛人，Ｈ大哥形容自己有很長一段時間如行屍走肉。

他把自己封閉了三年，終日與哀傷和淚水相伴，有一天突然覺得自己必須振作，才走出封閉世界，從網路上找到一家 Gay bar 前往。熱鬧嘈雜、都是小伙子跳舞喝酒的地方並不是他喜歡的，他被一位 Gay bar 初識的年輕朋友帶來日潤咖啡。

Ｈ大哥的故事，在一次一次的聊天中拼出完整的輪廓。每次講到失去伴侶的哀傷，就在咖啡館嗚咽哭了起來。每次訴說都是一次療傷的過程，聽故事的我們看著他哭，努力用各種言語安慰他。

Ｈ大哥說，本來以為會先走的是他自己。伴侶過世前四年，Ｈ大哥罹癌，病情嚴重時醫生還開了病危通知書，在鬼門關來去的時候，伴侶請了長假陪伴，細心照顧。Ｈ大哥後來病況好轉，一度想把名下的房產過戶給伴侶，Ｈ大哥的兄弟姊妹對於他伴侶的照料看在眼裡，毫無反對意見。伴侶以自己經濟不虞匱乏，也有自己的房產而婉拒。如果當時真的過繼給伴侶，後來反而他先一步離去，財產全被親人取走，Ｈ大哥恐怕無處安居。

如果沒有發生巨變，Ｈ大哥還是和伴侶快樂地活在兩人世界。也沒想過，長期伴侶缺乏法律保障，原來影響如此之大。

我是一個對婚姻生活沒有特別期待的人，男友和我一樣並沒有把結婚放在人生計畫裡。雖然同婚通過我不一定用得上，我卻知道，還有很多人需要這個法律保障。

同婚立法不單純只是追求讓同志可以結婚而已，從同志運動的角度看，這場戰役不只是爭取平等，也是激起最大運動能量進行反歧視、反汙名的抗爭。任何一個關注同志運動的人，都無法坐視右派宗教團體在反同婚過程中，對同志和對愛滋感染者的抹黑、踐踏、汙衊和羞辱。更無法對於自稱不歧視同志，卻用盡手段煽動社會恐同偏見的組織化作為姑息容忍。

二〇一六年十二月十日的凱道音樂會人數，依照我的估算，應該是破卅萬人聚集現場表達對同婚的支持。這是同志運動前所未有的支持力道。

當天為了觀察人潮的範圍有多大，我打算沿著人潮聚集區塊的邊緣走過一圈。我從舞台旁的媒體組出發，因為凱道前早已密密麻麻難以通過，只能從舞台後方出去。沿著公園路轉常德街，當時大約下午四點，捷運台大醫院站的出口還是不斷湧出人潮，常德街站滿了人，努力穿梭才能道過。到了中山南路已經是塞爆的程度，幾乎動彈不得。臨機應變，我進入台大醫院新大樓，穿過通道來到台大醫學院，出來就是仁愛路醫學院門口，正好是群眾區塊的邊緣。再往景福門移動，擁擠程度只能穿過張榮發基金會前的圓環外圈，過信義路，轉入國家圖書館旁的貴陽路，最後回到公園路舞台後方、我出發的地點。

這樣走過一圈，前後足足花了半小時。以此觀察畫出的人潮範圍，參酌過去幾次在同地點的大型群眾集會空拍圖，進行對比，我估算參與這場凱道音樂會的人數破卅萬人。

音樂會舉辦前，我從兩個現象觀察到可能出現的盛況。其一，從一位在旅行社工作的朋友得知，光是透過他經手調度的遊覽車超過百部，從各地載著支持的群眾，不怕路遠，自掏腰包專程北上參加。其二，活動前很多同溫層的朋友拉人準備一起前往凱道，這是預料之事，並不希奇，然而更多的是，平常不那麼積極參與同志活動的朋友，或是非同志朋友，竟然也非常積極廣邀朋友出席活動。

卅萬人聚集的破紀錄場面，傳達了什麼訊息？這是台灣同志運動超過廿年、倡議同志平權的一次社會總驗收；也是台灣社會大眾對於宗教右派好幾年來攻擊同志、攻擊愛滋感染者的囂張行徑表達不爽的機會。

婚權立法戰役過程漫長而激烈。有兩個畫面讓我印象深刻，覺得感動。

一個是街頭小蜜蜂站在車站外面，對著來來往往的陌生路人奮力解說同婚議題。小蜜蜂是這波婚權立法過程自發性投入的年輕義工。他們滿腔熱血，在各城市的街頭演說、甚至和反對者激辯、針鋒相對。

另一個是在公投前一週，我回到台南。正好有機會受邀與某高中社團的年輕人對話、交流。公投將屆，學生們的話題圍繞著同婚。這群尚未滿十八歲的學生討論的不是「要不要支持婚姻平權」，而是一面倒支持同婚的立場下，分享面對家中不能接受同婚的阿公阿媽，可以用什麼方式改變他們。這群同學們當時並無投票權，他們的支持票不會出現在公投的投票結果，但會出現在未來。

同婚立法戰役的過程牽涉的，不只是憲法、民法、公投、遊說、立法審議、政策、教育、愛滋、宗教、信仰價值等公共領域議題，也關聯著伴侶、配偶、相愛、結婚、共同生活、承諾、照顧等私人生活領域的範疇。

同志滴下的眼淚，真實傳達同志經歷的壓迫和曲折生命歷程。找回對待人的厚道，張開眼看見同志的處境，我思考著這一場未曾結束的戰役，會在何處找到對話的交集。

【二〇二〇】葉永鋕的同學曾經想起他嗎？——給認為自己孩子不需性平教育的家長

二〇〇〇年四月廿日上午十一點四十二分，屏東高樹國中學生葉永鋕在下課前五分鐘舉手報告老師他要去上廁所，卻從此再也沒有回來過。葉媽媽陳君汝失去一個貼心的孩子，這個悲劇影響後來性別平等教育的推動，在教育現場經常提及葉永鋕因為性別氣質陰柔遭嘲笑、欺負的遭遇，提醒校園裡尊重差異的重要。

每次在講葉永鋕故事的時候，我總是會想著，當年欺負他、把他從廁所拉出來脫他褲子的同學們，後來過得如何？以時間推算，他們現在大概已經卅五歲了，如果當年他們沒有那樣對待葉永鋕，他也不需要錯開下課時間，被迫在下課前獨自去上廁所，欺負葉永鋕的行為，間接造成他的死亡。當時他們只是國中少年，以為那些行為只是惡作劇，何曾想過後來會發生悲劇？當他們回憶國中生活、開同學會的時候，或是在夜闌人靜時，他們是否曾經想起死去的葉永鋕？他們長大之後，是否有些時刻要忍受自己良心的譴責？

有些家長認為，自己小孩不是同志，講葉永鋕的故事、倡議尊重差異的性別平等教育，和他們的孩子一點關係都沒有，他們不需要性別平等教育。真的是這樣嗎？這些教育的目的，不只是希望避免悲劇發生、讓不一樣的孩子不要再被欺負、嘲弄，還有一個重要的教育目的，就是避免其他孩子犯下自己日後會後悔的錯誤行為。廿年前這個不幸的故事，葉永鋕是最大的受害者，而沒有被教育、無知地欺負葉永鋕的其他孩子，難道不也是受害者嗎？

圍繞在新公園的同志生命之歌

白先勇的小說《孽子》連載於一九七七年至一九八一年《現代文學》雜誌，出版於一九八三年，故事背景是半世紀前在台北新公園的男同志。

當時的台灣仍是強人高壓統治的戒嚴時期，社會對同志充滿偏見、刻板印象、負面且敵意。出櫃對同志來說是天方夜譚，同志們小心翼翼，不敢讓家人、同事、親友「發現」，隨時要戴上面具偽裝成異性戀才能安全地活著。

新公園（還有台中、台南、高雄等地的大型公園）或是七〇年代開始出現的同志酒吧，成為當時同志們有限的生命出口。同志們在這些地方可以短暫卸下偽裝的面具，有機會看到或認識平常隱身的其他同志。儘管只是「黑暗國度」裡的微弱暗光，卻是當時許多漂泊孤單靈魂的生命支撐、人生桃花源祕境的隱密入口。那個世代的同志把踏進公園、走入同志酒吧稱為「出道」。

因為隱晦、神祕，只能口耳相傳，男同志會聚集的公園大都在主要車站附近。公園既是男同志找尋友情、愛情及情欲的管道，也是實踐同志生命、築起社交網絡的小天地，更是不定時要面對偷窺獵奇的闖入者和帶有偏見敵意的警察公權力騷擾的險境。

《孽子》小說對六、七〇年代公園中男同志的愛欲情仇生動地描繪記錄，更深一層挖掘同志與

「家」的種種糾葛、疏離與渴盼。小說人物的情節是那個時代同志一點也不陌生的生活寫照。

青少年阿青因同志性行為被記過、遭父親痛打趕出家門，是主流社會（學校／家庭）對同志身分、同志性行為不能接受的壓迫。小玉一心一意想赴日找尋未曾謀面的華僑生父，是對從小少了父愛遺憾的彌補心願。龍子遠走他鄉，是為自己同志身分帶來與家庭鴻溝隔閡的遁逃。

那些離家、逃家、有家不得歸的缺憾，在楊教頭收留照顧下，建構了屬於同志社群互相扶持、手足般情誼的家。這種有別於傳統以血緣、婚姻組成的家，已故紀錄片導演陳俊志有部作品的名稱——《無偶之家，往事之城》，是最貼切的形容。

龍子與阿鳳愛得濃烈，但以悲劇收場，白先勇小說的書寫，將那時代公園裡同志與社會疏離，渴望愛情、尋覓追求卻看不到圓滿的無奈，昇華為淒美的禁忌傳說。

從過去到現在，同志的生命一直在對抗孤獨，不論是尋覓愛戀對象、生活伴侶，或是維繫社交支持系統的朋友，甚至是建構同志社群的網絡，包含人與人的相遇、個人與社群的連結，不想孤獨地盼望，譜寫了愛情篇章，也點燃起想要改變社會的平權運動火焰。

如果新公園是一個百歲人瑞，隨歲月推進，他見證了發生在周圍的歷史。特別是從九〇年代起，那些改變同志處境、一次又一次的事件。

一九九〇年春天，最後一位強人總統蔣經國離世後兩年，距離不到一公里的中正廟發生推倒萬年國會的野百合學運，靜坐的六千多位學生裡，也有曾經流連新公園的男同志學生；民主化是其後同志平權運動得以茁壯開花結果的最佳土壤。一九九六年台北市府「首都核心區」計畫，在公園裡蓋了二二八紀念碑，也把新公園這個用了近百年的名稱改為「二二八紀念公園」；同志社團為抗議在計畫裡同志的歷史被抹滅，組成「同志空間行動陣線」，舉辦「彩虹情人週」園遊會，攻占白天的新公園。一九九七年夏天的午夜，一群警察把公園旁、台大醫院舊館前四、五十名男同志帶回警局，爆發侵害人權的「常德街事件」，同志不願再沉默，「同志公民行動陣線」舉辦記者會批判警察濫權。二〇〇三年秋天，第一屆同志遊行選擇了新公園為起點，開啟華人社會同志遊行首例，十七年下來已成為亞洲最大的同志遊行。二〇一六年十二月十日，支持婚姻平權的音樂會在新公園旁的凱道舉辦，凝聚超過二十五萬人，人潮塞爆了凱道、景福門周圍、中山南路、常德街。二〇一八年十一月二十四日，和同志相關的公投結果出爐，全台同志籠罩在悲憤哀傷的氣氛裡，台灣同志諮詢熱線當晚號召同志來到新公園，彼此攜手陪伴，「TOGETHER, STRONGER」互相安撫受傷的心靈。

《孽子》小說裡的主角阿青來到新公園時是高中生，在這裡遇到安頓他心靈的同志社群朋友，二〇二〇年阿青應該已七十多歲。儘管網路時代男同志們「出道」的地方不再是公園，交友APP成為大部分男同志交友的日常；雖然對同志有敵意的人還是存在，但是學校的性別平等教育試圖改變大家對同志的偏見和歧視，同志伴侶也能攜手結婚組成有法律保障的家。當阿青再次來到新公園，可能是參加每年秋天舉行的同志遊行，這個國度不再只有黑夜，還有機會看到白花花灑落的陽光。

■本文刊於二〇二〇年《孽子》舞台劇演出節目單。

與樂齡世代談同志

公投結果留下的傷痕

二〇一八年十一月二十四日的公投，是同志社群心頭的痛，投票前，反同陣營撒下鉅額（媒體推估至少上億）廣告費每天在各個電視頻道密集刊播誤導選民的資訊，網路上充斥著扭曲、抹黑的說詞，而那些錯誤訊息早已被官方或同志團體澄清許多次。另一方面，推動同婚立法的婚姻平權大平台好不容易募資一千萬元，卻遭電視台拒絕刊登廣告，反同陣營最大金主王雪紅買下的TVBS，明白拒絕婚姻平權大平台的廣告。公投過程和開票結果——七六五萬票對二九〇萬票（註一）宛如一把利刃插進同志們的胸口。

開票後，同志社群瀰漫哀傷悲愴氣息，台灣同志諮詢熱線協會當天夜晚緊急在二二八公園舉辦「你不孤單，讓我們彼此陪伴」之夜，更以臉書大頭貼、製作徽章喊出「TOGETHER, STRONGER」口號，企圖為悲憤的同志社群集體療傷。很遺憾，那一陣子仍然傳出好幾起同志自殺的消息。

同婚法律通過後，根據一項在二〇二〇年所做調查，民眾對於通過同婚法案的支持度，在不同年齡層有明顯的差異。支持度最高的是廿至卅九歲，百分之六十六點八支持，百分之廿八點三不支持。支持度最低的是六十歲以上，僅百分之十八點四支持，百分之七十五點四不支持。（註二）這個調查顯示，有許多年長者依然對同婚抱持著反對立場。

「怎麼和不瞭解同志的人溝通、對話？」「為什麼社會上仍有這麼多對於同志的惡意？」這些都是同婚法律通過後，同志社群裡一直在討論、思考的問題。除了怎麼溝通、對話，去哪裡找到願意溝通的機會／場合，是更大的難題。

有一次在社區裡常去的麵店用餐，電視新聞出現同志結婚的新聞畫面，鄰桌一對老夫妻開始不滿地碎念：「唉呦～這樣不行啦，這些年輕人怎麼可以這樣……」掩不住心中怒氣，想到過去以來同志遭受的委屈，我心裡的憤慨湧現，立刻大聲回嗆：「別人結婚關你們什麼事？別人相愛，有妨礙到你們什麼嗎？」話語充滿怒意，讓這對老夫妻愕然，他們沒想到會有人這樣直接回擊、質疑，於是沉默不敢再多講話。事後反省，覺得自己當時的反應不是好的處理方式。怒氣沖沖，只是讓他們不敢再多說，少了對話的機會。

生活裡沒有同志　怎麼對同志有同理心？

四十歲以下世代對同志接受度高，同儕中同志現身的比率高。身邊有熟人是同志，和同志有相處經驗，對同志不陌生。同志就像其他朋友一樣，有工作壓力、要為生計打拚；追求親密關係時，有人常放閃，有人為失戀傷心，也有人母胎單身三十歲還在尋覓；看得到同志的生活樣態、喜怒哀樂，同志不是怪物、變態，不再是報導裡躲在黑夜見不得光的「傳說」，同志不是難以想像的一群人。

可是對樂齡者來說，和他們同世代的同志很難出櫃，於是生活裡很難見到同志，可能從未遇過。他們無法理解、無法想像同志是什麼樣的人。他們聽說的同志，只在媒體負面報導的社會新聞中出現過。

樂齡大學演講　難得的對話機會

二〇一九年、二〇二〇年剛好有機會，受邀到某大學開設的樂齡大學演講，跟一群阿公阿媽談同志。準備演講時，心中好多小劇場──「長輩們會不會有人聽到同志就反對到底？」「我會不會在演講時，一直被質疑、被踢館？」「哪些議題是他們最不能接受，同婚？領養小孩？同志教育？」我沒有答案，或者說，我無法憑空臆測哪些擔心一定存在，無法想像會不會有劍拔弩張的場面。深思後我很清楚告訴自己，我必須放空，不應該預設立場。

對於樂齡者的演講，我定下的目標，不是說服他們「喜歡同志、完全接受同婚」，而是「提供一個看見同志，增加對同志瞭解的機會」。我反覆想著，怎樣可以激發學員們對同志的同理心？

同理心的基礎，要找到共同的生命經驗、情感的交集，才會有感同身受。而這些，都不是靠高深複雜的性別論述、義正詞嚴的邏輯說理能夠達成，說故事才是展現同志生命經驗的敘事良方。

喚起學員相關的生命經驗

演講中，以說故事和影片放映，帶出有血淚情節的同志生命經驗，開啟樂齡者瞭解同志處境的機會與視野。這些故事包括了：台大退休教授畢安生老師自殺事件、王小棣導演在伴侶過世前病危時無法簽署緊急醫療同意書的感慨、鷺江國中陰柔氣質學生楊允承長期遭霸凌跳樓自殺事件、《巴比的祈禱》電影中教會家庭青少年巴比自殺事件、玫瑰少年葉永鋕在校被霸凌間接導致過世事件、老拉失去伴侶後喪禮變成《其它人》的短片等。

每一個真實的故事，述說著不同世代同志遭遇的困境。特別是畢安生、王小棣的故事，還有《其它人》影片，故事主角是長期伴侶的老年同志，樂齡大學學員的年紀和故事主角接近，聽著這些發生在同世代身上的故事，更能從同為年長者的生命經驗得到共鳴，進一步感受到故事主角的困境。

豐富的經驗和智慧　是年長者重要特質

很多人認為老人固執，堅持己見不容易接受新事物、新觀念，因此不願意花力氣去思考怎麼和老人溝通。但是我們不能忽略，年長者累積豐富的生活與生命經驗，也可能讓他們更通透人情世故。

這樣的特質，成為彼此對話的契機。

老年同志伴侶的故事，對年輕人來講，不一定會有強烈感受和共鳴，對年長者而言，感受則較為深刻。他們因自身經驗，很清楚瞭解長期陪伴、長期共同生活是什麼，他們深知老來伴的重要和意義。對於失去長期伴侶、無法為生活幾十年的伴侶在過世前做些什麼，那種痛苦，年長者可以想像得到。看到這些老年同志的故事，阿公阿媽們從同為老人的身分去理解同志、同理同志的困境。

以前，同志是他們生活裡陌生的議題，因為不瞭解，同志和外星人沒什麼兩樣。少了交流，年長者族群被視為鐵板一塊、難以突破。而這次演講經驗採用的方式，彷彿是開啟交流之窗，想法的鬆動、觀念的改變，從產生共鳴的那一刻開始，有了轉變的機會。

演講開始前，我對樂齡大學的阿公阿媽學員說：「今天談的議題你可能沒聽過，或是你不太能接受。我想建議你，把這個演講當成是給自己一個機會，聽聽不一樣的觀點，認識一下過去沒機會瞭解的生命。」只靠一、兩次演講，不可能立刻讓人改變原本立場，但只要能讓他們打開心、埋下種子，帶回去慢慢思考，時間會醞釀轉變的契機。

學員眾多問題／異見中，最經典也花最多時間討論的兩個議題是「同志養小孩不好」、「不要說自己是同志」。我不是第一次被問到相同問題，在其他有長輩學員的演講場合，也曾經被問過、質疑過。

問題：「同志結婚就好，為什麼要養小孩？」「同志養小孩，對小孩會有不好的影響。」「同志養的小孩會被嘲笑、歧視，對小孩來說，要面對這些很不公平。」

我的回應：

一、同志領養小孩不是大家想像的那麼容易，台灣有一套領養小孩的複雜評估機制，層層把關。要先審查是否符合基本資格，再由社工進行訪視、評估，最後將評估結果交由法官裁決能否收養。對於要被收養的孩子來說，能否得到良好的照顧，比雙親是異性戀或同志配偶的身分更重要。

養小孩要花許多心血、時間和金錢，雙親有沒有準備好是重要關鍵。有不少異性戀夫妻是迫於壓力或在沒準備好的情況下生養小孩，相對之下，同志伴侶／配偶通常沒有這種社會／家庭壓力，養小孩的決定是經過深刻的思考和周全的準備，這對於孩子來說，是比較好的。我看到的許多同志伴侶養小孩的例子，都是因為很愛小孩，而願意付出時間、心血和金錢照顧小孩。

二、「同志養小孩對他們不好」——是擔心同志會把小孩「養」成同志？如果雙親是同志，小孩就會被教養成同志，那不禁要問，大部分的同志不都是異性戀父母（將孩子理所當然視為異性戀）養大的，怎麼沒教養成異性戀？當我們說出「擔心孩子被養成同志」，背後的預設立場是——同志是次等的、不好的，才會擔心；從來沒有人擔心孩子會被「養」成異性戀。

三、來自同志家庭的孩子會被嘲笑、會被欺負很辛苦，那應該要努力教育其他孩子、改變社會的不友善，而不是反過來禁止同志養小孩。以此做為禁止理由很荒謬。就好像，我們不會因為有原住民的孩子被歧視，就叫原住民不能生小孩！

問題：「同志帶伴侶回家，不要講明就好了。」「父母或家族還不接受，同志就不要說啊！為什麼一定要說，這會讓父母為難。」

我的回應：

一、我至今未對年邁的父母直接出櫃，這是遺憾。做同運時公開出櫃，也上媒體受訪，以前沒對父母直接出櫃，考慮很多。怕說了他們不能接受，怕和父母吵架，早些年則擔心父母不知如何面對阿公、阿媽和其他親友。太多的擔心和害怕，拖著拖著，父母年紀變老了，更不想讓他們在一大把年紀還要面對兒子是同志。但是二十多年來，歷任男友我都曾帶回家與父母認識，只是沒有明講。讓男友在家裡出現，和父母互動，這是我的方式，沒講明身分，直接把他們帶進父母的生活。

我不會因為自己選擇這個方式，就認為這是最好的處理，要求別人也應該這樣做。不說有不說的難處和狀態，每個家庭的狀況非常不同。

二、同志一輩子都在面對這種「要不要說（自己同志身分）」的挑戰與困境。「不說」讓同志在家人面前隱瞞一半的人生，另一層意義就是「沒有名分」，不被認可。

熱線老同小組拍的影片《其它人》，就是一個「不能說」的故事。一起生活、互相陪伴、互相照顧很久的老年女同志伴侶，後來其中一人離世，喪禮上，另一半沒有名分，祭拜時只能排在所有親人、家族成員、朋友之後的「其他人」地位。對當事人來說，這是一件辛酸又痛心的遺憾。

註一：二〇一八年十一月廿四日投票當天除了一般選舉，還有十個公投案。反同陣營提出的公投為第十案，題目：「你是否同意民法婚姻規定應限定在一男一女的結合？」

註二：原始題目為：二〇一九年五月十七日立法院通過「同性婚姻專法（司法院釋字第七四八號解釋施行法）」，請問您對政府推動的這個立法支持還是不支持？這是來自於一項「二〇二〇年總統與立委選舉面訪案」（TEDS二〇二〇）的調查。調查期間為二〇二〇年一月十三日至五月卅一日，總樣本數一千六百八十。TEDS為「台灣選舉與民主化調查」，是由科技部人文司支持的大型民意調查研究計畫。

阿媽也有女朋友，只是沒有告訴你
——關於《阿媽的女朋友》

《阿媽的女朋友：彩虹熟女的多彩青春》的書從印刷廠印好送到熱線時，我人在台南，接到大塊文化編輯林盈志通知時，心裡非常興奮，好像懷胎很久的孩子終於誕生。而這個孩子，懷得可久了，從二〇一二年第一個訪談，到二〇二〇年十月正式出版上市，歷經八年的時間。這是由台灣同志諮詢熱線協會老同小組的伙伴們共同完成的一本老年女同志的生命故事訪談書寫。

會歷經這麼長的時間，是因受訪者難尋，即使透過朋友介紹找到了，當事人也不一定答應受訪。這是長年習慣隱藏同志身分的老年同志，很難跨越的門檻。發起人同平安回憶，二〇一〇年來到老同小組，正好遇上《彩虹熟年巴士：十二位老年同志的青春記憶》的新書發表會，他對老大哥願意分享自己的生命故事非常感動，覺得也應該要有一本屬於老拉的生命故事，同平安的願望在兩年後——二〇一二年開始啟動，完成第一篇訪談。隨後幾年，每年以一位受訪者的緩慢速度進行，同平安想到老年女同志逐漸凋零，曾有想要訪談的對象來不及開口就離世，讓他覺得心急。有一次在老同小組開會時，他提到對這本書進行不順利的掛念，忍不住流淚說：「希望這本書可以在自己死前出版！」老同小組義工們看到最年長的帥T竟然流淚，感受到壓力，也激勵了把書完成的決心。

同平安是發起人也是最重要的推手，他在每一個公開或私人聚會的場合，甚至是友團募款活動，都不忘表達，要大家幫忙介紹五十五歲以上的老年女同志受訪。他的積極連結，加上大家對同平安的信任，很多朋友願意協助介紹牽線，讓老同小組有機會採訪到更多的受訪者。從過去的經驗，很清楚瞭解，如果沒有人際的連結和足以信任的關係，是不可能有機會貼近老年同志。

對出版訪談有興趣老同小組義工，組成一個工作小隊定期開會，每篇訪談的逐字稿，動輒三、五萬字或更多，大家一起閱讀、討論，交換心得。這個過程非常寶貴，讓參與者有機會提出自己對故事的更多觀察或疑問，彼此交換補充屬於受訪者年代的歷史背景和當時的社群文化。世代不同，讀到的故事觀點也不盡相同，這個讀稿過程讓大家更理解老年女同志。也在寫稿過程融入更多屬於書寫者的觀察和心得。

集體創作是老同小組前後兩本書皆採用的方式，畢竟我們不是受過專業歷史訓練的口述歷史專家，真正從事專業文字工作的義工僅是少數。每篇故事都是不同背景的義工為讀者撰稿說故事，因此書裡每篇都有撰稿人的簡介。專業出版媒體「OPENBOOK閱讀誌」舉辦的二〇二〇年OPENBOOK好書獎，《阿媽的女朋友》獲得年度生活類好書推薦。梓書房店主曾淯慈代表決選評審所撰寫的綜合評語文中，這段文字很貼切詮釋了集體創作的意義——「透過集體創作的力量，鋪成一個相識、對話、理解以及實踐的運動。」

書的出版不是終點，而是搭建一個對話的平台——同志社群不同世代之間的對話，同志社群和社會大眾的對話，同志社群和老年研究者或照顧者的對話，《阿媽的女朋友》像一棵種子，出書就是撒種，更多人因為讀了故事對長期不被看見的老年女同志有更多理解，也把同志運動的視野拉大了歷史的縱深。同志不是憑空降生，同志是有歷史、有根的。

出書後熱線收到一位日本「阿媽」的Email來信，用自學略帶生澀的中文，表達她對台灣出版這本書的感動，也在信中介紹，她居住在日本一個非都會的小鎮，從未參加過同志聚會。收到這封信讓參與出版的義工們非常驚喜、振奮，沒想到在台灣出版的一本書籍，竟然跨海感動了一位遠在日本的阿媽。

為了宣傳《阿媽的女朋友》，作者群風塵僕僕跑遍了全台灣各地，在台北、桃園、宜蘭、花蓮、新竹、台中、嘉義、台南、高雄等地，主辦或接受邀請走了十二場的新書分享會。也高興讀者的支持，讓這本書在出版上市不到半年的時間，有三刷的成績。在出版業艱困的年代，這樣的銷售令人感動。

如果要說這本書出版後有什麼遺憾，一是未能採訪到歌仔戲班裡的老年女同志，製作期間雖然透過不同管道希望找到受訪者，卻無功而返。二是有兩位受訪者在出書前離開人世，未能看到書的完成。其中一位是昔日歌壇的女貓王黃曉寧，黃老師為人豪邁熱情，訪談時讓大家都感受到他的大將之風，回憶早年情史，精采萬分（很多祕辛牽涉當事人隱私，書中未能全部呈現）。聽聞他因病離世噩耗，令人非常難過不捨。三是本來完成的故事有十八篇，其中一位受訪者在出版前看完稿子仍決定撤稿，因為她的故事太特殊，辨識度極高，完全可以理解她的為難與擔心。這個狀況也反映了，老年女同志至今依然有很大的社會出櫃壓力。因此書裡呈現的只有十七篇。

我在書寫阿寶和同平安這兩位書中唯一母女檔故事時，剛好有機會聽到他們回憶廿多年前，同平安二弟因愛滋過世的往事。記錄了一段雞尾酒療法問世前，失去感染者親人的家族傷痛。也看到，昔日在不平等醫病關係下，痛失至親時還要遭遇來自醫院不甚友善對待的一段歷史。

分享會中同平安談起這本書的出版，意外地改變他們母女的關係。以前他從孩子的立場看母親，總覺得自己母親和其他的母親很不一樣，心裡有很多不諒解，長期以來彼此很少交心熱絡互動。讀過母親阿寶的故事，他從老年女同志的處境看，不得不對母親在那個古早年代竟然還能勇敢做自己非常佩服。同平安說，如果換成是他，一定沒有母親當年那個氣魄。母女的關係後來變得很不一樣。

「書名是《阿媽的女朋友》，不是女朋友的阿媽喔！
沒錯，阿媽有女朋友，只是他沒有告訴你。
受訪者很難找，十七個故事，我們花了八年才完成。
同志諮詢熱線協會，希望社會能夠看見老年女同志。
古早的年代，同志很辛苦，阿媽們依然活得精采。
感謝受訪的老拉，無私的分享。也謝謝介紹受訪者的朋友。謝謝大塊文化、謝謝評審。
阿媽好威，帶著女朋友繼續向前衝！」

——OPENBOOK好書獎「二〇二〇年度生活書」同平安領獎致詞

專訪

行走的同志運動史：側寫喀飛的大時代與小時代

陳慶祐／一葦文思總編輯

一九八八年一月，大二的喀飛跟異男好友兩人裸著上身、只穿內褲，躺在一張單人床上。異男好友身形粗獷、聲音低沉，每天在圖書館念書到熄燈，然後到操場練身體，獨來獨往的狼族；他身旁彷彿與眾人結界，唯獨跟喀飛無話不說。

那個冬日週末，兩個人躺在床上卻覺得熱，言語間電流閃爍。忘了誰先挪動身體，或者，同性相吸，兩尊男體愈來愈靠近。

「慘了慘了，」一半的喀飛想著：「就要發生什麼了……」

另一半的他，又期盼發生些什麼……

兩個男孩對看。

「蔣經國過世了！」房門突然被隔壁室友打開。「蔣經國死了！」

兩個大男孩跳了起來，迅速穿上衣服，轉身前往不同方向。

那一年，喀飛二十八歲，我二十二歲，我們在BBS認識，相約見面。那一天，車水馬龍的光復南路、仁愛路口，他比想像中成熟，揹著一個重重的殼。我們走進國父紀念館，一起去聽黃小琥的演唱會。

那個年代，看電影、聽演唱會之前，要播放國歌，所有人得畢恭畢敬站起來，彷彿表白了自己忠於黨、忠於國，然後才能享樂。

這樣尷尬時刻，我不想起身。沒想到，這位初見面的朋友也一樣，我們甚至沒有對看，在一群站起來的人裡，矮了一截，卻忠於自己。

「碰！」後面的中年人重重地踢了我們的椅子，詛咒地說：「聽到國歌不站起來，怎麼不乾脆去死一死！」

喀飛轉過了頭，不疾不徐地說：「奇怪，我們站不站起來，干你什麼事？」

喀飛有一雙美麗大眼睛，深摺雙眼皮藏住了長睫毛的鋒芒。

「小學三、四年級開始，同學就叫我『小姐』，大概是因為比較內向陰柔，班上人緣又好。」喀飛說。

「小姐」是尊稱不是嘲笑，連流氓同學都跟年少喀飛交好，捧他在手心。而喀飛自己要到小學高年級以後，才意識到同性的吸引。

「那時候喜歡看兩個人，一個同班同學俊秀斯文，瘦瘦小小。」喀飛說：「另一個是合唱團男生，狂野不羈，常在校園裡把我揹起來。」

這兩顆初戀種子，埋進了喀飛心裡，他漸漸發現自己的與眾不同。

國中時候，喀飛暗戀踢足球、參加童子軍的同班同學，他喜歡用目光追逐對方的身影，可那樣的眼神太炙熱，旁人都注意到了，同學追著他問：「你是同性戀？」

那一刻，喀飛的世界崩毀了，不能說的祕密被他人說出口，喀飛在桌子上趴了一整天，彷彿末日降臨。

那時候的社會容不下喀飛這樣的人，報紙上鉛字印著「同性戀患者」，那是一種「疾病」，「染病的人」應該快快好起來。但，如果就是走不出那個引號裡的標籤呢？

高中的喀飛加入了童子軍，為了國中時暗戀過的對象，偏偏又遇上另一段暗戀：一位童軍團學弟。他們會一起念書到晚間十點，然後一起騎腳踏車回家，到了要分開的路口，兩個人有默契地把車停下來，再多聊半小時，每天都是這樣十八相送。

「學長，你是這個世界上最了解我的人。」學弟這樣說。

喀飛知道，有這句話，什麼都值得了。

再次相約喀飛，是在深夜電台。

他想跟台北電台遞案，做一個同志廣播節目。他沒有任何節目製作的經驗，只是知道廣播可以陪伴更多櫃子裡的人，便勇往直前了。他是使命必達的運動者，總是著眼沒有資源、不被看見的他者。

我邀請他到我工作的商業電台來看看，我和他以及他的男友三人，坐進了錄音室裡，誕生了《台北同話》這個節目。

那一段做廣播的日子，我們常在下了節目之後，深夜去唱KTV。喀飛歌聲嫵媚，有幾分張國榮的韻味，他瞇起眼睛，把歲月釀成甜美，出口都是詩。那一刻，我才看見，他漸漸把外在重重的殼放下了，小心翼翼地，讓內裡舒展開來。

我們一群成了至交好友，彷彿再一次的青春期，同儕是彼此眼中一切的世界。喀飛是我們的核心，他領著我們參與同志運動，分享媒體觀察——他是老師，又謙卑地跟我們一起嬉遊；他是兄長、是樹洞，關心大家又冷靜聆聽與分析；而他往往也是心腸最軟，最容易被感動的那一個小朋友。

喀飛高四那年，在台南公園出道的。對於學弟的暗戀說不出來，寂寞與欲望日以繼夜地膨脹，催促他尋找出口。

百年公園古木參天，青春小鳥喀飛怯懦地走了進去。那個年代，台灣同性戀想方設法認識同道中人，卻也知道彼此不見容於這個社會，所以要把自己的日常隱藏起來，過著兩重身分、平行宇宙，許多人還被逼迫走進婚姻裡。

「去了公園以後，其實不會真的快樂。」喀飛說：「被欲望驅使而去，卻找不到人說話。」說話，是喀飛最在意的情感交流，但公園裡的每個人都在扮演別人，無法真實表現自己。

而日常生活繼續在走，喀飛上了大學，多情善感的情史持續蔓延。校刊社有文采、彈吉他的學弟會騎著打檔車載喀飛上大肚山看夜景、唱情歌，後來跟女生談戀愛了。喀飛走進台中公園，認識幾個一樣寂寞的靈魂，常常以為就是愛情了，末了發現，只是一場煙火。

那一年，喀飛的男友去當兵。

那天清晨，第一次懇親日，我們一群人浩浩蕩蕩坐飛機抵達屏東機場。停機坪上，螺旋槳的風把華齡裙襬吹了起來，晚睡加上早起，一群人興奮又疲憊，彷彿沙漠妖姬要去勞軍了。軍營裡，我們席地野餐，有男有女成了最好的煙霧彈，掩護喀飛濕濕的眼睛，含情脈脈與男友對望。

男友退伍之後，他們分手。然後喀飛又愛上另一個準備當兵的男孩，一次又一次，陪了四任男友當兵到退伍，我們叫他「貓寶釵」。

公領域裡，他衝鋒陷陣；私生活中，他深情一往。

喀飛在大學時期張開了雙眼，看見整個社會的不公不義。

那時剛剛解嚴，整個社會將醒未醒，在一黨獨大裡衝鋒陷陣、找尋自由。喀飛就讀的大學，董事長便是國民大會代表中的一員，「反國代」是社會運動最初的集結，也引爆了後來體制的改變。

「我加入校刊社，同時編校刊和地下刊物，批評學校的審稿制度，也批評萬年國代。」喀飛說：「我更進一步組織同學北上，在中正紀念堂靜坐抗議，直接參與野百合學運。」

那個風起雲湧的年代，喀飛學到最重要的一課：革命民權——沒有天上掉下來的禮物，權利是要自己爭取來的。

喀飛且參與了「反軍人干政」的抗爭，卻也讓自己被列入了黑名單。當兵時候，每一次休假若遇上民進黨群眾運動，都會「碰巧」被留營；後來才知道，自己的安全資料厚厚一疊。

退伍之後北上從事媒體工作，學運的視野加上媒體的訓練，豐厚了喀飛的羽翼，他將革命民權的理念，落實在同志運動上。

「對於不公不義的事，當然應該要『生氣』。」喀飛說。

他從此成為革命者，從公共事務下手，催生同志諮詢熱線，親歷每一次同志運動的不容易。

後來，他甚至連媒體工作都放下了。

「與其成就老闆，不如成就同志運動，那才是真正讓我開心的事。」喀飛說。

他成為專職的運動者，帶著衝勁與熱忱參與每一場線上線下的衝突與研討；他也是最早為台灣同志運動整理大事紀的人，從BBS到網路共用資源，再到平面紙本；他更是最早的自媒體，記錄並評論同運史上每一件大小事。

他是行走的同志運動史，卻謙虛地不說自己寫歷史，而是和所有人一起完成整個世代的口述歷史，好比同運界的一人維基百科，眾志成城，相互輝映。

二〇一九年五月十七日，青春作伴的我們都是中年了，再次一起走上街頭，在青島東路等著《司法院釋字第七四八號解釋施行法》是否通過三讀。

華齡是我們的小妹妹，全世界最適合結婚的人，她和伴侶要在七天之後、他們的紀念日舉辦儀式，如果法律通過了，他們將成為合法婚姻。

大雨滂沱，一如真實世界，惡意從來都不曾減少；而只要我們在一起，善意也從來不會不見。全身濕透的我們決定去咖啡館吃點熱食，坐下來那刻，法律條文通過了，華齡和我相擁而泣，喀飛含著眼淚，按下了快門。

他一直是在裡面的旁觀者。他的熱情與同理心讓他一次又一次投入每個不公不義的抗爭，他的冷靜與觀察力讓他一次又一次惦記每件歷史發生的前因後果。

他永遠與雞蛋站在一起，冷眼看著高牆倒塌。

二〇二一年東京奧運開幕式上，台灣隊制服中，最美的是鈕扣。那是漆器的百年工藝，在側面塗上了六色彩虹，標記台灣的驕傲——我們是全亞洲第一個通過同志婚權的國家。

而我知道，那六色彩虹裡，有喀飛的努力。

《台灣同運三十》是一葦文思等待最久的一本書，從還沒有這個品牌、同志還不能結婚的時候，而這一切都是值得的。

因為他是喀飛。一個台灣同志不能也不該遺忘的名字。

台灣同志運動・三十年大事紀

喀飛整理

眾多同運前輩、同運伙伴們在各個地方、不同領域為台灣同志運動奮鬥，三十年漫長歲月，大事何其多。無奈力有未逮，雖已盡力蒐羅、比對辨識資訊正誤，難免疏漏或求證未臻完善，敬請見諒並予指正。

關於同志作家、同志文學創作出版品繁多，限於篇幅僅列部分代表性著作，有興趣的讀者可查詢以下二書，有非常詳細的蒐集和精采的評介：一、《以進大同——台北同志生活誌》，邵祺邁整理「台灣同志文學年表（1961-2017）；二、紀大偉著《同志文學史：台灣的發明》。

大事紀粗略分為四大類：一、「出版／藝文／媒體／網路」；二、「法律／政治／人權／愛滋」；三、「校園事件／教育」；四、「集結／團體／遊行／大型活動／社運連結」。有些條目橫跨兩或三類，愛滋相關最優先歸類於第二類，再來以第三類、第一類歸類。無法歸類至第一至三類者，一律歸類至第四類。

・書中資訊如有錯誤，歡迎來信指正。GayHistoryTW@gmail.com

1982.7 《席德進書簡：致莊佳村》（席德進著，聯經）出版。莊佳村是席德進學生，也是他暗戀的小鮮肉，在他們成為師徒的時候，席德進已是知名大畫家。書信是席德進在1963年6月至1966年6月，也就是他受邀赴美、法考察，定居巴黎期間寫給愛徒莊佳村的信件。據後來的報導，莊佳村喜歡的是女生。席德進在三年間所寫的七十二封信件，和莊佳村談的多是他對繪畫、對美學、對人生的看法，偶爾不經意描述在國外和男人的豔遇，也關切莊佳村的繪畫學習和人生點滴，平均半個月一封的密集信件，流露的不只是師生之誼而是濃厚的戀慕情懷。席德進知名油畫作品《紅衣少年》畫的正是莊佳村。這本書出版於席德進過世後一年。

1983.3 白先勇長篇小說《孽子》出版（遠景）。1977年開始於《現代文學》連載。描寫1970年代圍繞在台北新公園發生的男同志故事，見證半世紀前的男同志生活。1989年改由允晨文化出版。

1990 凌煙作品《失聲畫眉》獲得《自立晚報》百萬小說 。描寫1980年代南部歌仔戲班裡的女女戀情。1991年改編為同名電影（導演：鄭勝夫，主演：李雨珊、陸一嬋）。

1990 李岳華〈紅顏男子〉獲《聯合報》短篇小說獎，1994年11月由聯經出版同名小說集。

1990.8 二十二歲年輕作家藍玉湖短篇小說集《薔薇刑》出版，書中附有多幅男體裸照，引來非議。藍玉湖於1991年11月5日因情殺身亡。

1991 曹麗娟作品〈童女之舞〉獲《聯合報》第十三屆短篇小說首獎，小說描寫青春少女對愛情、友情的想望與探索。1999年小說集《童女之舞》出版（大田），收錄曹麗娟四篇作品：〈童女之舞〉、〈關於她的白髮及其他〉、〈斷裂〉、〈在父名之下〉。2012年《童女之舞》復刻版出版（大田）。2001年導演曹瑞原改編〈童女之舞〉為電視劇在公視播出。2020年三版（時報文化）。

1991.2 第一本以訪談方式書寫同志生命故事的《中國人的同性戀》（莊慧秋等著，張老師文化）出版。

1992.3 林裕翼短篇小說集《我愛張愛玲》（聯經）出版，其中〈白雪公主〉、〈粉紅色羊蹄甲樹上的少年〉分別為描寫女、男同志的小說。

1992 金馬國際影展開辦同志專題，引進眾多外國同志電影，是台灣最早出現同志專題的影展。

1993 「臨界點劇象錄」劇團演出田啟元作品《白水》。該劇是鬼才導演田啟元透過大眾熟悉的《白蛇傳》故事為藍本，以全劇男演員的形式，藉著法海打壓白蛇與許仙的愛情，批判同志遭受異性戀霸權體制的壓迫。

1993.3 李安導演電影《喜宴》上映（主演：趙文瑄、金素梅、歸亞蕾、郎雄、米歇爾・利希滕斯坦）。李安前往好萊塢發展前，在台灣拍攝的家庭三部曲之一。台灣電影首見描寫男同志在家庭逼婚壓力下假結婚的故事。榮獲第三十屆金馬獎最佳劇情片、最佳導演、最佳男配角（郎雄）、最佳女配角（歸亞蕾）、最佳原著劇本（馮光遠、李安）。

1993 第一屆「台灣國際女性影展」舉辦，是台灣第二個國際影展。常於影展中引進同志電影。

1993.10 《愛福好自在報》與《島嶼邊緣》第九期合刊，「女人國家（假）認同」專輯。

1993.10.30 資深影評人李幼新耕耘多年的著作《男同性戀電影…》（志文）出版。李幼新的影評擅長讀出電影中有關男男情欲的暗喻。書中有非常豐富的男性美學電影劇照。李幼新後來改名為「李幼鸚鵡鵪鶉小白文鳥」。

1993.12 第一份公開發行的同志刊物《愛福好自在報》（愛報）創刊，內容以探索女同志社群文化、引介女同志理論為主軸，筆調犀利，詼諧幽默，對異性戀霸權有強烈批判。至1995年3月停刊，只出版四期。

1994.4 華文地區第一家女性主義專業書店「女書店」於台北公館開幕，營運初期以書店及活動舉辦為主，1996年後成立自有出版品牌。

1994.4 第一個網路BBS站的MOTSS（Menber of The Same Sax）同志討論板成立——中央大學龍貓BBS站、交大資工BBS站。之後兩年，台灣各BBS紛紛成立MOTSS板，成為台灣同志社群使用網路建構虛擬彩虹社區的重要場域。

1994 朱天文描寫男同志、獲第一屆時報文學百萬小說獎首獎的長篇小說《荒人手記》出版（時報文化）。

1994.5.1 邱妙津小說《鱷魚手記》（時報文化）出版，被視為女同志重要經典小說。書中指稱女同志的「鱷魚」、「拉子」，成為華文世界女同志自稱用語。2003年4月改由印刻出版。

1994.7 《島嶼邊緣》第十期，酷兒專輯。台灣首次引進「酷兒」（queer）一詞及酷兒論述。

1994.8 《誠品閱讀》8月號製作「同性戀專題」。

1994.10.15 由女同志團體「我們之間」發行的《女朋友》雙月刊創刊，前身原是「我們之間」團體內的會訊。至2003年4月停刊，前後發行了三十五期。編輯工作由不支薪義工負責，發行量約為一千五百本。長達十年的發行時間，對90年代女同志社群有廣大的影響。刊物風格自我定位為：「不標舉理論，因為我們認為女同性戀是一種生活方式，但最基進的思想常寄託在最具體的經驗中。我們希望探索、建立具有主體性的女同性戀知識，但採取的語言、形式將是非常生活的。」

1994.10 台大男同性戀社出版《同性戀邦聯》，將可能有男同志出沒的場域稱為共和國（游泳池共和國、BBS共和國、報紙小廣告共和國⋯⋯），在不能出櫃的年代，社會上似乎看不到同志，卻隱諱式地出沒在這些共和國，組成了「同性戀邦聯」。書末附上台大男同性戀社的郵政信箱，當時同志缺乏資源，這信箱成許多同志求助管道。當時的社團幹部經常要回覆許多讀者來信。

1995 紀大偉酷兒科幻小說〈膜〉榮獲《聯合報》文學獎中篇小說獎。1996年3月聯經出版。2011年月復刻版出版（聯經）。

1995 《婦女新知》雜誌161、162期發表「內爆女性主義」系列文章，首次披露女性主義社群中的恐同傾向與異性戀霸權。

1995.2 《中國時報》家庭版開闢「看見同性戀」專欄。這是主流報紙第一次有常設的同志主題專欄。

1995.6.25 《鱷魚手記》作者邱妙津於巴黎自殺身亡。

1995.7.28 最早出現的常態性同志廣播節目——寶島新聲電台《同志星期五》，主持：解偉程。播出至1997年1月。

1995.8 台大女同性戀文化研究社編寫《我們是女同性戀》（碩人）出版。

1995.8 PTT BBS成立，近年已成為台灣最大的BBS站群。後來在PTT設有Gay板（甲板）、Lesbian板（拉板）、bi-sexual板（雙性戀板）、transgender板（跨板）等LGBT專屬討論區。

1995.9 陳雪首部短篇小說集《惡女書》出版（皇冠）。直接描述女同志性愛情節，引起關注。2005、2018年改由印刻出版。

1995.9.20 第一個在高雄發聲的同志廣播節目《愛河夜未眠》（打狗之聲電台）開播（1996年5月停播）。1996年12月22日在南台灣生活資訊台復播，不久於1997年1月19日遭電台無預警停播。

1995 紅綾金粉劇團成立，由吳大綱、賴蔚昃、簡嘉裕等建中話劇社校友與北藝大戲劇系、台大男同性戀社成員劉敬弘等一起創立。劇團作品理念以表現扮裝、性別逾越、男同志情感與身分認同等為主，作品包括：《維納斯的誕生》、《利西翠妲——越Queer越美麗》、《愛在星光燦爛》、《都是娘娘腔惹的禍》、《吸血鬼之幻》。演出服裝華麗炫目，全由賴蔚昃一手打造。1996年台北敦南誠品書店外舉辦的「紅白對抗扮裝秀」，由紅綾金粉劇團與另一個扮裝天團「白雪綜藝團」兩團競秀，是90年代扮裝演出的經典場面。曾參與演出的演員包括：時一修、吳冠易、余炳憲（大炳）、胡修維（胡BB）、彭彥碩、左正芬、王學城。

1995.10 「我們之間」於女書店舉辦「女同志情書愛與裝置展」。

1995.11 「同志工作坊」與多所學校同志社團，在北、中、竹舉辦跨校「台灣同志藝術節」，包含書展、美術展、小劇場、影展、美學講座等，將彩虹旗掛遍各校園，邀請扮裝同志踏上台大椰林舞台的伸展台。

1995.12 第一家專門出版同志書籍的「開心陽光出版社」由資深出版人楊宗潤創立。第一本出版品為奧運跳水皇帝盧甘尼斯的傳記《破水而出》。開心陽光出版社於2001年2月後停止出書。其間出版過許多重要的翻譯書籍和本土創作，包括：亞瑟潘（許佑生）著作的情色小說，邵祺邁、方慶史等編著導覽台灣同志空間的《G點100全都錄》（上、下），許佑生介紹古今同志名人的《同志族譜》等。

1996.1 最早出現在商業電台的同志節目——台北之音電台《台北有點晚》節目的「同志單元」，主持：李文瑗，執行製作：陳慶祐。播出至1997年3月。

1996.1 由「同志工作坊」製作發行的刊物《同言無忌》雜誌創刊，至1998年1月發行最後一期，合計出刊九期。

1996 「壞女兒」BBS站成立，這是最早成立的女同志專屬BBS站，後來成為女同志超人氣BBS站，夜晚尖峰時段常客滿無法連上。

1996 「女性主義房間站」BBS站在清華大學學網成立。成為女性主義者、同志等性別社群活躍的BBS站。

1996 「絕色影展」推出同志影片，開啟商業公司重視同志電影的風氣。

1996 一群玩音樂的拉子們在淡江蛋捲BBS站集結，在（公館）「搖滾看守所」碰面聚會，組成第一個拉子樂團「幫幫忙」。團長：Dingo，主唱：BC。2000年於台北同玩節演出，2001年更名為「T-time創作樂團」，於同志諮詢熱線協會募款晚會演出，2005年自力發行第一張專輯、解散。2013年同家會募款餐會節目，當年「幫幫忙」的核心成員再度聚首。

1996.3 杜修蘭著女同志長篇小說《逆女》，獲第一屆皇冠百萬大眾小說獎。2001年10月13日改編為電視劇在台視播映，導演：柯一正，編劇：吳昭瑩、許肇任、楊雅喆，女主角：六月。這是台灣電視史上首次以女同性戀者為主要角色的電視劇。獲得2001年金鐘獎四項大獎：最佳單元劇、最佳導演、最佳女主角、最佳男配角（李昆）。

1996.5 邱妙津長篇小說《蒙馬特遺書》出版（聯合文學）。2006年改由印刻出版。

1996.6 固定出現在報紙的同志專欄——《自立早報》「男男女女版」每週三「同志公園」單元。

1996.6 最早的商業發行同志雜誌《G&L熱愛雜誌》，發行人：韓家瑜，總編輯：安克強。

1996.7.7 最早出現在公營電台的同志廣播節目——台北電台《台北同話》。製作人：喀飛，主持：喀飛、何甦、韋同，製作團隊：慶祐、皮皮、明智、宏政、阿寶、狗狗。因電台預算遭台北市議會國民黨黨團全數刪除，播出至1996年10月底。

1996.10 《我們一家都是G》同志節目在高雄（FM91.7蕃薯之聲）開播，播出長達五年。曾於1998年03月北中南三地電台同時串連播出，首創跨區域的同志廣播節目。

1996.11 曹麗娟描寫中年女同志的中篇小說〈關於她的白髮及其他〉，獲《聯合文學》新人獎中篇小說推薦獎。收錄於《童女之舞》一書。

1997 女同志網站ToGetHer成立。

1997 「彩虹夜總會」BBS站由站長皮皮成立，邀請肯尼、喀飛、華齡、小段共同擔任站長。這是一個專屬於同志的BBS站，須由其他使用者擔任介紹人才能註冊加入。

1997.3 鄭美里著《女兒圈：台灣女同志的性別、家庭與圈內生活》（女書文化）出版。以文化人類學參與觀察和深度訪談完成第一本台灣女同志的田野調查報告。書中有女同志真實的生命故事，有突破家庭困境的教戰經驗，還有跨越1960年代到90年代的圈內生活面貌。

1997 第一張同志音樂專輯《ㄈㄨˇㄇㄛ》發行。統籌、召集：張懋禛，製作人：蕭福德、鄭小刀、張四十三，製作：恨流行音樂。

1997.7 討論女同志運動與女權運動關係的翻譯書《同女出走Leaving Home》出版，作者： 柯采新，譯者：張娟芬。作者柯采新在書裡提出她對異性戀霸權的分析，並明白喊出「分離同女理論與女性主義」的主張。

1997.10 《同位素》創刊，第一份在東台灣發聲的同志刊物。

1997.12 紀大偉主編的《酷兒啟示錄：台灣當代QUEER論述讀本》、《酷兒狂歡節：台灣當代QUEER文學讀本》（元尊文化）出版。

1998.6 《G&L熱愛雜誌》舉辦第一屆「華人同志文學獎」，首獎作品〈樓蘭女與六月青〉，作者為黃惑。

1998.7 第一份女同志電子報「拉風．拉瘋」電子報創刊。

1998.10 孫梓評長篇小說《男身》（元尊）出版。深受男同志喜愛的同志小說。2000年改由麥田出版。2018年11月麥田出版《男身》（二十年修訂珍藏版）。

1998.11 《姊妹戲牆——女同志運動學》（張娟芬著，聯合文學）。批判異性戀霸權與父權壓迫女同志的歷史。本書於2011年6月由時報文化重新出版。

1998.11 陳俊志導演拍攝四位青少年同志紀錄片《美麗少年》於華納威秀影城首映，連續一週滿座，媒體大篇幅報導。在眾多描寫同志遭受壓迫處境不免悲情的藝文創作中，陳俊志鏡頭下的四位男同志少年，則展現青春與快樂面對同志身分的人生態度，風格令人耳目一新。

1999 由Vincent製作主持的《真情酷兒》同志廣播，持續播出超過十年，是台灣播出最久的同志廣播節目。歷經亞洲電台、真心之音電台、綠色和平電台等廣播頻道。也曾透過「同志小站」、「Club 1069拓峰網」等網站播出，以及中國網站推廣，累積海內外非常多死忠的聽眾。2003年7月4日買下網域空間成立「哈囉網絡廣播網」。2005年入圍第四十一屆廣播金鐘獎「社會服務節目獎」，是台灣同志廣播首度入圍的節目。

1999.1 由同志運動參與者賴正哲創辦、台灣第一家同志書店「晶晶書庫」在公館羅斯福路巷內開幕。這是台灣首見，掛上彩虹旗、公開標榜同志專屬書店的空間。

1999.5 第一部公開放映的女同志紀錄片《2，1》發表。

2000.5 專門出版女同志文學創作的「集合出版社」成立，長期由社長林寒玉（小玉）一人身兼數職維持出版社運作。

2000.12 記錄90年代高中校園女同志故事的《馴服與抵抗——十位校園女菁英拉子的情慾壓抑》（張喬婷著，唐山）出版。以田野調查方式記錄十位北一女學生的青春故事，探討校園女同志處境。本書改寫自作者張喬婷台大城鄉所碩士論文。

2001 2Girl女子拉拉學園（2G）網站成立，是歷史最久的女同志專屬社群網站，創辦人阿振曾參與「拉拉資推」。

2001.3.4 「G大調男聲合唱團」成立。2002年11月7日在台北市文化局登記為業餘表演藝術團體，是第一個立案的同志藝文團體。2015年舉辦亞洲第一次手牽手同志合唱音樂節，邀英、美、中、港、日、韓、新等十一個同志合唱團體共同演出。

2001.5 《愛的自由式——女同志故事書》（張娟芬著，時報文化）出版。書寫女同志多元的愛情故事與生命風貌。本書於2011年6月由時報重新出版。

2001.8 由20歲以下小拉（女同）、小基（男同）共同編寫《拉拉基基站起來》（導航基金會拉基小組著，巨流）。內容包含：家庭互動、人際關係、情感欲望、學校生活。透過私密日記，看到少年拉基散發屬於自己的光彩。

2001.8 第一本台灣同志神學書籍《暗夜中的燈塔：台灣同志基督徒的見證與神學》（同志同光長老教會著，女書文化）出版。歷三年集體創作，企圖扭轉長期以來社會及主流教會界對「同性愛是罪」的觀點。分為：同光教會歷史、同志基督徒見證、用新眼光讀《聖經》、由下而上做神學四部分。記錄神職人員牧會心路歷程、信徒信仰見證、同志父母心情故事，還有美國反同教會歷史、學術性《聖經》詮釋、同志神學和醫學的研究。

2001.11 作家、主持人蔡康永在《文茜小妹大》節目中，受到代班主持人李敖質問而公開出櫃。

2002 導演周美玲與攝影Hoho推出紀錄片《私角落》。全片兩大主題，一是記錄公館男同志酒吧Corner's遭警方惡意臨檢事件，二是呈現女同志私密情欲的心境。

2002.9 《揚起彩虹旗——我的同志運動經驗1990-2001》（莊慧秋主編，心靈工坊）。三十多位長期參與台灣同志運動者，回顧整理最難忘的運動經驗，記錄台灣本土、主體發聲的同志運動歷史。分為：成立團體經驗、媒體出版與網路發聲經驗、同志文化與同志空間創造經驗。

2002.9.27 易智言導演作品《藍色大門》上映，主演：桂綸鎂、陳柏霖。青少年、青少女在青春期的愛情，有追求與暗戀，也有女女暗戀。

2003.2 公視《孽子》在八點時段播映刪減版，同志諮詢熱線協會及性別人權協會在紅樓共同發起「重回同志紅樓戲院、向資深同志致敬」，以穿出70年代、同志風華服裝秀行動，呼籲公視播映《孽子》完整版，抗議公視《孽子》宣傳刻意迴避同志議題。

2003.7.4 女同志廣播節目《拉子三缺一》在哈囉網絡廣播網開播，由維維、集合小玉、AD、嵐嵐共同主持。

2003.10.7 以《台北人》、《孽子》成為「戰後現代派文學健將」的作家白先勇獲得第七屆國家文藝獎。

2003.12 同志諮詢熱線協會家庭小組出版《親愛的爸媽，我是同志》（心靈工坊）。訪談八位同志父母，書寫同志子女出櫃後與父母互動的故事。該書是熱線最暢銷出版品，歷經十多年依然熱銷。

2004.4.2 同性戀浪漫喜劇電影《十七歲的天空》上映，導演：陳映蓉，主演：楊祐寧、Duncan。楊祐寧獲第四十一屆金馬獎最佳新演員。

2004.5 專門出版女同志創作的出版社「北極之光」成立。創立者為作家張漠藍和伴侶Chloe。

2004.5 由教育部學特司與教育電台合作製播、洪文龍製作主持的《性別平等Easy Go》在教育廣播電台開播。節目有兩大單元：一、「性別大八卦」：性平教育新聞與活動訊息介紹；二、「性別慢慢聊」：深度訪談教師、民間性別團體與家長團體，分享教學、社運經歷或性別生命經驗。該節目多年來持續推廣教育部主編的《性別平等教育季刊》。每週一小時節目，十七年來長期對多元性別教育推廣與主要收聽教師群的性別意識啟蒙，影響廣泛深遠。

2004.6 周美玲導演第一部劇情片《艷光四射歌舞團》上映，也是台灣第一部描寫扮裝皇后故事的電影。電影關注主題包括民間信仰、牽亡、喪葬儀式、扮裝歌舞。主演： 陳煜明、賴昱錡、鍾以慶、王明璋、王學仁。得獎記錄：第四十一屆金馬獎獲年度最佳台灣電影獎、最佳造形設計、最佳電影歌曲獎，首爾CJ國際獨立製片影展獲「Audience Award」，獲2004溫哥華國際影展龍虎獎競賽，入選2004韓國釜山國際影展亞洲之窗單元。

2004.8 台灣基督長老教會出版《同性戀議題研究方案報告書》。源自1996年底長老教會設立「同性戀研究小組」，從醫學、社會學、神學三面向進行資料收集、文獻探討與對話反省的研究，探討教會對同性戀議題的認知、態度與信仰反省。研究小組成員除了來自教會的鄭仰恩牧師、陳南州牧師，也邀請各方專家加入，包括台灣性別人權協會祕書長王蘋、台大教授朱偉誠、兒福聯盟執行長葉大華等人。

2005 陳俊志完成紀錄片《無偶之家，往事之城》，從漢士三溫暖老闆余夫人（阿嬤）和蔣姨這群老姊妹為中心的中老年同志互相扶持的故事，以及中年同志伴侶種生因病過世後，伴侶怡謀在家屬默許下，以「義弟」身分手捧種生骨灰罈、扶旗招魂，參與喪禮。與其另兩部紀錄片——《美麗少年》（1999）、《幸福備忘錄》（2003）並稱為「同志三部曲」。

2005.1 《愛與信仰：台灣同志佛教徒之平權運動與深層生態學》（楊惠南著，商周出版）。

2005.1 墾丁男孩短篇小說集《男灣》出版（寶瓶文化）。小說中探討搖頭與轟趴文化。

2005.6 《搖頭花》（大小D著，商周出版）。身體／藥物解放不是同志的專利，在法律的禁令下，站在解放的前線卻不是人人敢於嘗試的。本書以個人經驗見證台灣在2000年初期身體／藥物解放的風潮。

2005.6.30 《男同志性愛聖經》（查理斯・西弗史坦、菲里斯・皮卡諾合著，許佑生譯，性林文化）。面面俱到、深入淺出，對同性戀生活、情欲的觀照與關懷。書中毫不避諱地將男同志的性愛方式勾勒得輪廓分明，在主流書市中尺度堪稱破紀錄。

2005.8.5 性別人權協會主辦亞洲拉子影展，這是一個跨越兩岸三地、亞太區域第一次以女同志為主的影展，本次影展共有十個國家、三十一部國際影片參展。

2005.8 《去公司上班：新公園男同志的情慾空間》（賴正哲著，女書文化），改寫自作者賴正哲淡江大學建築所碩士論文。新公園是男同志情欲地盤，儘管時代在變，新公園卻始終在那，見證著男同志的起落。內容為作者在新公園進行田野訪談寫成。

2006.1.14 台北市文化局和溫羅汀行動聯盟主辦的「溫羅汀冬墟——晴空書展／創意市集／跨界演出」分別在真理堂和耕莘文教院前廣場舉行，女書店以及同志書店晶晶書庫遭受兩教會拒絕。

2006.2.3 《皮繩愉虐邦》（皮繩愉虐邦著，性林文化）。台灣第一本由「皮繩愉虐／BDSM」實踐者自發、集體創作的社群記實與生活手冊。

2006.2.12 《慾來慾愛妳——女同志情慾筆記》出版（北極之光文化、台灣性別人權協會合著，北極之光文化）。2005年台灣性別人權協會主辦「亞洲拉子影展」，配合影展舉辦「情欲抒寫：女同志徵文比賽」，由女同志們以親身情欲經驗，書寫最直接、大膽的情欲告白。除收錄比賽二十篇得獎作品，另邀拉子作家佑希、張漠藍分享飛騰創意之外的另一個寫實生活面。

2006.3.6 導演李安以描述60年代兩位美國牛仔愛情的電影《斷背山》，奪得第七十八屆奧斯卡金像獎最佳導演。

2006.5 投身同性戀與跨性別運動者的自傳翻譯小說《藍調石牆T》再版（費雷思著，陳婷譯，商周）。

2006.10.13 有同志情節的青春電影《盛夏光年》上映。導演：陳正道，主演：張孝全、張睿家、楊淇。第四十三屆金馬獎，獲「最佳新演員」（張睿家），提名——「最佳男配角」（張孝全）、「最佳新演員」（張孝全）、「最佳原創電影歌曲」（〈盛夏光年〉陳信宏〔阿信〕詞、曲、演唱）。

2006.12.1 《擁抱玫瑰少年》（台灣性別平等教育協會策畫，女書文化）出版。由蘇芊玲、蕭昭君主編，內容包括：葉永鋕事件的歷史紀錄、曾是玫瑰少年的生命故事、教育工作者的反省。

2007.3.30 周美玲導演、編劇、描寫女同志故事的電影《刺青》上映。主演：楊丞琳、梁洛施、陳意涵、是元介、沈建宏、謝曜仲，獲2007年柏林影展「泰迪熊獎」最佳影片。

2007.12.1 同志諮詢熱線協會家庭小組出版《出櫃停看聽》（女書文化）。內容為家庭小組針對同志在家庭出櫃所面對的議題，提出實用解決建議。

2008.4 作家邵祺邁獨資創立男同志出版社「基本書坊」，為華人市場唯一專營男同志讀物的出版社。

2008.8.15 周美玲導演、編劇作品《漂浪青春》電影上映，由三段不連串但互相關連的故事構成，關注的主題包括青少女同志情欲、失智老人、愛滋感染者、式微的布袋戲班。片名原為三段故事主角名《妹狗、水蓮與竹篙》，2007年10月在台北同玩節首次播放，徵求意見後將片名更改為《漂浪青春》以符合電影所呈現的意象訴求。主演：房思瑜、趙逸嵐、王學仁、陸弈靜、徐麗雯。2008年柏林影展入圍電影大觀（Panorama）單元。

2009.6.26 張惠妹以卑南族名阿密特發行同名專輯《阿密特》，專輯中由陳鎮川作詞、阿弟仔譜曲、張惠妹及阿弟仔製作的〈彩虹〉，其中歌詞──「當天空昏暗，當氣溫失常，你用巨大的堅強，總能抵擋；當尖銳眼光，當刺耳聲響，你用彩虹的浪漫，溫柔包裝。」訴說同志面對艱困處境，心靈獲得溫柔撫慰與救贖，打動許多同志的心，成為同志國歌。後來，每當張惠妹在演唱會唱起〈彩虹〉，全場彩虹旗飄揚，同志歌迷歡呼激昂、為之鼓舞振奮。此經典畫面已成當代流行文化與同志運動緊密結合的代表。

2009.7 騷夏出版《瀕危動物》（女書文化），是繼同名詩集《騷夏》又一力作，此二書亦是台灣少數清楚標誌女同志情欲的詩集。後又出版《橘書》（2017，逗點文創結社）以及散文集《上不了的諾亞方舟》（2019，時報文化）。

2010.4 夏慕聰著、第一部華人創作的愉虐戀（BDSM）小說《軍犬》（基本書坊）出版。

2010.7 羅毓嘉詩集《嬰兒宇宙》（寶瓶文化）出版。文字秀麗，時時綻放男同志妖氣。被譽為「最被期待的年度新人」。

2010.9 林佑軒短篇小說〈女兒命〉獲《聯合報》文學獎小說大獎。小說故事觸及跨性別議題。2014年10月與其他作品結集為《崩麗絲味》（九歌）。

2010.11.1 同志諮詢熱線協會親密關係小組出版《拉子性愛寶典：女同志開心玩好健康》手冊，這是華文第一本女同志性愉悅及性健康實用手冊，由親密關係小組企畫、撰寫、插畫、攝影、排版製作，並由基本書坊贊助出版。

2010.12.25 同志諮詢熱線協會老同小組歷五年訪談、編寫出版《彩虹熟年巴士：12位老年同志的青春記憶》（基本書坊）。此為老同小組進行的老年同志口述歷史訪談計畫，邀五十五歲以上老年男同述說昔日經歷處境及生命故事。是華人世界第一本老年同志生命故事通俗讀本。

2011.4 女同志專屬雜誌《LES》創刊。創辦人、社長為王安頤。

2011.5.4 同志諮詢熱線協會性權小組出版《12P情慾相談室》（基本書坊），作者群記錄自身的青春期情欲經驗。

2011.7.9 第十三屆台北電影節設置「台北電影獎卓越貢獻獎」，首次獲頒者為李幼鸚鵡鵪鶉。獲獎原因：「近半世紀以來，李幼鸚鵡鵪鶉對電影的熱情奉獻，已超越了影評人的界域。」

2011.12.1 《我的違章家庭：28個多元成家故事》（婦女新知基金會、台灣伴侶權益推動聯盟編著，女書文化）出版。透過不同組成的家庭故事，讓讀者理解多元成家的實際樣貌。

2012.7.30 由景翔（1941-2020）寫作、發表於1964至1977年間的詩作，時隔三十多年才結集為《長夜之旅》出版（爾雅）。書中最末輯「寫詩的日子」，作者以回憶錄隨筆，將他因瘂弦鼓勵而開始創作現代詩的始末交代，與寫詩一事伴隨前進的，則是一段又一段同志愛。時間軸從大學畢業、入伍服役、退伍、初嘗同性性愛、就業、認識小說家戀人L，乃至最末因出差東京而譜出「再見二丁目」之戀——重現了台灣70年代男同志生活。

2012.7.31 台灣同志諮詢熱線協會愛滋小組改寫重新出版《男同志性愛達人手冊2012豪華全見版》，貫徹「兼顧性愉悅與性安全」的性教育理念，由義工全新策畫、編寫、拍攝、排版製作，提供男同志實用的性愛技巧及基本安全知識。

2012.8 同志諮詢熱線協會老同小組根據真人真事改編拍攝製作《其它人》短片，探討老年同志的老化、安養、長期伴侶、死亡等議題。

2012.8.3 楊雅喆編劇、導演電影《女朋友。男朋友》上映。故事以1990年野百合學運為時代背景，描寫保守壓抑的年代下的青春戀情，包括男男愛戀欲望。主演：桂綸鎂、張孝全、鳳小岳。第四十九屆金馬獎：獲獎——「最佳女主角獎」（桂綸鎂）、「觀眾票選最佳影片」；提名——「最佳劇情片」、「最佳男主角」（張孝全）、「最佳男配角」（張書豪）、「最佳導演獎」（楊雅喆）、「最佳原著劇本獎」（楊雅喆）、「最佳攝影獎」（包軒鳴）。第五十五屆亞太影展：獲獎——「最佳女主角獎」（桂綸鎂）；提名——「最佳男主角」、「最佳編劇」、「最佳錄音」（杜篤之）。

2012.10 紀大偉著《正面與背影——台灣同志文學簡史》（台灣文學館）出版。第一本台灣同志文學史。關注過往被忽略的文本，思考純文學與通俗文學間映照和互補的可能。

2013.11 李桐豪〈養狗指南〉獲第九屆林榮三文學獎．短篇小說獎首獎。藉由「養狗」暗喻如何重新建立一個新的婚姻制度，當同志組成家庭，同志婚姻爭取的究竟是什麼？此篇亦獲當年「九歌年度文選——年度小說獎」。

2013.12.9 台灣第一本由國人創作的同志家庭繪本《阿肯的歡樂之家》（女書文化）出版，作者：劉育豪，繪者：江長芳。透過一位單純細膩的小男孩，從自身經驗的觀察去認識一個男同志組成的家庭。

2014.5 同志諮詢熱線協會出版《佳節／家結愉快？——十二個月的同志子女出櫃故事》。由十七位LGBT（女同性戀、男同性戀、雙性戀、跨性別）以及愛滋感染者共同創作，包含同志子女出櫃前後故事，還有家庭小組所整理的出櫃參考守則、出櫃資源。

2014.9 第一屆台灣國際酷兒影展開跑，由台灣國際影音與教育協會主辦，杰德影音執行長林志杰、資深策展人林杏鴻共同創辦。精選LGBTQ題材電影引進台灣，隔年建立亞洲酷兒影展聯盟。

2014.11 楊隸亞以〈結婚座〉獲第十屆林榮三文學獎．散文獎首獎，此文書寫女同志暗戀異性戀女同事的心情，後收錄於《女子漢》（2017，九歌）。

2015.5 同志諮詢熱線協會家庭小組出版《櫃後人生：十二位同志父母的心情故事》，透過真實的生命故事呈現，讓同志父母心情能更被理解。

2015.9 同志出版社基本書坊社長翁喆裕（筆名邵祺邁）成立「同舟：華文LGBT文史資料搶救計畫／檔案館」。計畫蒐羅各年代華文世界LGBT個人與群體的史料，舉凡書籍、雜誌、期刊、剪報、名片、傳單、小冊、海報、標語、照片、信件、地下小報、情色刊物、醫療與民俗矯治、反同素材、各種影音紀錄、手跡、DM等，皆列為收集對象。（聯繫：culture@gbookstw.com）

2015.10.26 瞿欣怡著《說好一起老》（寶瓶文化）出版。對中老年同志來說，愛情與伴侶關係，不只是浪漫或言說而已，更大的挑戰是——說好一起老。作者面對十五年伴侶的生病，無私地揭露、紀錄過程中的擔心、恐懼、爭執、心情轉變、生命思考、體諒與陪伴。

2015.12 繼《愛的不久時》描述女同性戀與男生的異國戀情，張亦絢透過長篇《永別書：在我不在的時代》（木馬文化）將女同志成長史與台灣族群認同編織一起。

2015.12.1 徐堰鈴策畫、蔡雨辰、陳韋臻主編的《踏青：蜿蜒的女同創作足跡》（女書文化）出版。本書共分二輯，輯一從劇場出發，五位劇場人談過去一、二十年為台灣劇場圈製造各類性別麻煩。輯二描摹90年代以來的女同志文化地景。

2016.2 李屏瑤中篇小說《向光植物》（逗點文創結社）出版。小說描寫女同志愛情。

2017 杰德影音成立「GagaOOLala 酷兒線上影音平台」，提供來自世界各國的LGBTQ同志電影、紀錄片線上收看。杰德影音執行長林志杰曾創辦第一屆台灣酷兒影展，對同志影音有長期經營的豐富經驗。

2017.1.25 紀大偉著《同志文學史：台灣的發明》（聯經）出版。作者耗費二十年的研究，以「同志文學史立基於同志文學的公眾歷史」、「公眾歷史就是有別於主流史觀的另類記憶」理念，全書三十萬字完整建構台灣同志文學史的發展，也是「以文學為媒介描寫同志歷史」。本書細數一甲子的同志文學歷史，盡可能納入同一個年代內十種以上文本，呈現每一個年代的眾聲喧譁風貌。

2017.5 初版七年後，同志諮詢熱線協會親密關係小組重新出版《拉子性愛寶典 2.0》。透過群眾募資籌措出版經費，獲近八百位民眾支持。除原有內容，新增兩大熱門話題：如何克服死床、拉子約炮指南。出版理念：想談更多關於「性」的多樣性，讓想發展的人可以在安全、健康的前提下玩得愉快。

2017.9.9 由台北當代藝術館與香港驕陽基金會合作辦理的「光・合作用——亞洲當代藝術同志議題展」於台北市當代藝

術館舉行，這是亞洲地區第一個於官方美術館舉辦的LGBTQ議題主題展。集結了文化、語言、地緣和族群背景相近的香港、台灣、中國、新加坡等地，廿二組藝術家、五十一件作品，創作年代橫跨近五十年，梳理1940年後華人同志的生命史和藝術史。

2017.10 周東彥紀錄片《你找什麼》入圍第五十四屆金馬獎最佳紀錄片，也入圍第十九屆台北電影獎最佳紀錄片。「你找什麼」是男同志交友APP上常見對話，找性？找伴？該紀錄片訪談不同城市六十位男同志，探討交友軟體風行下，對男同志愛欲實踐的影響及社群文化。

2017.11 《以進大同——台北同志生活誌》（台灣文學發展基金會邱怡瑄主編，喀飛等著）出版。文訊雜誌社／台灣文學發展基金會辦理台北市文化局委託「台北同志文化地景」特展時編製的台北各類同志場域彙整，邀文壇多位作家撰稿。

2018.7.14 《誰先愛上他的》囊括台北電影節最佳劇情長片、媒體推薦獎、最佳男主角（邱澤）、最佳女主角（謝盈萱）。同年獲得金馬獎最佳女主角、最佳電影原創音樂（李英宏）、最佳剪輯（雷震卿），及入圍最佳劇情長片、最佳男主角、最佳新演員（黃聖球）、最佳新導演（徐譽庭、許智彥）、最佳原著劇本（呂蒔媛、徐譽庭）。該片探討進入異性戀婚姻男同志之妻子處境，是台灣少見的題材。

2018.9.27 《讓傷痕說話：一位精神科醫師遇見的那些彩虹人生》（遠流），作者徐志雲以台大醫院兼任同志門診諮詢精神科醫師、也是同志諮詢熱線協會長期義工經驗，用其生動、幽默文筆，勾勒存在歧視的處境下，門診所見求助同志樣貌。

2018.11.17 第五十五屆金馬獎頒獎典禮，許多出席的電影人，包括入圍者、得獎人、金馬評審，以及主持人陶晶瑩都別上彩虹徽章，表達對婚姻平權和同志的支持。以《幸福路上》拿下最佳動畫長片獎的導演宋欣穎將彩虹緞帶綁在左手腕出席領獎。以《幸福城市》奪得最佳女配角獎的丁寧在得獎感言最後表示：「我要把這個獎獻給所有的同志朋友」，引發現場歡呼。評審團在陳珊妮領軍下，更高舉彩虹旗走過星光大道。入圍七項、以同志為主題的《誰先愛上他的》是彩虹密度最高的劇組，入圍最佳新導演的徐譽庭、入圍最佳新演員的黃聖球、入圍最佳男主角邱澤，以及榮登最佳女主角的影后謝盈萱都在身上別了彩虹胸針。

2018.11.19 入圍「金馬獎最佳原創歌曲」的音樂人陳建騏，原計畫得獎時公開自己廿六歲向父母出櫃過程，藉以呼籲大家在公投時支持同婚、支持同志。當時雖未得獎，陳建騏仍將「感言」在臉書貼出，等於公開出櫃。

2018.12.10 同志紀錄片導演、資深同志運動參與者陳俊志，因心因性休克過世於家中。

2018.12.26 天后蔡依林發表第十四張專輯《Ugly Beauty》，其中歌曲〈玫瑰少年〉以「葉永鋕事件」為靈感，由蔡依林和五月天陳信宏（阿信）共同作詞，陳怡茹歌詞協力，蔣行傑和蔡依林共同作曲。2019年6月29日，歌曲〈玫瑰少年〉獲第三十屆金曲獎年度歌曲獎。蔡依林憑藉在華人流行文化的巨大影響力，多次為LGBT群體發聲，2015年11月邀導演侯季然拍攝包括葉永鋕篇的《不一樣又怎樣》系列紀錄片，在「Play世界巡迴演唱會」每一場播放。

2018.12.27 大學參與同志運動，中年投身小農的陳怡如以散文集《泥地漬虹》（大塊文化）描繪出櫃同志與原生家庭的互動，女同志社群渴望成為母親的現況，多元成家的組成與離合。

2019.9.17 唱片界天王天后推手蔣承縉出版《禮悟：在脆弱的盡頭，看見生命出口》（時報文化），張惠妹、曲家瑞、陳鎮川、蔡依林、蔡康永專文推薦。書中細數同志生命的心路歷程，以及面對十六年伴侶遭逢意外變成植物人的人生逆境故事。

2020.2.27　由楊曜愷執導、編劇、描寫香港老年男同志故事的電影《叔．叔》於台灣上映，華文世界首見以老年男同志為主題的電影。故事取材自香港大學社會學系副教授江紹祺所著《男男正傳：香港年長男同志口述史》（2014.5）。第五十六屆金馬獎《叔．叔》入圍五項獎：最佳劇情長片、最佳男主角（袁富華、太保）、最佳女配角（區嘉雯）、最佳原著劇本（楊曜愷），並入選第七十屆柏林影展電影大觀單元。

2020.5.30　沃時文化舉辦「女同志數位資料庫」說明會。廣邀有興趣的朋友參與女同志文史資料庫的打造。

2020.6.3　擁有178萬粉絲的YouTuber「黃氏兄弟」中的弟弟黃挺瑋（二十四歲），遭《鏡週刊》報導其私生活強迫出櫃，引起眾多粉絲及其他YouTuber群起譴責。黃挺瑋在頻道直播時call out母親出櫃，過程中，因害怕母親不能接受而痛哭，母親反而安慰他。這段直播呈現公眾人物同志在出櫃過程的恐懼、擔心，和出櫃後得到母親接納，成為一次難得的、對網路世代進行的同志教育。《鏡週刊》於隔日發聲明、撤稿、道歉，後來請台灣同志諮詢熱線協會為編採同仁進行同志教育。

2020.9.30　柳廣輝執導、瞿友寧編劇的電影《刻在你心底的名字》上映。描寫80年代後期，解嚴前後的台灣校園，兩位高中男生愛戀糾葛的愛情故事。主演：陳昊森、曾敬驊。台灣影史首部票房破一億元的同志題材電影。第五十七屆金馬獎：獲獎——盧廣仲所唱主題曲〈刻在我心底的名字〉獲「最佳原創電影歌曲」、「最佳攝影」（姚宏易）；提名——「最佳男配角」（戴立忍）、「最佳新演員」（陳昊森）、「最佳原創電影音樂」（侯志堅、黃雨勳）。

2020.10　同志諮詢熱線協會老同小組出版 《阿媽的女朋友：彩虹熟女的多彩青春》（大塊文化），歷經八年、訪談十七位五十五至八十三歲熟年女同志。本書獲網路閱讀媒體「Openbook閱讀誌」之「2020生活類年度推薦好書」。

2020.10.7 繪本《我有兩個媽媽》（小光點）出版，作者：劉育豪，繪者：劉宗瑀（小劉醫師）。這是第一部探討同婚家庭的議題繪本，用故事輕鬆教孩子，學習尊重與包容。開啟社會上多數人對同志家庭的瞭解與對話，讓多元家庭型態的孩子也能自在生活。

2020.11.21 探討同志、安樂死、收養等議題的電影《親愛的房客》（導演：鄭有傑，監製：楊雅喆、鄭有傑），獲金馬獎最佳男主角（莫子儀）、最佳女配角（陳淑芳），入圍最佳原著劇本、最佳劇情片、最佳導演（以上三項入圍者為鄭有傑）。

2021.3.19 周美玲導演電影《愛．殺Wrath of Desire》上映。主演：陽靚、翁嘉薇、徐宇霆、陳俋君，特別演出：黃尚禾、 嚴藝文、方文琳。劇情涉及性虐題材的情欲驚悚電影。

2021.4.18 周美玲編劇、執導的電視電影《弓蕉園的祕密》於公視台語台首播。70年代大學校園一對女同志戀人，因支持黨外運動參與美麗島事件，遭遇校園監控迫害的白色恐怖時代故事。主演：陳妤、劉倩妏、陳慕義、孫綻、徐宇霆、翁嘉薇。

2021.4.29 花蓮太魯閣族作家Apyang Imiq（程廷）出版散文集《我長在打開的樹洞》（九歌），書寫自己重回部落，向爸媽和族人出櫃，面對文化傳承與身分認同的歷程。

2021.5.7 描寫台美跨國同志家庭生活的《兩個爸爸》（遠流）出版。在十八歲混血孩子出櫃後，作者陳子良、陳海思鐸不只是同志夫夫，也是同志的家長。

2021.8 周東彥作品、超限制級VR（虛擬實境）短片《霧中》，入選威尼斯影展VR非競賽單元「特別選映」。透過VR將觀眾帶到男同志三溫暖，讓觀影者如置身其中，探討欲望各種面向。

二、法律／政治／人權／愛滋

1986 祁家威與同性伴侶到法院結婚被拒。轉向立法院請願，立法院的答覆為：「同性戀者為少數之變態，純為滿足情欲者，違背社會善良風俗。」

1986.2 台灣發現首樁本土AIDS案例，於一個月後死亡（首例死亡）。

1986.3 公開以同性戀身分擔任愛滋防治義工的祁家威召開記者會，呼籲「圈內人」勇於接受血清檢驗。

1987.9 台灣師大美術系三年級的田啟元，上成功嶺參加大專暑訓時愛滋病發，向軍方坦承感染，退訓後台灣師大企圖強迫其退學。1988年9月台灣師大在教育部和衛生署壓力下決議讓田啟元以函授方式復學，畢業後不得分發。

1989.9 國防部進行役男全面篩檢HIV，未當兵感染者免役，已當兵感染者驗出立即退役。

1990.12 《後天免疫缺乏症候群防治條例》公布施行，明訂追蹤調查、強制隔離、強制「免費」治療等處置措施，並視感染者為「意圖傳染於人」的準嫌疑犯。

1991 任期最長的衛生署長張博雅發表〈對抗愛滋：告全國公開信〉，以道德口吻告誡全民警惕。在她七年任內印製超過三百萬份印有「一旦得（愛滋）病，除了不幸被迫感染外，如為自作孽者，將會是失去尊嚴，活得痛苦，死得難堪又難看」等歧視文字的單張宣導品。以汙名感染者進行的恐嚇式公衛教育，對於台灣廿多年來的感染者處境造成深遠的負面影響。

1992.3 《台視新聞世界報導》記者璩美鳳與攝影記者潛入女同志酒吧偷拍，並以移花接木手法報導某女歌手為同志，引起軒然大波。「我們之間」發表聲明譴責台視新聞的欺騙手法與偷窺行徑。媒體人馮光遠發起藝文、傳播界連署，並發表〈尊重同性戀的一封信〉公開聲援。新聞評議會決議台視報導不當，台視表示「遺憾」並願意和解。

1992.5 立法院通過將愛滋病正式列為「法定傳染病」。

1992.8 愛滋服務團體「誼光義工組織」成立並舉辦第一屆義工大會，由愛滋防治醫療人員及感染者共同籌辦，為「誼光愛滋防治協會」前身。

1992.9 衛生署公告九類人員強制接受愛滋病毒篩檢：從事色情行業者，嫖妓者，毒品施打、吸食或販賣者，監所受刑人，性病患者，血友病患者，同性戀者，外籍勞工以及役男。拒絕檢驗者可處三萬元罰鍰。邊緣主體成為監控對象。

1992.12 婦女新知基金會愛滋工作小組舉辦「檢視台灣愛滋環境」立院公聽會，批判官方防治政策，並代讀愛滋小團體Speak Out（成員包括田啟元）與台大學生組織Gay Chat的聲明。另外，Speak Out 也透過網路發信向國際同性戀人權協會抗議台灣政府歧視愛滋病患。

1993.3 台灣首座「愛滋病患中途之家」由楊捷出資成立。

1993.12 針對立法院待審的《反歧視法》草案未列入保障同性戀權益條款，我們之間、亞洲女同志聯盟（ALN）、台大男同性戀社、同志工作坊、愛福好自在報、AIDS中途之家、Speak Out在立法院共同舉辦「同性戀人權公聽會」，並發表聲明，敦促社會重視同志人權。主辦為立委顏錦福辦公室，這是台灣第一次在立法院內討論同性戀人權議題。會後「同志工作坊」出版並發行《反歧視之約》。

1994.4 衛生署推出文宣，感染者林建中以真實身分發表公開信。

1994.5 中華民國預防醫學學會——希望工作坊正式成立。

1994.7.26 祁家威按鈴申告兩位感染者與人發生性行為，引發輿論聲討。韓森等數十位感染者發表聲明抗議，包括中華民國預防醫學會、希望工作坊、婦女新知基金會、希望工作坊帶原者團體、Speak Out、台灣人權促進會、愛報、女性學學會、台灣社會研究季刊等超過三十三個民間組織共同連署譴責。葉菊蘭立委辦公室、預防醫學會、誼光義工組織、希望工作坊、婦女新知在立院舉辦「帶原者不是罪犯，沒有歧視的愛滋防治公聽會」。《婦女新知Awakening》刊物147期（1994.8）製作二十五頁專題報導此事。

1994.8 澎湖學童因接受輸血感染愛滋，引起居民不安，該學童的全班同學轉學。

1994.12 衛生署於世界愛滋病日推出對感染者充滿歧視的口號「家中有愛，愛滋不在」，高舉家庭婚姻性道德防治愛滋。

1994.12 希望工作坊於士林雨農橋舉行第一個半公開悼念愛滋亡者的放水燈活動。

1995.3.25 由「同志工作坊」發起，組織同志團體及台大、政大、東吳及新竹地區同性戀社團，首次走上街頭，抗議台大公衛所教授涂醒哲在研究報告中醜化同志。

1995 「同性戀人權促進小組」成立，討論同志議題，爭取同性戀婚姻合法權。

1995.6 第一個現身媒體的愛滋患者林建中的自傳《這條路上》出版。

1995.10 民間邀請NBA職籃巨星、也是公開出櫃感染者「魔術強森」訪台，衛生署長張博雅主張不准入境，她認為沒必要讓這種「行為不檢」的人來台宣導愛滋。

1995.12 國內首度「愛滋被單展」由「希望工作坊」自美國引進，與國內二十餘幅被單在台北中正紀念堂廣場展出。應主辦單位邀請，田啟元編導以愛滋紀念被單為主題的劇作《波光粼粼》批判官方政策。

1995.12 愛滋運動者韓森傳記《愛之生死：韓森的愛滋歲月》（廖娟秀著，新自然主義）出版。

1995.12 衛生署長張博雅在審議《後天免疫缺乏症候群防治條例》時表示，個人若因不當性行為與靜脈毒癮感染愛滋，國家將不提供全額醫療費用。

1995.12 立法委員選舉，同志社團及台大外文系副教授張小虹組成「選舉觀察團」，對台北市候選人發出同志政見問卷，並召開記者會公布候選人回覆。

1995.12 台北市南區立委候選人莊松富以同志身分參選（得票數468票）。

1996.8.29 小劇場鬼才、「臨界點劇象錄」編導田啟元因愛滋病過世。

1996.12 一群頭綁白頭帶的感染者參加世界愛滋病日放水燈活動，控訴國家拒絕引入新的治療藥物，導致一位朋友回天乏術，並強烈抗議張博雅要高風險族群額外負擔醫療支出的提議。

1997.2.23 「第二屆彩虹情人週」因台北市政府跳票而取消，「同志公民行動陣線」舉行記者會譴責市府及市長陳水扁。僅「第二屆同志夢中情人票選」如期舉行，並在台大校門口舉行「同志嘉年華抗議舞會」。

1997.4 衛生署採購何大一博士所創的「雞尾酒式療法」治療藥物。

1997.7.30 台北市爆發「常德街事件」。十五名荷槍員警對常德街展開大規模攔街臨檢，將四、五十名民眾強行帶回警局拍照。「同志公民行動陣線」成立專案小組，緊急連署抗議、訪談當事人記錄事件真相，並舉行「誰的治安？誰的人權」座談會。十月號《G＆L熱愛》雜誌刊出事件完整紀錄。原答應在立法院舉辦公聽會的立委，在舉辦前一天通知同志團體，以「治安不佳，辦公聽會恐引起基層反彈」為由取消。

1997.9 「台灣露德協會」成立。前身為天主教仁愛修女會附設的「露德之家」，結束三十七年的孤兒收容服務，轉型為專門服務愛滋感染者的單位。

1997.11 由韓森發起的「愛滋感染者權益促進會」（權促會）成立，是台灣第一個由愛滋感染者與家屬朋友發起的非營利自助團體。除了爭取愛滋感染者權益，更以社會倡議與政策研究為發展目標。

1997.12 《後天免疫缺乏症候群防治條例》修法通過，增訂感染者隱私與人格保障條文以及意圖傳染罪之未遂犯處罰。

1998.8 女同志酒吧「音樂酒館」遭《華視夜間新聞》的「新聞特搜隊」單元以隱藏式攝影機偷拍。「我們之間」發起抗議連署，引發熱烈迴響，共有一千多人連署響應，並在報紙上引發廣泛報導。

1998.9 南台灣舉辦首場公開「同志跨界」GayNight舞會暨「同ㄒㄧㄤˇＧ式會社」成立，「我們一家都是Ｇ」兩週年慶祝活動，邀集同志運動人士發起全國第一場市長候選人同志政策廣播辯論會，呼籲高雄市長及公職候選人重視同志人權及政策。

1998.11.21 台北西門町男同志酒吧TATTOO發生同志情侶吵架後，其中一人墜樓身亡，引發新聞媒體連續三天大篇幅炒作，以窺奇式手法負面報導。針對媒體偏頗報導，11月23日同志諮詢熱線發表聲玥，提出三點呼籲：一、同性戀不是問題，不會處理感情才是問題；二、不要讓一個同性戀的死亡，造成更多同性戀的壓力；三、不要以為你批評的同性戀，就不是你的孩子。

1998.11.30 由同志團體及關心同志人權人士組成的「1998選舉同志人權聯盟」，公布「同志人權宣言」邀三黨台北市長候選人簽署結果：國民黨馬英九及民進黨陳水扁簽署支持。新黨王建煊以宗教理由拒絕，公開發言反對同性戀。

1998.12.12 為扭轉TATTOO墜樓事件的媒體汙名，同志諮詢熱線邀學者及關心同志權益人士舉辦「是誰殺了同性戀座談會」。並全面檢視主流教育體系教材及市面上廣為流通出版品中提及同志的書籍，對常發表有關同志偏見、否定青少年同志存在正當性的「偽專家」觀點提出回應及澄清，整理成《是誰殺了同性戀座談會手冊》。

1998.12.20 警察以臨檢之名闖入台北市重慶南路AG健身房，強迫被臨檢者拍攝猥褻照片企圖製造偽證。同志社群緊急動員前往聲援。AG員工張座誠教練以證人身分被徹夜留置警局，堅持拒絕簽署不實筆錄。2000年2月，AG健身房事件被告初審獲判無罪。檢察官提起上訴。6月28日高院撤銷檢察官上訴，正式結案，被告三人維持原判無罪。

1999.1 露德協會設置專屬感染者聯誼的「露德聯誼中心」啟用。

1999.9 「愛之希望協會」成立，為南台灣第一個推動愛滋病防治的團體。前身為柯乃熒於1994年成立的「希望工作坊南部工作室」。

1999 以關懷及照顧愛滋病患者、喚起社會對愛滋病認識為宗旨的「中華民國台灣懷愛協會」成立。

1999 注射遭HIV病毒汙染的凝血因子而感染的五十三位受害者組成「中華浮木濟世會」。2007年更名為「台灣血友病浮木濟世會」。

1999.11 男同志酒吧Corner's持續一個月被警方密集惡意臨檢，警方明言要以臨檢施壓至該pub停業，同志諮詢熱線、Queer'n Class關注聲援。

1999.11 東森電視台《驚爆內幕》節目未經作者同意，擅自盜用同志紀錄片《美麗少年》畫面，製作一集充滿扭曲及負面報導的同志專題，讓影片中的少年身分曝光，並以針孔攝影機偷拍數家同志酒吧。導演陳俊志正式按鈴控告東森侵犯智慧財產權。

2000.2.14 正副總統候選人許信良、朱惠良發表同志權益相關政見，並由陳文茜、朱惠良在新公園舉辦女同志婚禮，表達對同志權益的重視。

2000.4 露德協會陸續展開感染者定期聚會的各類支持團體暨成長活動。

2000.9.4 總統陳水扁接見來台參加「台北同玩節——同志國際論壇」兩位美國資深同運人士：南・杭特（Nan Hunter）和麥可・布朗斯基（Michael Bronski）。台灣同志社群代表王蘋、喀飛陪同出席，向總統提出「安全和人權」、「教育人權」、「平等工作權」、「總統帶頭示範對同性戀的尊重」等同志基本人權四大要求。總統表示「非常同意」。這是台灣總統首次接見同志運動人士，並公開表示「同性戀不是罪，也不是疾病」。

2000.9.8 台灣同志諮詢熱線協會加入「國家人權委員會民間團體推動聯盟」，與其他人權團體、社會團體共同推動國家級人權保障機構。

2000.12.9 針對總統府將在世界人權日舉行首屆「人權婚禮」，限一男一女排除同性伴侶參與，婦女新知基金會、我們之間、台灣人權促進會、同志諮詢熱線協會、女學會、台大男同性戀社等組織舉辦「人權婚禮先修班——誰的婚姻？誰的人權？」記者會，呼籲新政府如果真的想在婚禮中落實人權，應該讓同性戀者有權結婚，讓離婚者不受歧視，更應關心東南亞等外籍新娘與大陸新娘在婚姻中遭受壓迫的狀況。台權會祕書長顧玉珍表示，離過婚的和同性戀都無法參加，這樣的人權婚禮有極大排他性，其實很不人權，而外籍新娘在婚姻中所遭受的性別壓迫，更值得社會關心。

2001.1 台灣人權促進會出版《2000年台灣人權報告》，邀請同志團體代表王蘋、喀飛撰寫同志篇，首度將同志人權列入台灣年度人權報告。

2001.1.26 大年初三深夜晶晶書庫被砸磚塊，同志諮詢熱線發起連署，五十多個團體、三百多位個人參與連署，2月18日舉行點燈活動，為晶晶書庫打氣及聲援。

2001.2.6 台北景美發現丟棄皮箱內裸屍，死者為台北大學學生，法醫證實窒息致死，死者身上發現他人體液，警方朝向同志殺人事件辦案。直到3月3日破案前，近一個月，媒體大篇幅報導此箱屍案。每日謠傳各種臆測案情，媒體對傳言涉案人士或地點，追逐拍攝，報導宛如小說情節，將同志交友及性愛，誇大渲染描寫。2月8日同志諮詢熱線協會和性別人權協會發表「讓事件回歸事件，莫倒果為因，汙名同性戀」聲明，呼籲「社會和媒體在事實查明前，不應妄加議論及猜測，對當事人和家屬將造成困擾或傷害」、「不應以性傾向的不同，誇大交友危險」、「性傾向不是錯誤也不是罪，社會事件發生，不應把錯誤歸結到是性傾向所造成」、「對同性戀進行窺密式渲染報導，強化對同性戀負面印象」。

2001.4 露德協會協助南部地區定期舉辦愛滋病友支持團體。

2001.4 台灣性別人權協會與妓權團體日日春關懷互助協會共赴內政部，抗議要求廢除罰娼條款，為性別團體與性工作權益團體合作的開端。

2001.11.27 包括熱線、性權會以及台北、台中、新竹、台中、彰化、南投、高雄等地合計四十四個同志團體／單位及關心同志人權人士組成的「2001立委選舉同志觀察團」，根據發送給候選人問卷回覆，以及過去關心同志人權狀況，舉行記者會推薦四個選區十一位立委候選人。這次選舉有兩位以同志身分參選的候選人：陳文彥（台北市第二選區，得票數449票）、詹銘洲／景巖（高雄市南區，得票數298票）。

2001.12.14 司法院大法官會議發布釋字第535號解釋文，明確指出警察不得不顧時、地及對象任意臨檢。對長期遭受警察惡意臨檢的同志社群而言，是保障基本人權的一項重要宣示。喀飛投書《中時》民意論壇分析此次釋憲對同志人權的影響。次年通過《警察職權行使法》。台北市過去常發生同志場所遭警方惡意臨檢的事件受影響而鮮少再發生。

2001.12.31 同志諮詢熱線、性別人權協會、愛滋感染者權益促進會召開「同志打破沉默，抗議國家疾病管制局錯誤的愛滋防治政策」記者會，批判國家疾病管制局誤用數據汙名同志射群，影響愛滋防治工作。

2002.5.2 國防部公布「憲兵兵員甄選實施計畫」，明訂同性戀者不能擔任憲兵勤務，引發違反人權爭議；四十多個同志團體代表聚集博愛特區國防部前抗議。國防部派出代表接見，給予正面回應，立即修訂此一排除條款。

2002.7.12 跨性別者蔡雅婷申請身分證，要求使用女裝照片，遭戶政機關拒絕。

2002.8.13 健保局在未徵得個人同意情況下，擅將個人就診資料登錄於IC卡，引發弱勢社群擔憂，害怕個人就醫紀錄暴露將影響就醫或工作權。「全民個人資料保護聯盟」成立，由台權會、性權會、熱線、權促會、導航基金會等團體發起、五十六個民間團體組成。透過記者會、公聽會及社會行動喚起台灣社會重視個人資料保護，並要求政府不應隨財團起舞而犧牲人民權利。

2002.8 台灣同志人權協會等團體連署成立「還我粉紅身分證——跨性別權利聯盟」，呼籲社會尊重跨性別者的性別選擇權與聲音。

2002.11.18 王蘋以長期推動性別（女工、性別、性傾向）運動的社會運動者身分，獲頒台北市第十一屆榮譽市民。

2002.11 日日春協會祕書長王芳萍參選台北市議員選舉，主張：性工作合法、反對性／別歧視運動。性別人權協會、同志諮詢熱線共同策畫性工作者與LGBT同志彩虹花車遊行，沿街拜票爭取支持。

2002.12.9 性別人權協會祕書長王蘋與同志諮詢熱線常務理事李明照，參加總統府「人權茶話會」，當面向總統提出政策建言。

2002.12.28 性別人權協會、台灣TG蝶園、同志諮詢熱線和日日春關懷互助協會，共同舉辦記者會公布2002年十大違反性權事件，包含性權、性工作人權、跨性別人權與同志人權等議題。

2003.2 露德協會台中辦公室開幕，關照中部地區愛滋暨藥癮社群。

2003.3.30–2003.4.6 性別人權協會與國際男女同性戀人權委員會（IGLHRC）共同主辦「性別人權運動組織訓練營」，共有十個運動團體、四十九人參加。

2003.4.26 因中央大學性／別研究室動物戀網頁事件，性別人權協會等團體舉辦「性恐慌之下的學術白色恐怖」座談會，探討性別運動的開展、學術研究的深廣化、網路空間弱勢議題的資訊流通自由的重要性。主辦團體包括：性別人權協會、台灣人權促進會、日日春關懷互助協會、台灣同志諮詢熱線協會、愛滋感染者權益促進會、高雄女性行動協會等。

2003.5.14 「破蛹成蝶——林國華追悼會」，在林國華自殺死亡頭七舉辦，由台灣TG蝶園、性別人權協會、台灣同志諮詢熱線協會、中央大學性／別研究室發起，悼念承受社會壓力與歧視的變性人林國華。

2003.6 一一個保守團體召開記者會並聯名向台北地檢署告發中央大學教授何春蕤動物戀網頁散布猥褻，引發學術自由對話討論。

2003.6.19 陳俊志導演與民間司法改革會共同呼籲，正視同志家暴事件，應將其納入家暴法保護範圍。

2003.6 楊捷（婕妤）成立「關愛之家協會」，經營愛滋病患的中途之家。2011年成立「關愛之家基金會」。在長照安置機構至今仍普遍不接納感染者入住的環境下，關愛之家仍是台灣照顧最多失能感染者的照顧機構。

2003.9.1 同志書店「晶晶書庫」遭檢察官不當搜索、查扣各種合法男體雜誌五百多冊。

2003.11.28 台北市兩平會裁定首宗性傾向歧視案成立，認定性傾向的歧視也屬於性別歧視，雇主認為員工「不男不女」而解雇，是為性別歧視，雇主依法要受罰。

2003.12.5 中央大學教授何春蕤，於性／別研究室網頁設置動物戀網頁連結，遭台北地檢署依妨礙風化罪嫌起訴。

2003.12.7 時任副總統的呂秀蓮在總統府前參加「愛滋病防治成果博覽會」與部會首長撕下標籤紙，響應聯合國「無標籤、去歧視」理念。諷刺的是，在這樣的場合，呂秀蓮卻說：「有人說，愛滋病之所以蔓延，是老天爺看不下去了，覺得不來一個天譴，人之異於禽獸者幾希……」「的確是好好反省性氾濫的時機。」呂秀蓮建議衛生署：「應該在北、中、南設置愛滋村，給予人性化照顧。」歧視說法引起社會譁然。隔日，愛滋感染者權益促進會等十五個愛滋及人權團體連署抗議，要求呂秀蓮道歉。這新聞也在當年年底，被愛滋團體票選為年度最歧視新聞第一名。

2003.12.9 台灣同志人權協會公布「台灣同志權益政策問卷調查」，近四成的同性戀者曾親身遭受人權侵害及歧視，最常發生的場所分別是校園、家庭和工作職場。

2003.12.11 跨性別運動伙伴蔡雅婷自殺身亡。

2003.12.18 立法委員侯水盛發表歧視同志言論——「同志下不了蛋，產不了子，同志結婚將導致台灣亡國（同志亡國論）」，引發同志團體強烈不滿，赴立法院及民進黨中央進行抗議。

2004.1.13 晶晶書庫進口男體寫真書，遭「查扣相關猥褻刊物」偵結，負責人賴正哲被依妨害風化罪嫌起訴。在同志團體聲援下舉行「誰怕男體寫真」記者會，創下台灣司法首例，針對法院聲請「異性戀法官迴避」與「百名同志鑑定」。晶晶書庫、性別人權協會、台灣同志諮詢熱線、反對假分級聯盟等團體於3月共同舉辦「《天邊一朵雲滿天都是鳥》晶晶書庫男體雜誌猥褻？」記者會抗議。

2004.1.17 警方荷槍實彈帶大批媒體進入台北市農安街一處男同志性愛派對，帶回九十三名參與者進行驗尿、驗血。現場禁止當事人穿衣，刻意讓參與者僅著內褲被媒體拍攝，隨後台灣媒體連續一週以大篇幅聳動報導。一星期後公布，參加者中驗出二十八名愛滋感染者。1月20日衛生署長蘇益仁開記者會公布名單，依《愛滋防治條例》第

15條將二十八人移送地檢署偵辦。三個月後過空窗期二度檢驗，並無人因這次派對成為新增的感染者。檢方經數月調查，認定無法證明這二十八名感染者有隱瞞及散播愛滋病毒之嫌，以罪嫌不足，簽結全案。愛滋權促會針對衛生署移送愛滋感染者，發表聲明質疑，衛生署比對感染者列管名單與參與派對者名單，無異於帶頭侵犯感染者隱私。也質疑派對參加者使用保險套進行安全性行為卻被起訴，衛生署無異自打嘴巴。嚴正反對衛署將參加派對的愛滋感染者提出公訴。

2004.1.17 針對農安趴事件，台灣同志諮詢熱線協會當夜發表四點聲明：一、呼籲社會不應未審先判；二、對警方違反偵察不公開通知媒體拍攝現場，企圖藉媒體及大眾公審派對參與者表達遺憾；三、對媒體報導中刊出，強拍裸照等不當行為，感到憤怒及不安；四、警方拘捕時採取戴口罩、手套方式，是對愛滋病不瞭解，以及對愛滋感染者嚴重歧視。3月23日熱線及台大、中央、暨南、輔仁、東吳、佛光、玄奘和台北大學等學生社團，舉行「我們都在轟趴——正視性多元與藥物文化」記者會。批判警方和衛生署處理事件時，利用大眾對愛滋病友、同志和嗑藥文化的不瞭解，遂行對當事人歧視，嚴重侵犯人權。熱線並結合十多個學生社團成立「轟趴校園工作小組」，到各大專院校展開轟趴座談。 3月28日熱線舉辦「搞轟趴不搞破壞——從農安趴檢視人權侵害」座談會。

2004.4 高雄餐旅學校拒愛滋感染者入學，衛署表示違法必須懲處。

2004.5.15 姊妹電台《拉子三缺一》節目中播放女同志叫床情節，遭新聞局罰鍰。性別人權協會召開記者會聲援，批新聞局情欲白色恐怖，性別人權反挫。

2004.6.7 性別人權協會獲國際男女同性戀人權委員會（IGLHRC）頒發同志人權獎——菲力帕獎（Felipa A ward）。

2004.8.6 三立電視台以偷拍手法及偏頗詮釋報導女同志，引起同志及人權團體發起網路連署，並赴三立電視台抗議。

2004.9.8 台灣人權促進會、民間司法改革基金會、性別人權協會舉辦「拒絕白色恐怖再現，回歸兒少29條立法原意記者會」關注《兒童及少年性交易防制條例》（簡稱：兒少條例）29條的不明確，不論當事人是否有性交易意圖、是否有實際性交易，只憑網路留言、進行無限上綱言論審查，侵害人權，呼籲社會關注警察濫權進行網路釣魚對人權侵害（《兒童及少年性交易防制條例》2015年改為《兒童及少年性剝削防制條例》）。

2004.10.12 台北市政府市政會議通過《台北市兒童及少年寄養家庭管理自治條例》，條例規定具有一定經濟能力與照顧經驗的單身人士、單親家庭、同志等，皆可申請成為寄養家庭。本案將送台北市議會審議。

2004.11.5 為了北上參加遊行，南台灣同志社在4日於高雄「解放」餐廳召開行前記者會，未料引來警政單位的關切，高雄警方多次以突擊檢查為名，搜查同志餐廳，強行將一名同志扣上手銬及腳鐐帶回警署，途中甚至毆打他，引發同志團體到警政署陳情，抗議高雄警方「非法臨檢並以暴力抓人」。

2004.12.9 教育部公布「各級學校防治後天免疫缺乏症候群處理要點」，並從即日起生效，學校不得藉故要求感染愛滋的師生退學、轉學、休學、退休、離職、不得到校，甚至對其記過等處分。

2004.12 針對台灣《出版品及錄影節目帶分級辦法》上路，性別運動團體、學界、校園社團、出版社等組織共同組成「反對假分級制度聯盟」，發起連署抗議，要求維護出版、言論、創作及閱讀自由。

2005.2 《後天免疫缺乏症候群防治條例》第7條修訂通過，愛滋治療費用離開全民健保給付範疇，改由衛生署公務預算支應。

2005.3.22 致力愛滋防治的「財團法人台灣紅絲帶基金會」成立（創辦人涂醒哲）。目前經營「紅樓部屋」、「風城部屋」、「諸羅部屋」。

2005.4.13 立委侯水盛等人連署推動《後天免疫缺乏症候群防治條例》修法，刪除法中明文保障愛滋感染者就學、就業、就醫的規定。引發權促會、台權會等廿多個民間團體不滿抗議。

2005.4.30 包括同志、跨性別、婦女等人權團體在立法院舉辦「正視多元性別特質，修法保障工作權益」聯合記者會，希望《兩性工作平等法》納入「性傾向或性別特質」工作權保障。

2005.5.17 國際反恐同日，同志諮詢熱線協會、性別人權協會晚間在台北市二二八公園門口舉行「卸下畏懼，迎向彩虹燭光」活動，藉由同志、同志家長分享心情，與社會對話，呼籲大眾瞭解同志，卸下因誤會產生的恐懼。

2005.5.31 「晶晶書庫」男體寫真案官司纏訟兩年，一審宣判，負責人賴正哲遭判有罪，引發同志社群以及同志文化學者聲援抗議。

2005.6.13 姊妹電台情人節晚間播出女同志主體發聲節目《拉子三缺一》而受罰，提起行政訴訟獲判無罪，電台偕同立法委員及民間團體、司法與媒體改革學者共同舉辦「叫春無罪」記者會。

2005.7 收容二十二名愛滋病友及感染者的關愛之家，搬進台北市文山區興隆路三段一處民宅，遭附近居民以擔心傳染愛滋病為由，要求須盡速遷離，否則不排除發起大規模抗爭活動。

2005.8 第一本同志團體出版的男同志性愛安全手冊《男同志性愛達人・完全做愛手冊》（同志諮詢熱線協會愛滋小組編著，台灣同志諮詢熱線協會出版）。愛滋小組翻譯參考自英國愛滋團體手冊，加上台灣愛滋防治實務工作經驗為基礎編製，以生動活潑插圖和簡潔文字，介紹實用的男同志性愛技巧與安全性知識。

2005.8.17　「婦女團體溝通平台會議」舉辦「破解傳統家庭差別待遇——多元家庭的修法觀點座談會」，會中提出「多元家庭」觀點，並刊登於第60期《律師月刊》。

2005.9　露德協會舉辦以感染者為主體的「國際快樂生命感染者大會」。此後每兩年固定舉辦。

2005.9　一群同志朋友到宜蘭大溪蜜月灣參加海灘派對，其中兩名男同志在接吻時，突遭現場陌生群眾以石頭丟擲攻擊流血受傷。警方到場時，攻擊群眾依然以髒話叫囂，但警方卻是以消極態度處理，要求受害者找出「哪一塊石頭砸的？」「把砸的人找出來」。

2005.9.19　衛生署公布「捐血者健康標準」草案中，將男性間性行為者、性工作者列為「永不得捐血」名單中，包括性別人權協會、台灣同志諮詢熱線協會、日日春協會，以及中華民國愛滋感染者權益促進會前往衛生署表達抗議，演出「捐血救人、無關性向」行動劇表達不滿。

2006.3　民間司法改革基金會雜誌《司改雜誌》第60期，首度以同志做為主題。

2006.3.22　《家暴法》通過修法，將同志納入適法對象。同年台北士林地方法院做出第一起同志家暴的判決。

2006.3.24　立法委員蕭美琴舉辦「同志婚姻是否合法化？」公聽會，邀請內政部戶政司、教育部性別平等委員會、法務部，與民間團體對談。

2006.6.27　經三年纏訟，晶晶書庫因販售男體寫真集，負責人賴正哲遭判刑定讞，二十多個團體連署並前往司法院，要求大法官會議解釋《刑法》第235條。連署團體認為，該項判決戕害同志和成人情欲閱讀權，聲請大法官解釋，要求明確定義「猥褻」。

2006.7.11 二十八個民間團體針對《刑法》235條、分級制度以及夏潔專案，舉辦「保魚反夏潔——穩潔亮晶晶工作坊」，教導民眾及租書店家如何防止警察釣魚。

2006.8.26 同志父母團體發表「我們是同志的父母，勿用歧視言論傷害我們的孩子」聲明。對於勵耿桂芳、雷倩、賴士葆等民代與部分宗教界人士召開記者會反對台北同玩節，「再次用刻板及不正確的言論數據，造成社會大眾對於同性戀的誤解」表達憤怒與不捨！聲明中並主張「不只是台北市政府應該主動辦理讓市民瞭解同志的活動」，也要求中央政府「盡速通過同志結婚權」。這是同志父母團體首次在同志公共議題上公開對社會提出聲明。

2006.10.11 由立法委員蕭美琴、余政道、林淑芬、鄭運鵬四人提案，三十五位立委連署的《同性婚姻法》草案正式送進立法院。後來遭到賴士葆等立委連署反對排入審議。「同志婚姻權」、「伴侶權」等議題再度掀起社會對話與辯論。

2006.10.12 台北地方法院判決社區有權依據規約，驅逐收容愛滋患者的「關愛之家」。愛滋感染者權益促進會發表「合法排斥？這就是歧視！」聲明，多個愛滋、性別、人權團體參與連署，聲明中關切此項判決將對愛滋人權、族群平等與司法正義等價值產生強大挫傷。2007年8月高等法院認定對愛滋病患者的安養、居住不得有歧視，改判關愛之家不必搬遷，全案定讞。

2007.1.17 嘉義協同高中一名任教十七年的老師Jenet，在即將進行男變女變性手術前，校方以「會汙染學生心靈」為由，要求他離職，Jenet拒絕後，學校逼他須以男裝在校活動。對於Jenet老師將動手術變性，他的妻子和子女都支持他，面對學校的壓力，學生也表達聲援。

2007.3 法務部調查局學員受訓期間因感染愛滋遭退訓。國家考試並未將後天免疫缺乏症候群（愛滋病）列為體檢不合格項目，調查局卻要求該學員離開，隨後以「當事人因個人志趣不合、主動離訓」解釋。

2007.5 來自印尼的移民配偶阿雅被丈夫傳染愛滋，台東縣政府廢止其外僑居留證，命令限期出境。阿雅夫婦不服處分，向內政部訴願，訴願會裁定撤銷原處分，創下先例。

2007.7 《後天免疫缺乏症候群防治條例》修法，名稱改為《人類免疫缺乏病毒傳染防治及感染者權益保障條例》，立院三讀通過。十二個民間團體參與修法。

2008.1 「彩虹自主同志選舉行動」記者會，由性別人權協會、晶晶書庫、台灣同志遊行聯盟、同志諮詢熱線協會等組成，邀請同志拒投爛立委、跳脫藍綠，並支持首次結盟的綠黨火盟。

2008.6 由大塊文化發起的《我們的希望地圖》一書，針對即將到來的總統大選，蒐集全台公民的希望，邀請專家學者提出報告，其中，落實同志人權保障獲選TOP 10。

2008.9 台灣同志諮詢熱線協會承辦疾管局招標的愛滋及性安全教育網站「性致勃勃網站」開站。2010年底疾管局收回名稱及網址，2011年1月起由台灣同志諮詢熱線協會愛滋小組自費經營，改名「爽歪歪網站」。

2008.11.28 針對疾管局砸大量預算在男同志空間大規模愛滋篩檢，並以篩檢數量考核，台灣同志諮詢熱線協會愛滋小組舉行「篩檢評鑑調查結果記者會」。將為期兩個月，在台北市、台北縣、桃園縣、台中市等地同志場所篩檢，針對「隱私」、「篩檢前諮詢」、「諮詢員態度」、「諮詢內容專業度」等項目，派義工進行實測記錄。熱線主張：一，愛滋防治是全民議題，不應只以特定族群為重點；二，教育民眾正確認識愛滋，才能保護民眾健康，才是防治最根本有效方法；三，當群眾對愛滋病、HIV感染者仍充滿偏見與歧視，防治政策及措施，應正視感染者、受篩檢者權益與基本人權，才能有效防治。

2009.3 針對台北市大安區立委補選，同志社群集結共組「彩虹公民行動聯盟」，依照候選人對同志議題的關切及政見等，公布集體推薦候選人，並向大安區同志進行催票行動。

2009.7 愛滋感染者權益促進會發布「愛滋保障條例二週年　零申訴未開罰」新聞稿，權促會調查，該法實施兩年，感染者權益受害事件依然數量不減，且完全未有任何違法受懲案例，現行法規與社會現實落差甚大。

2009 年底，婦女新知基金會、台灣同志諮詢熱線協會、台灣女同志拉拉手協會、 同志家庭權益促進會等團體聯合組成「台灣伴侶權益推動聯盟」（伴侶盟），致力推動伴侶權益法案。

2009.12.1 針對疾管局推廣全民愛滋篩檢，愛滋感染者權益促進會（權促會）、露德協會、台灣同志諮詢熱線協會發起「重篩檢　輕衛教　不利愛滋防治」連署，三十四個關心愛滋的民間團體及二十七位醫學、公衛、性別學者參與連署，呼籲疾管局檢討全民篩檢政策。提出五點聲明：一、「全民認識愛滋」才是防治根本，僅推廣「全民篩檢」對防治無所幫助；二、篩檢應以衛教為依歸，而非以數量評估成效，禁止以贈品利誘扭曲篩檢原意；三、尊重篩檢自主權，保障受篩者權益；四、匿名篩檢不得蒐集受篩者個資；五、重視篩檢後續的感染者照護、權益保障。權促會祕書長林宜慧指出：「若篩檢只剩下抽血，不僅無法解決台灣的愛滋防治問題，也讓被篩出的感染者持續上演淒慘悲苦的個案故事。」

2010.1.31 高雄「陽光酷兒中心」成立，由疾病管制局委託「愛之希望協會」成立的第一批同志健康中心。設於高雄同志書店「10號書坊」二、三樓。

2010.2 露德協會在台中成立「彩虹天堂」中區同志健康中心。這是由疾病管制局委託成立的第一批同志健康中心。

2010.7 露德協會舉辦愛滋在台二十五週年大事紀影像展，巡迴北、中、南展出。

2010.7.30 愛滋感染者權益促進會主辦、台大社會系協辦的「第一屆愛滋與社會學術研討會」於台大社會系館舉行。這是首次非以醫療／公衛為關注主題的愛滋學術研討會，由學術界、愛滋NGO工作者進行發表與交流。各場主題分別為：愛滋收容人的社會處境、愛滋工作者的視野與挑戰、HIV與全球化、反思愛滋防治政策、感染者的生命實踐、法律與愛滋社會運動，並舉辦NGO論壇——「走過愛滋二十五年」。

2010.11.7 「外籍愛滋政策修法聯盟」發表聯合聲明，批評現行法律對於外籍感染者入出境及居留所做的限制，嚴重牴觸國際人權保障理念及相關人權公約，倡議解除限制外籍愛滋感者入出境台灣，給予在地人權保障。外籍愛滋政策修法聯盟組成團體：愛滋感染者權益促進會、露德協會、愛之希望協會、台灣懷愛協會、國際家庭互助協會、天主教嘉祿國際移民組織台灣分會、南洋台灣姊妹會、屏東好好婦女發展協會。

2010.11.27 直轄市議員選舉，綠黨兩位公開出櫃的候選人參選：王鐘銘代表參選新北市議員（第一選區，八里區、淡水區、三芝區、石門區），得票數8,321票，得票率7.50%。宋佳倫參選台北市議員（第五選區，中正區、萬華區）得票數2,215票，得票率1.16%。代表人民老大運動「開開團」的王蘋參選台北市議員（第六選區，大安區、文山區）得票數921票，得票率0.30%。三人雖未當選，但在出櫃同志參選史上開創新的里程碑。

2010.12 移民／移工團體以及愛滋團體共同組成「台灣外籍愛滋政策修法聯盟」。

2010.12.9 一名長期捐血且常篩檢的男同志在篩檢陰性後隔一陣子捐血。後來受血人感染，疾管局發布新聞，宣稱當事人「疑似透過捐血進行篩檢」，並將其移送偵辦，引發媒體以「惡劣愛滋男　捐血害死人」報導。台灣愛滋行動聯盟發布聯合聲明：一、重申「感染者捐血」之論絕非事實；二、「惡意傳染他人」乃不實指控；三、對於特定族群標籤化，降低全民對愛滋的重視，將不利防疫；四、愛滋訊息的錯誤傳遞，導致民眾恐懼愛滋；五、推動全面篩檢之相關環境與配套不足，阻礙愛滋疫情真正的呈現；六、全面更換NAT（血液核酸擴增檢測法）的愛滋血液檢驗方式，保障血液的安全（註：該案發生實因捐血中心為省錢，遲遲不願採用可縮短空窗期的NAT篩檢方式為血液安全把關）。2011年，檢方以「明知自己有男性間性行為者，就是高危險群，卻還去捐血」為由，將當事人以「過失致重傷害罪」罪名起訴，更引發愛滋相關團體抗議聲援。偵查庭上檢察官逼問：「有男性間性行為，為什麼要捐血？」「知道去做匿名篩檢，就知道自己是高危險群。」法庭上，檢方對當事人說，「如果法院沒有判你有罪，台灣整個捐血制度就崩潰，未來將沒有人願意接受輸血。」此案為捐血遭以「過失重傷害罪」起訴首例，也是以身分而非行為起訴當事人的司法歧視案件，而不符合醫學證據的「禁止男男性行為者捐血」規定更是歧視源頭。

2010.12.17 闊別舞台十二年，紅綾金粉劇團重出江湖，響應愛滋感染者權益促進會為紀念台灣愛滋二十五週年，於紅樓劇場演出《娘娘鎗末日大團結》。編導：賴蔚炅，編劇：劉冰倩，演員：劉敬弘、胡修維（BB）、林尚緯、余大炳、劉冰倩、好槍a.k.a good gun、甄紫、陳家楊、子杰、賴蔚炅、Queen Blue。

2011.1.9 台灣TG蝶園、都市苦工參政團，性別人權協會發起，前往台北馬偕醫院外，抗議馬偕醫院非法解雇跨性別員工。抗議團體表示，對馬偕資方於2010年12月29日將任職資訊室五年的跨性別周姓員工解聘，暴露職場上的跨性別歧視，院方以不當管理手段打壓著女裝的周姓男員工，最後更以莫須有的理由將其解雇。2011年5月台北市府性別工作平等會判定馬偕醫院院方性別歧視，依《性別工作平等法》罰五萬元，這是勞工生理性別與心理性別不同，雇主有性別歧視遭罰的全國首例。

2011.1 針對疾管局放風聲要感染者自付愛滋藥費部分負擔，引發感染者社群恐慌，民間愛滋NGO組成「台灣愛滋行動聯盟」發表行動宣言，要求政策轉向必須公開透明，應重視感染者聲音，並回應第一線工作者意見。除架設網站將相關資訊張貼公開，三月舉辦北中南三場政策公聽會，同步網路直播，讓更多不同領域意見有機會表達。力陳部分負擔政策將影響感染者健康，要求疾管局應提出政策變動影響評估，不能黑箱作業、草率而為。成員包括：愛滋感染者權益促進會、同志諮詢熱線協會、露德協會、愛之希望協會、帕斯堤聯盟、小YG行動聯盟、懷愛協會、世界愛滋快樂聯盟等團體。

2011.3 帕斯提聯盟正式成立。

2011.4 台灣關愛之家成立基金會，做為關愛之家日後成立兒少機構與養護機構的基礎。

2011.6 台權會季刊《TAHR》2011年夏季號製作「愛滋　愛之」專輯，關注三項愛滋相關人權議題：一、移動是基本人權（外籍感染者出入境限制）；二、被踢皮球的醫療經費（愛滋藥費）；三、我的血沒有毒（同志捐血禁令、男同志捐血遭起訴）。該期主編為：劉紹華、郭英調。

2011.8 愛之希望協會推出由導演陳正勳拍攝的《愛的福啊》紀錄片。在社會對感染者仍有許多歧視的環境下，感染者現身困難，更不用說感染者家人要現身更不可能。這部紀錄片難得記錄了感染者馬修的母親在得知兒子感染後，從以淚洗面的難過，到尋求協助、積極面對、公開相挺的心路歷程。影片對感染者家人很有正面激勵意義。

2011.8.24 一名感染者意外身亡，家屬捐贈其器官，台大醫院器官移植團隊，在捐贈者血檢報告HIV項目於口述過程時記錄錯誤，醫師未再確認，致五名受贈病患被移植感染者器官，此嚴重醫療疏失引起社會譁然。後來出現醫護社群要求感染者健保卡應註記感染身分的強大聲浪。愛滋行動聯盟於8月31日召開記者會表達反對立場，聲明中指出：醫護安全與感染者隱私絕非對立，健保卡加註愛滋病歷的主張不僅侵犯病患隱私，實務上無助於醫事人員安全。

2011.12 汪其楣新編＋精選《海洋心情：為珍重生命而寫的AIDS文學備忘錄》（逗點文創結社）出版。長期關懷愛滋的資深戲劇家，用最溫柔的文筆為與AIDS關聯的生命留下紀錄。本書最早出版於1994年，算是愛滋文學的先鋒，也代表汪其楣關懷愛滋已有很長的時間！舊版：1994年3月15日東潤出版；1995年11月16日遠流出版。

2012.3 露德協會設立「婦女中途之家」，並辦理「朝露農場」（擴充藥癮愛滋中途康復功能）及一日所得（就業）服務方案。

2012.7.31 伴侶盟版「婚姻平權、伴侶制度、多人家屬及收養」民法修正草案正式公告。同年年底完成三法草案的草擬。

2012.8 「台灣伴侶權益推動聯盟」向內政部登記立案。

2012.9 台北市某國小馮姓老師遭黑函檢舉為愛滋感染者，黑函曝光後，學校當局、學生家長、家長團體、教育局，竟以「維護校園安全」、「憂心學生健康遭到威脅」為由，逼迫當事人篩檢進行「自清」，並要求調離第一線教學改任行政人員遠離學生。同年9月27日性別人權協會、台灣同志諮詢熱線協會、愛滋感染者權益促進會、台灣性別平等教育協會、中央大學性／別研究室等舉行「別讓惡意和恐慌在校園滋長」聯合記者會，批評校方、家長和教育局對愛滋的無知與盲目恐慌，讓校園變成孕育歧視的場域，大開教育倒車。對於以黑函逼當事人篩檢自清更是違反法律規定、剝奪當事人工作權。

2012.9.10 伴侶盟舉辦立案及草案發布記者會，同時宣布「多元成家，我支持！」百萬連署活動起跑。張惠妹為第一位連署人。合計超過十五萬人以及上百位藝人加入連署。

2012.12 露德協會出版「2012看見生命的彩虹——愛滋朋友的生命故事」，並於記者會中發表2012台灣地區愛滋感染者生活現況調查，及邀請光啟社副社長丁松筠神父與帕斯堤代表光哥對談。

2013.2.25 同志諮詢熱線協會參與台灣初次舉辦的兩公約國際審查。和「兩公約施行監督聯盟」共同撰寫影子報告，監督台灣同志人權政策執行現況。

2013.3 露德協會開辦娛樂性藥物減少傷害團體。

2013.8 露德協會開辦《露德知音網路廣播節目》，每週二晚上九點Live播出。

2013.8 台灣同志諮詢熱線協會愛滋小組推出微電影《我們 Us》，根據真人真事改編，談在台外籍感染者一旦被驗出陽性，將被要求立即出境，不論當事人在台生活多久，職涯和伴侶關係都將大受影響。

2013.9.7 伴侶盟舉辦「多元成家、決戰立院　九七凱道、造勢伴桌」活動，席開一百二十桌，近一千五百人到場支持。

2013.10.3 「婚姻平權、伴侶制度、家屬制度」三套草案正式送入立法院。

2013.10.25 由立委鄭麗君、尤美女、蕭美琴、林淑芬、段宜康、陳其邁領銜提案、二十二位立委連署的婚姻平權相關《民法親屬、繼承篇部分條文修正草案》，完成一讀，交付司法及法制委員會審查。隨著該屆立委任期於2015年底結束，此提案無疾而終。

2013.11 Okinafa Chen（阿發，陳威廷）以一己之力設計、印製「LEGALIZE GAY MARRIAGE」婚姻平權貼紙，提供民眾附信封、回郵索取，或據點索取。至2018年印製數量已超過一百萬張。後來增加徽章、手搖旗。經費來源：2014台灣婚姻平權貼紙計畫 LEGALIZE GAY MARRIAGE募資、活動合作、自由捐款。看似小小貼紙，在超過六年的婚姻平權激烈戰役中，出現在國內外不同城鎮的公共空間，以及支持者的包包、筆電、機車，傳播力驚人，發揮宛如百萬大軍的支持力道。

2013.11.30 由下一代幸福聯盟號召的1130大遊行，以「我要有爸爸有媽媽的家」為名，反對台灣同志婚姻合法化。

2013.12.2 支持同性婚姻的大學社團及組織，在立法院外舉行記者會，宣布成立「力挺同性婚姻學生聯合陣線」（同學陣）。高喊「停止造謠抹黑、恢復理性對談」、「真愛不分性別、有愛就能成家」。發起人、成大學學生會長洪國峰表示，台灣通過同性婚姻合法化，將成為亞洲國家表率，希望立法院司法及法制委員盡速排入議程審議。同學陣組成包括十二個學校的學生自治組織以及三十九個來自校園的同志或異議性社團。

2014.3.18 為反對國民黨立院黨團強行通過《海峽兩岸服務貿易協定》，青年學生與公民占領立法院議場，行動長達二十三天。這個1990年野百合學運以來的最大規模的學運行動被稱為「太陽花學運」或「318立院占領行動」，影響並喚醒年輕世代對政治的關注態度。318當夜衝入占領立法院議場的，包括台灣同志諮詢熱線協會多位義工及許多同志。

2014.5.7 由《LEZ》雜誌總編王安頤號召成立「同志人權法案遊說聯盟」（簡稱同盟），並在網路成立「同志人權立場觀測站」，督促立委及五都市長參選人表態，旨在推動同志婚姻合法化、同志友善企業、鼓舞同志出櫃。

2014.6 露德協會於台中勤美術館舉辦「被忽略的感染年代——愛滋特展」，展出歷年愛滋被單、裝置藝術等，與民眾對話，扭轉刻板印象，去除汙名。

2014.7 同志諮詢熱線協會愛滋小組推出微電影《心頭話》，透過影片讓大眾瞭解感染者心境及生活處境。

2014.8 露德協會成立「Plus Radio」，每週二播出《露德知音》，每週四由帕斯堤聯盟成員製作播出《霹靂帕啦碰》，首度由帕斯堤主動對外發聲。

2014.8.1 農曆七夕情人節前夕，伴侶盟號召超過二十對同性伴侶集體現身台北市中正區戶政事務所要求登記結婚，其中三對同性伴侶，將在收到戶政單位拒絕處分函後，委託伴侶盟婚姻平權訴訟律師團進行訴願與司法訴訟。台灣第一次由社運團體號召同性伴侶，因無法享有平等結婚權集體衝撞國家行政與司法體系。合辦單位包括：同光同志長老教會、同志人權法案遊説聯盟、台灣同志諮詢熱線協會、GLAD。

2014.9 露德協會公布愛滋感染者相處大調查，由名人呼籲民眾一起化解歧視。

2014.10.5 伴侶盟等九十九個民間團體組成的「婚姻平權革命陣線」，譴責司法法制委員會召委廖正井擱置《婚姻平權法案》，共同發起「婚姻平權、為愛啟程　彩虹圍城」活動，於立法院青島東路側門集會，兩萬人齊聚呼籲立院盡速通過《民法》納入同性婚姻的《婚姻平權法案》。「婚姻平權革命陣線」參與團體除了同志及性別團體，也包含了青平台、黑島青、民主鬥陣、公民1985、台大學生會以及各地人權團體。同時間，「下一代幸福聯盟」於立院召開記者會力挺一男一女婚姻，重申「交付公投」主張，認為立院應重視「沉默的多數」，維護既有的婚姻家庭制度。成員在記者會中全程戴口罩，拒絕媒體提問及會後受訪。

2014.11 露德協會發行《與愛偕老——熟年帕斯堤》手冊，幫助熟年帕斯堤朋友跟助人者更能積極面對老年。

2014.11.29 九合一選舉，代表綠黨的梁益誌以公開出櫃身分參選高雄市三民區市議員，得票數7,798票，得票率4.42%。

2014.12.1 台灣同志諮詢熱線協會在世界愛滋日推出「I AM HIV＋」倡議系列行動，主張「HIV＋應該是連結，不該是隔閡」，透過貼紙、臉書大頭貼、T恤向同志社群及社會推動重視感染者人權及反歧視教育。

2014.12.24 針對最高行政法院九月駁回祁家威同性婚姻登記案，在伴侶盟律師團陪同下，於司法院外舉行記者會，宣布祁家威將聲請釋憲。

2014.12.26 針對施明德和立委丁守中與衛福部、內政部開會，將廢除2008年11月3日行政命令且成立「性別變更登記諮商委員會」審理跨性別者性別變更申請，對此重大影響跨性別權益政策，卻在跨性別團體缺席的閉門「喬事」，跨性別權益團體提出共同聲明：一、強烈譴責內政部、衛福部未遵守會議共同決議（先前由性別平等處召集跨性別團體參與之會議達成的共識是——「性別認同是基本人權，不應由他人認定，身分變更不需手術及精神科醫療認定，由個人到戶政單位申請變更即可」）；二、服膺主流性別秩序的變性審查，提高門檻，性別觀念更倒退（「性別變更登記諮商委員會」擴張了審查機制，提高性別變更的困難度）。共同聲明團體：台灣TG蝶園、台灣性別人權協會、跨性別倡議站、中央大學性／別研究室、台灣同志諮詢熱線協會、台灣跨性別權益行動會、跨性別酷兒陣線、變性台客姐妹兄弟會、「串燒？蒸的！（transgender）性別工作室」。

2015 「帕三小事務所」成立，關心同志、愛滋議題。前身為2008年成立、關注青少年男同志性安全與性愉悅的「小YG聯盟」。名稱中「帕三小」取台語諧音「怕什麼」的江湖語氣說法，引用爭議及帶情緒性字眼，像是對社會質疑：遭歧視、被汙名的愛滋議題本來就應該被關注，「你們到底在怕三小？」

2015.2.4 總統公布立院三讀通過的《人類免疫缺乏病毒傳染防治及感染者權益保障條例》修正。這次最大改變是：一、刪除外籍感染者入出境的限制與管制，二、愛滋治療費用由公務預算回歸健保。這次修法從一年前2014年4月民間NGO即組成「民間愛滋修法聯盟」參與討論、監督和協調。組成團體：小YG行動聯盟、台灣世界快樂聯盟、台灣基地協會、露德協會、台灣同志諮詢熱線協會、帕斯堤聯盟、紅絲帶基金會、愛之希望協會、愛滋病學會、愛滋感染者權益促進會、懷愛協會、關愛之家協會等十二個組織（後期有台灣外籍愛滋政策修法聯盟加入）。

2015.7.11 伴侶盟發起「為婚姻平權而走」，三千參與者遊行至兩大政黨——國民黨、民進黨中央黨部，要求兩黨表態支持排入法案審查。

2015.10.3 台中市府為表達支持同志爭取權益立場，依性別平等會決議在新市政大樓、豐原陽明大樓及州廳三處升起象徵同志的彩虹旗。這是台中市政府首次升彩虹旗。當日下午舉行的台中同志遊行，市長林佳龍也前往致意。

2015.11 原由露德協會舉辦的「快樂生命大會」交由帕斯堤聯盟接手，更名為「帕斯堤行動會議」。

2015.12.17–2015.12.20 金鐘獎編劇詹傑歷時兩年投身愛滋NGO（台灣同志諮詢熱線協會愛滋小組）受訓，擔任愛滋篩檢諮詢義工的田野觀察與沉澱，所創作有關愛滋主題的舞台劇作品《愛滋味》於台北水源劇場首演。演出劇團：創作社，導演：楊景翔，演員：林如萍、安原良、余佩真、黃俊傑。本劇劇本2018年經Jeremy Tiang翻譯，入選全球酷兒戲劇節，從一百多部劇本中成為獲選的七部之一，於倫敦Arcola Theatre讀劇演出，收錄於*GLOBAL QUEER PLAYS*一書。

2016.1.5 伴侶盟與三十多個團體共同發起「婚姻平權立委連線」行動，發出問卷要求立委候選人承諾進立院後支持婚姻平權，並成為法案的提案人或連署人。

2016.1 第九屆立委選舉，候選人中有五位公開出櫃同志，包括：社民黨候選人呂欣潔（台北市第七選區，得票數17,747票，得票率10.74%）、苗博雅（台北市第八選區，得票數21,084，得票率12.48%），綠黨候選人賈伯楷（新北市第四選區，得票數8,609票，得票率4.65%）、楊智達（台南市第四選舉區，得票數9,075票，得票率4.56%）、吳紹文（宜蘭縣選區，得票數10,730票，得票率4.78%）。在單一選區選制下，小黨當選門檻極高，這五位候選人的得票數和得票率再創同志參選的新高。這次選舉，綠黨和社民黨組成「綠黨社民黨聯盟」，伴侶盟執行長許秀雯獲推薦為聯盟不分區第六順位候選人。

2016.1.16 總統選舉投票，民進黨總統候選人蔡英文以6,894,744票（56.12%）大勝國民黨候選人朱立倫3,813,365票（31.04%）。曾在競選廣告表達「我是蔡英文，我支持婚姻平權」，同志社群對蔡英文的當選寄予厚望，期待她能致力推動婚姻平權立法。

2016.1 保二總隊警員葉繼元，屢遭長官以長髮為由進行懲處。葉員申訴全遭駁回，2014年將其考績打為丙等，2015年更以長髮為由準備將其免職。台灣同志諮詢熱線協會加入聲援，抗議警政署違反性別工作平等法，傷害基層員警勞動權益。

2016.2.5 《心之谷：羅一鈞醫生給愛滋感染者和感染者親友的溫暖叮嚀》（貓頭鷹）出版。人氣愛滋醫學部落格「心之谷」彙整，包括雲端藥歷、愛滋新知等五十五個愛滋切身問題。

2016.2.27 愛滋網路團體「感染誌」成立。透過網站記錄愛滋感染者的故事、生活、狀態與存在樣貌。2018年開始實體倡議活動，展開愛滋倡議講座「現＋發聲NowON＋」，以各生活脈絡下愛滋感染者出發，並交會各方專業人士，凝聚更大改變愛滋汙名與歧視的力量。

2016.4.22 台灣同志諮詢熱線協會發起「轉角遇見愛：全台愛滋零距離計畫」，透過公眾募資平台完成募資53萬908元。拍攝感染者與家庭主題的短片《回家Coming Home》（基本製作，監製：杜思誠、阮美瀛，導演：張家偉，編劇：詹傑，主演：廖原慶、趙靜），透過巡迴各地的短片播放與講座，進行社區愛滋教育。

2016.4.29 愛滋感染者權益促進會（權促會）與台灣人權促進會、台灣同志諮詢熱線協會、露德協會、舉行「這不是歧視，那什麼是歧視？」記者會，譴責國防大學開除感染者學生阿立是歧視行為。阿立2012年驗出感染HIV後遭校方禁止參加各種活動，頻頻約談施壓退學，2013年在畢業前一學期，國防大學藉口將阿立逐出校園。記者會後經媒體大幅報導，社會譁然，譴責國防大學歧視感染者。此事驚動聯合國愛滋病組織（UNAIDS）於2016年7月致函疾管署關切。8月15日衛福部對國防部裁罰一百萬，首見公部門因歧視愛滋遭罰。權促會發起「一人一信給小英　讓阿立回到學校去」，超過一千兩百人響應。8月20日總統蔡英文公開表達「支持愛滋學生爭取人權」，而且「要特別疼惜」。

2016.5.30　由梁小兔和梁小星（梁益誌）兄弟創立、在高雄積極參與同志運動的男同志酒吧「南人窩」結束七年營業。梁小星曾是台灣同志諮詢熱線愛滋小組義工，返鄉高雄後，和梁小兔透過「南人窩」、「南人工作室」帶領、培訓高雄地區的年輕朋友，積極參與高雄地區的同志運動和社會運動。梁小星曾擔任高雄同志遊行總召，也曾代表綠黨參選高雄市議員選舉。

2016.7　露德協會發表「帕斯堤治療現況及職場生活調查」。

2016.7　露德協會舉辦「帕斯堤的力量攝影展」。

2016.10　感染科醫師顧文瑋與其他具醫學背景的朋友成立「新滋識」（社團法人台灣新滋識同盟），致力推廣愛滋篩檢、防治與相關知識的社群教育。

2016.10.16　六十八歲法籍台大外文系退休教授畢安生從自家十樓跳樓身亡，媒體大幅報導，震驚社會。伴侶曾敬超一年前因病過世後，因無法律上配偶關係，即使在一起三十五年，兩人仍是法律上的陌生人。因共同財產皆登記在曾名下，曾病故後財產皆由曾家人繼承，對畢安生更是雙重打擊。畢安生自殺事件，引發台灣社會對同志伴侶缺乏法律保障的關注，對於後來社會支持婚姻平權產生重大影響。

2016.10.29 因應北市議員提案升彩虹旗，表達尊重多元、力挺同志遊行，台北市政府當天升國旗時一同升上彩虹旗。此舉招來部分台北市民抗議，透過市府信箱和1999市民熱線，表達反對立場。

2016.11 露德協會發表「愛滋街頭認知實測」影片，由主持人大米和公開感染者馬修在街頭隨機進行有關愛滋知識的問答。活潑的互動方式，影片推出後獲四萬多人點閱，是一個很好的社會教育短片。

2016.11 台灣同志諮詢熱線協會、台灣同志家庭權益促進會、婦女新知基金會、台灣同志人權法案遊說聯盟、GagaOOLala正式籌組「婚姻平權大平台」，為推動婚姻平權的落實，組織化進行政治遊說、社會倡議等行動。

2016.11.8 立院一讀通過民進黨立委尤美女所提《民法親屬編部分條文修正草案》，交付司法法制委員會審查。共同提案的立委有陳曼麗、鍾孔炤、蔡培慧、蕭美琴、許毓仁，獲得另外四十二位立委連署支持。這是同婚相關法案第二次提案進入審查。

2016.11.17 立院司法及法制委員會首次進行《民法親屬編部分條文修正草案》審查，下一代幸福聯盟號召萬名民眾包圍立法院。場內正反方立委不斷言語交鋒，立委林德福舉「先公聽，後審查」牌子，場面混亂，議事一度中斷。下午二點數十名民眾從濟南路側門、後門，高舉標語衝進立法院，要求「先公聽、再審查」。最後朝野決定暫緩審查，先舉辦兩場公聽會後，再討論修法。台灣伴侶權益推動聯盟和教會在立院外發起「同志基督徒獨白馬拉松」聲援在教會中受迫害的同志。修法審查前一日，財力雄厚的反同婚團體買下四大報頭版半版廣告，寫上標語「全台家長站起來！捍衛下一代幸福！」稱婚姻制度的重大改變應交由全民決定。反同婚者當天的激烈反對行為，成為接下來幾年婚姻平權立法過程中高度對立的局面。

2016.11.22 高雄市政府舉行第一次同志權益聯繫會報，由民政局召集舉行。

2016.11.28 立法院司法及法制委員會召開第二次婚姻平權公聽會，婚姻平權大平台緊急發起「相挺為平權，全民撐同志」號召支持婚姻平權法案者前往表達立場 。儘管當天是上班日的週一，上午九點，立法院旁青島東路已擠滿了人，現場超過兩萬人高喊「我要真平權，不要立專法」、「人權不能打折，平權不要專法」等口號，表達拒絕另立特別法。

2016.11 11月底，台大批踢踢流傳一張電視廣告排期圖表，客戶名稱是「下一代幸福聯盟」，廣告分教育篇、稱謂篇兩支影片各三十秒，11月30日至12月3日分別於民視、三立、東森、TVBS、中天等頻道播放，於各大新聞台和連續劇晚間熱門時段播放。幸福盟曾獻瑩稱該廣告非幸福盟製作，是由關心的「民眾」自發性製作、刊播。「百萬家庭站出來」廣告內容評論同性婚姻入法後，祖父母、父母等稱謂將不見，部分網友認為有廣告不實疑慮，向國家通訊傳播委員會（NCC）檢舉，針對該廣告的網路檢舉達上千件。NCC去函徵詢行政院性別平等會、法務部、教育部、內政部等部會意見，各部會回報查無具體違法事由。

2016.12.1 同志諮詢熱線協會推出「HIV＋OK」概念推動計畫，藉以表達對感染者的支持，其理念為：「對感染者來說，我是感染者，我很OK。對非感染者來說，感染HIV不會影響我們的關係，不論是交友或親密互動。」

2016.12.3 反同婚宗教團體「下一代幸福聯盟」於台北、台中、高雄舉行「百萬家庭站出來」集會，現場高呼「婚姻家庭全民決定」，主辦單位宣稱參與人數台北十萬人、台中五萬人、高雄七萬人參加。在台北凱道現場，手持彩虹旗的學生楊凱鈞先被不明人士潑咖啡，再遭反同人士盧宥文連續肘擊及飛踢，致使左側第十根肋骨骨折、左胸壁挫鈍傷，楊凱鈞赴醫院驗傷後至警局報案。現場影片在網路上流傳，引起輿論關注。

2016.12.5 「法律白話文運動」發起「緊急動員，讓大眾聽見我們的聲音」募資，計畫買下《蘋果》、《聯合》頭版廣告，回應反同組織大量廣告中的荒謬言論、向大眾澄清。原定12月6至8日希望能募到165萬元，卻在12月5日公告貼出不到三小時即超額達標，趕緊宣布募款停止。結束募款時募資網頁數字：2,928人認捐342萬2,833元，達成率207%。最終實際數字：3,161人捐了360萬3,123元，達成率218%。這計畫後來於12月9日在《蘋果》、《聯合》、《自由》三大報刊出由設計師黃梵真操刀、標題為「法律不該為偏見服務　讓愛平權」的頭版廣告。反同組織刊登報紙頭版廣告，沒有任何說明，只見煽情、恐嚇、不實謊言的大標：「黑暗來臨　全台家長站起來　捍衛下一代幸福」、「法案修改重大影響台灣每個家庭　家庭結構完全崩壞：父母改用雙親1雙親2影響下一代教育：國小性教育加入情慾探索素材」。

2016.12.7 12月3日於凱道遭反同人士攻擊的楊凱鈞，在台灣同志諮詢熱線協會陪伴下舉行記者會，楊凱鈞表示，當他到醫院時發現同時有五名挺同人士受傷，看到他們的彩虹符碼、且壓著傷口，顯然一樣是在凱道遇到攻擊的狀況。事後楊凱鈞還收到恐嚇訊息：「看到你或其他同志見一個踹一個。」儘管當天有影片為證，基督教媒體竟稱這是自導自演。楊凱鈞回憶，當時在凱道有許多孩子牽著父母的手目睹了一切，孩子們是否會疑惑，為何教導他們要愛的長輩卻在行使暴力？台灣同志諮詢熱線協會理事、律師鄧傑表示，主辦者申請的路權僅包括路段優先使用權，而非壟斷權力，且不能排除他人進行合法意見表達。

2016.12.10 婚姻平權大平台於凱道舉辦「讓生命不再逝去，為婚姻平權站出來」音樂會，當天下午下起大雨，但在同志社群及支持者全國強力動員下，來自台灣各地、自費包車前來的超過百輛遊覽車。支持婚姻平權的非同志，看不慣反同婚宗教團體多年來抹黑同志的行徑，也積極動員站出來支持同婚、支持同志，主辦單位宣布現場有二十五萬群眾。但據估算，當天凱道力挺婚姻平權的人潮，實際應超過三十萬人。這是台灣同志運動史上，最大規模的群眾支持活動。

2016.12.10 台中市性別平等委員會決議，台中市府將於12月10至17日在新市政大樓、豐原陽明大樓及台中州廳三處廳舍升起彩虹旗，並在市政服務窗口提供民眾索取彩虹貼紙。這是台中市政府第二度升起彩虹旗，上百名反同人士前往台中市議會前廣場抗議，表達反對市府掛彩虹旗的立場。

2016.12.26 立法院司法及法制委員會首度逐條審查《婚姻平權法案》，初審通過兩個《民法》修正草案，一是以民進黨立委尤美女為主、並揉合在野黨立委的「民法整合版」草案，另一則是民進黨立委蔡易餘所提「民法同性婚姻專章」草案，兩案一併送出委員會待朝野協商。場外挺同、反同陣營各自強力動員，婚姻平權大平台以「爭取婚姻平權，用愛守護立院」為主題號召萬人到場。反同方訴求「停止審查　交付公投」，近百名反同婚群眾翻牆進到立院院區，遭員警以束帶將雙手反綁。宣布初審通過，反同婚群眾轉往總統府前靜坐抗議。為支持婚權，同志陣營在過去一個月內三次大動員，堪稱婚權運動中最密集。

2017.3.22 婚姻平權大平台號召下，完成精神醫學、心理、法律、社工、教育、政治、性別研究、公衛等專家學者主筆撰寫、綜合同志真實生命故事而成的十四份《法庭之友意見書》全數上網公布，並寄送給大法官。同年5月24日公布的司法院釋字第748號解釋理由書，部分內容引用自《法庭之友意見書》。

2017.3.26 大甲媽祖繞境期間，婚姻平權大平台於員林設案接駕，祈求媽祖護佑，讓同志有成家的機會。盼透過參與台灣傳統民間信仰，開啟與社會對話的機會，過程中與超過萬名民眾互動，傳遞讓同志成家的祈願。

2017.4.14–2017.4.16 劇作家簡莉穎經大量田野調查與人物專訪寫作編劇、以愛滋為主題的舞台劇《叛徒馬密可能的回憶錄》於國家戲劇院實驗劇場首演。同年9月29日至10月1日在台北市水源劇場加演。2019年3月1日至3月3日於國家戲劇院再度演出。演出劇團：四把椅子劇團，藝術總監、導演：許哲彬，演員：王安琪、王肇陽、余佩真、竺定誼、林家麒、林子恆、高若珊、曾歆雁、廖原慶、廖威迪（2019年演出增加：王世緯、鄧名佑）。

2017.5.24 司法院大法官會議做成「釋字748號」釋憲，現行法令未保障同性婚姻自由違反憲法平等權，要求有關機關兩年內修法或立法，若逾期未完成，同性伴侶即可依現行民法辦理結婚登記。當天「婚姻平權大平台」號召下，超過兩萬名支持者聚集立法院青島東路側，響應「點亮台灣，亞洲燈塔 婚姻平權再戰立院」，釋憲結果公布，現場歡聲雷動、彩虹旗飛舞。

2017.10.27 台灣同志諮詢熱線協會主辦、歐洲經貿辦事處協辦、歐洲聯盟贊助的「東亞同志運動與保守勢力工作坊」（LGBTQ Movement and Conservative Power in East Asia Workshop）於台北舉行，邀請台灣、日本、韓國二十五個團體、近五十位同志運動者，分享彼此遭遇的困難與工作策略，並討論未來區域共同合作的可能。

2017.11 「藥愛療癒復元健康中心」（Healing Empowerment Recovery of Chemsex， 簡稱HERO中心）成立，開創一站式「感染科門診」與「藥愛身心科門診」，對多元性別族群，提供愛滋篩檢、預防、治療；對藥愛者提供身心支持、減戒癮治療及辦理支持復元團體。由愛之希望協會結合高雄市立民生醫院、高雄市衛生局合作成立。

2017.11.30－2017.12.9 愛滋感染者權益促進會於台北剝皮寮舉辦「十味人生：愛滋權促會20週年故事展」，透過影像、聲音、照片與感染者故事，回顧台灣二十年來的愛滋感染者處境與政策演變。展覽期間並由四位愛滋第一線工作者在「真人故事館」分享愛滋工作經驗。

2017.12.1－2017.12.2 露德協會、東吳大學社工系主辦「台灣愛滋反歧視研討會」。針對社會復歸／照顧模式、移民／外籍、成癮物質與減少傷害、除罪化、愛滋組織的發展與蛻變、台灣社區反歧視行動對談、共病汙名、醫療與歧視、同儕／互助培力、性別與愛滋、走過愛滋三十年——回顧與前瞻等主題，舉行圓桌論壇或專題研討。

2018.1.3 同志諮詢熱線協會發表「2017台灣同志人權政策檢視報告」。透過文獻回顧、訪談、集體討論等方式，檢視台灣同志人權相關政策，其中涵蓋十四個面向、二十七個議題的台灣同志權利與政策現況，以及台灣同志諮詢熱線協會對這些議題所提出的政策建議。

2018.4.18 中選會4月17日晚宣布通過反同團體三項公投初審，苗博雅在臉書粉絲頁表示，將正面迎擊，以「公投對抗公投」，發起三項平權公投制衡反同團體。行動發起人包括溫朗東、厭世姬、林立青、朱家安等人。4月27日，七十二小時內完成三萬人提案連署，送進中選會。

2018.6.21 愛滋感染者權益促進會舉辦「台灣愛滋汙名與歧視調查發布記者會」，公布在2017年12月底前、842名愛滋感染者一對一訪談調查結果。一、12%的愛滋感染者曾發生權益受損事件，其中86%沒有採取任何行動；二、「人們不瞭解愛滋傳染途徑，害怕透過日常接觸被傳染」是最多感染者感受到的愛滋汙名；三、7.3%的感染者就醫時表明感染狀況便遭拒絕；10.6%感染者的感染身分，未經授權下遭醫療人員洩露；四、非經同意的告知對象，使感染者感受到更多歧視；五、外在歧視加深內化汙名；六、面對愛滋拒斥的態度，成為民眾不敢、不願篩檢主因；七、建議作為：「有效地提高社會大眾對愛滋的認知與知識」。這次調查採用國際組織共同發展的一套與愛滋感染者自身相關汙名與歧視的測量工具，權促會團隊經「全球感染者網絡」（GNP+）資深訓練師Liz Tremlett在台完成訪員訓練後進行。

2018.8.31 發起平權公投的「平權前夕・彩虹起義」臉書粉專宣布：平權公投二階段連署，在短短三十七天收到三十三萬份連署書，已達連署門檻。過程中，同志社群展開總動員，在全台各地設置連署點、連署書收集點。9月4、5日，向中選會交出「婚姻平權」與「性平教育」兩案連署書，經中選會點收，各四十七萬份以上，經查對，各有四十三萬份以上有效連署，超過九成合格率，是所有公投案中最高。平權公投兩項提案成立。

2018.11.2 婚姻平權大平台舉行「破除反同團體十大謊言」記者會：一、爸媽不見了，爺奶消失了；二、（同婚是）大人想要，不符小孩需要；三、台灣愛滋島，拖垮健保；四、法國後悔同婚，要求廢除；五、修專法更為簡單且多保障；六、同志教育＝把小孩變同志；七、性別光譜＝鼓勵變性；八、國小教自慰、多人性交；九、國中教性滿足、性愛自拍；十、少子離婚天災，皆因同性戀。記者會上一一反駁、澄清十大謊言的謬誤。

2018.11.18 公投前最後一個週末，婚姻平權大平台舉辦「為愛返家，搭上幸福特快車」兩好三壞選前造勢音樂會，十萬人集聚凱道進行催票，線上直播觀看累計14.7萬人。活動中，各行各業代表上台宣讀各領域支持婚姻平權的連署結果。包括：精神醫學界、心理諮商界、職能治療師、護理界、臨床公共衛生及愛滋界、獸醫師界、傳播界、設計界、出版界、法律學界、律師界、社工社福界、學術工作者、高中生模擬公投團隊、大專院校性別社團、基層教師界、全國家長連署、宗教界、海外台灣人、女學會、台北律師公會、華人社工學會、東吳大學、臨床心理學會、醫界等。

2018.11.24 公投法修法，大幅降低成案及公投案通過門檻，對成案的合理、合憲性欠缺周延規範，使得綁大選的投票日出現有史以來最複雜的公投亂象（計有十項公投提案）。利用此漏洞，反同婚、反同志的右派宗教團體提出三項提案（第十案，你是否同意民法婚姻規定應限定在一男一女的結合？第十一案，你是否同意在國民教育階段內〔國中及國小〕，教育部及各級學校不應對學生實施性別平等教育法施行細則所定之同志教育？第十二案，你是否同意以民法婚姻規定以外之其他形式來保障同性別二人經營永久共同生活的權益？）挺同、支持婚姻平權陣營被迫提出兩項正面提案（第十四案，您是否同意，以民法婚姻章保障同性別兩人建立婚姻關係？第十五案，您是否同意，以「性別平等教育法」明定在國民教育各階段內實施性別平等教育，且內容應涵蓋情感教育、性教育、同志教育等課程？）投票結果，反同陣營三提案獲得六至七百萬票數同意，挺同、支持婚姻平權陣營提案獲得三百多萬票同意。

2018.11.24 台灣首見出櫃同志當選台北市議員，兩人選區皆在台北市第六選區（大安區、文山區）。社民黨苗博雅，得票數18,539票，得票率6.28%。時代力量林穎孟，得票數11,982票，得票率4.06%（林穎孟2020年8月5日退出時代力量）。出櫃的陳志明代表時代力量參選新北市第三選區（蘆洲區、三重區），得票數13,707票，得票率4.67%，未當選。

2018.11.24 針對公投開票結果，反同、挺同相關提案得票懸殊，同志社群陷入低迷氣氛，甚至傳出多起同志自殺訊息。台灣同志諮詢熱線協會當晚發起活動，十點在台北二二八公園舉辦「你不孤單，讓我們彼此陪伴」聚會，邀社群朋友前來互相陪伴、安慰。公投前，反同宗教團體挾上億鉅資大量撒播電視廣告，汙衊、醜化同志所造成的社群集體傷害，加上為了向社會拉票而自發在全島各地展開小蜜蜂街頭宣講，付出心血卻換來的挫敗，這聚會的用意在互相陪伴打氣中，重新燃起對運動未來的希望。熱線隨後在網路發起「TOGETHER, STRONGER」（並肩同行，更有力量）臉書大頭貼並製作大量徽章贈送，期待「TOGETHER, STRONGER」透過彩虹徽章鼓舞每個角落的同志。

2018.11.30｜2018.12.2 音樂人郭蘅祈發起第一屆「愛之日常音樂會」，廣邀知名歌手參與，表達對愛滋感染者的支持。之後每年世界愛滋日前後，持續舉辦愛之日常音樂會。2021年因疫情而暫停舉辦。

2019.2.17 感染誌經舉辦會員大會，正式立案為「社團法人臺灣感染誌協會」。透過愛滋獨立媒體經營，與多元倡議方式，投入台灣愛滋平權運動。

2019.3.23 台北市長柯文哲訪問美國在波士頓演講，提到台北是一個多元的城市，即使去年公投同婚議題被否決，「我投票的時候投反對，可是我允許十二萬五千人上街（同志）遊行。」時代力量市議員黃郁芬批評，柯文哲說「我允許」，是將自己的威權心態顯露無遺，「顯示的不是民主氣度，而是無知傲慢」。

2019.5.7 愛慈基金會出版描寫愛滋寶寶故事的繪本《黑寶》，繪本創作者：楊淑雅。

2019.5.17 立法院院會《司法院釋字第748號解釋施行法》三讀，在關鍵法條——確立同志是「結婚登記」的第四條表決時，出席93人，贊成66人（時代力量5票，國民黨7票，民進黨54票），反對27人。依政黨分析：時代力量5席林昶佐、洪慈庸、黃國昌、徐永明、高潞・以用全數支持；國民黨35席立委大都反對，僅陳宜民、林奕華、許淑華、柯志恩、蔣萬安、李彥秀、許毓仁等七人支持；民進黨68席立委，54位支持，院長蘇嘉全依慣例不投票，唯一反對的是林岱樺，另有12位缺席不投票（黃國書、江永昌、趙天麟、劉櫂豪、許智傑、陳亭妃、葉宜津、陳瑩、洪宗熠、楊曜、何欣純、蔡適應）。立法院總席次113席。

2019.5.17 立法院完成《司法院釋字第748號解釋施行法》三讀，台灣同志婚姻取得法律地位。經總統公布後，同年5月24日正式實施。立院外面婚姻平權大平台發起「最後表決　表決不能輸！」婚權緊急動員令，現場動員超過五萬人，直播影片超過34.8萬次觀看。通過同性婚姻法案當天新聞露出近五百篇，包含一百七十七篇外國媒體露出。

2019.10.5–2019.12.1 「瘟疫的慢性處方」於台北當代藝術館展出。共同主辦：台北當代藝術館、感染誌協會，由「宿主計畫Humans as Hosts」發起人劉仁凱策畫。邀請十七組國內外藝術家及台灣愛滋、性別倡議機構共同參與。展出期間並舉辦六場行動短講、四場工作坊、四場放映座談、三場專家導覽、一場國際論壇。

2019.10.26 民間團體組成「2019年愛滋遊行陣線」（帕三小事務所、感染誌協會、台灣同志諮詢熱線協會愛滋小組、愛滋感染者權益促進會、台灣懷愛協會、露德協會、基地協會、新滋識同盟、愛之希望協會、陽光酷兒中心、南方彩虹街6號、HERO 藥愛療癒復元中心）。發表「知識戰勝恐懼：紅傘運動聯合聲明」：一、「測不到病毒等於不具傳染力」的時代，正視愛滋的新知；二、用愛滋潤我們的生命，而不是歧視；三、不論感染者是否正接受愛滋治療，以及治療效果是否達到「測不到病毒量」，都可以和全民一樣自由走在陽光下；四、醫事人員應正視U=U的醫學實證結果，並推動社會U=U的認識。

2020.1.11 第十屆立法委員選舉，「婚姻平權大平台」與「同志人權法案遊說聯盟」製作「彩虹選民投票指南」指出，有四十一位立委在2019年5月17日贊成同性婚姻法案，其中三十二位立委（民進黨28席、國民黨2席、無黨籍2席）在這次立委選舉成功贏得選戰，等同78%連任。

2020.1.30 北市府宣布由民進黨前高雄市議員陳信瑜接任勞動局長，被翻出過往「反同」立場鮮明，引發爭議，十八個工會組織及性別團體前往北市府抗議，反對陳信瑜擔任勞動局長，並對於市長柯文哲日前回稱「不能說反同的，就不能用了」言論表達不滿，台北市議員苗博雅、黃郁芬也質疑，北市府任用沒有性平專業的勞動局長，過去更有曾打壓同志的歷史，柯到底憑什麼自稱是新政治？苗博雅質疑，勞動局長是女權促進會、性別工作平等會、性平教育會等委員，沒有性平相關知識，如何落實性別工作平等法？

2020.3.9 露德協會發表「2019年台灣地區愛滋感染者生活現況調查報告」，這是露德協會2008年以來進行的第十次感染者生活現況調查。透過網路及面對面訪談，回收四百一十一份。調查結果顯示：95.3%正在接受治療，91 %測不到病毒量；29%擔心服藥身分曝光，17.4%困擾於藥物副作用，10.8%因副作用影響工作表現。向家人告知後，33.5%因此與家人關係疏遠；向非感染者朋友告知，17.3%遭排斥或拒絕往來，16.5%被拒絕共同用餐。19.7%向喜歡的人揭露感染身分後，失去進一步交往的機會。老年與照顧，68.2%擔心老後生病無人照顧，69.4%擔憂社會仍充滿歧視，76.6%擔心被照顧機構拒絕，3.8%確實已有被照顧機構拒絕經驗。就醫上，45.9%擔心遭受拒絕不敢告知醫護人員感染身分，64.2%擔心雲端藥歷愛滋用藥資訊恐成為治療過程障礙，43.7%期望能遇到友善醫師。就業上，11.7%於職場主動揭露感染身分，其中2.6%因揭露經歷就業歧視；未主動揭露感染身分者，11.3%經歷身分曝光而失去工作，或在職場遭排擠受不了壓力而自行離職。

2020.7.10 針對民間團體（提案人葉伯岑）在公共政策網路參與平台提議修正《人類免疫缺乏病毒傳染防治及感染者權益保障條例》第21條，要求愛滋除罪化，跨過五千人附議（附議時間5月11日至7月7日）門檻正式成案，疾管署做出消極、片面回應。疾管署仍堅持愛滋罪罰化存在的必要性，「（回應文第四點）愛滋病毒感染目前仍屬無法治癒的傳染病，蓄意造成另一方感染應處刑責」，此論點與國際愛滋界長久以來主張「愛滋應除罪、免除刑罰化」、「罪罰化不利於防治」的主張背道而馳。疾管署認為和刑法傷害罪比「（回應文第四點）第21條其刑責強度與刑法第278條重傷罪皆為五至十二年有期徒刑，刑責並無較重。」對修法提案引用「U=U」這項國際愛滋界普遍有共識的主張做為修法理由，疾管署的回應牛頭不對馬嘴，「（回應文第二點）其他傳染途徑（如：母子垂直感染、哺乳、共用針具及輸血等）則仍無法避免傳染」（CDC提到的這些對象並非蓄意傳染罪會處罰到的人，和提案並無關連）。疾管署回應中最不負責任的説詞為：「（回應文第五點）修法應廣納各界意見，收集社會共識辦理。」21條「蓄意傳染罪」的存在來自對愛滋的歧視和偏見，要求有「社會共識」才能修法，此主張下如何達到去除汙名、歧視的修法共識？

2020.10.31 民間團體組成「2020年愛滋遊行陣線」（臺灣感染誌協會、帕三小事務所、愛滋感染者權益促進會、紅絲帶基金會、基地協會、台灣懷愛協會、台灣同志諮詢熱線協會愛滋小組、新滋識同盟、愛之希望協會、露德協會、關愛基金會、為i篩檢、帕斯提聯盟）參加第十八屆台灣同志遊行。針對本次訴求「成全愛，不成罪」「支持修正危險性行為範圍定義」，由感染誌協會統籌、愛滋感染者權益促進會林太太撰寫，提出對社會教育的懶人包。

2020.11.29 台南市議員林易瑩和穎艾達利Ingay Tali共同提案興建「台南彩虹地景」，跨黨派議員李啟維、周麗津、陳怡珍、沈震東議員共同連署提案在議會通過，建請市府規畫彩虹地景，象徵台南市「尊重人權」、「提倡性平」及「性別友善」。林易瑩盼「性平的價值可以真正浸潤入台南的文化」。市長黃偉哲於12月10日世界人權日公開徵求提案，邀市民一起打造台南在地的彩虹地景，讓相愛的人都能自由自在地在這座城市戀愛、結婚。

2020.12.22 台灣同志諮詢熱線協會、彩虹平權大平台、同志家庭權益促進會、台灣性別平等教育協會召開記者會，提出九項與同志人權相關問題，包括：教育、職場、法律、生育等各面向議題，呼籲中央、地方政府及民間企業，應朝多元性別等方向邁進，有效解決同志族群面臨的人權問題。同志諮詢熱線協會政策推廣部主任杜思誠公布同年7到9月間，熱線邀國中、高中職同志學生參與「2020台灣同志學生校園經驗調查」統計結果：一千兩百三十六份有效回收問卷中，98.6%知道《性平法》，70.4%認為學校校長與各處室主任對同志學生的態度是「中立」與「不支持」，8.1%表示校方有支持跨性別學生的相關規定與指引；76.5%表示校內宣導與講座提及性霸凌、性侵害，但僅一半講座內容提及不同性傾向、性別氣質處境。

2021.1 紅絲帶基金會出版愛滋議題繪本《離不開我的好朋友》。編者：呂昌榮、賴弦志，圖片創作：林志瑜。

2021.5.6 台灣、澳門籍同性伴侶信奇與阿古2019年在伴盟陪同下，至台北市中正戶政事務所登記結婚被拒，委任伴盟律師團許秀雯、陳明彥、謝孟釗、潘天慶律師代理訴訟，歷經一年半，台北高等行政法院宣判結果，命戶政機關須直接做成允許結婚登記的行政處分。這是台灣跨國同婚訴訟勝訴的歷史性判決。

2021.5.25 詹傑創作有關愛滋的舞台劇《愛滋味》劇本出版（時報文化）。該劇曾於2015年由創作社演出。

2021.7.2 衛福部發布「危險性行為之範圍標準」第2條修正案。原條文：危險性行為之範圍，指未經隔絕器官黏膜或體液而直接接觸，醫學「上」評估「可能」造成人類免疫缺乏病毒感染之性行為。修改後條文：危險性行為之範圍，指未經隔絕器官黏膜或體液而直接接觸，「且經」醫學評估「有重大傳染風險」造成人類免疫缺乏病毒感染之性行為（標註引號內文字為新舊條文變動修改部分）。危險性行為的定義，是《愛滋條例》第21條蓄意傳染罪是否成立的關鍵要件，在備受批評的「蓄意傳染罪」條文未廢除之前，此修改影響人權保障甚深。

三、校園事件／教育

1993.3 台灣大學訓育委員會通過成立台大Gay Chat「男同性戀問題研究社」，為全台第一個正式成立的校園同志社團，惟名稱校方要求必須冠上「問題」、「研究」等字眼。

1994 中央大學「性別行為與社會認同讀書小隊」（Study Team of Identity & Gender，簡稱STING）成立，以校外茶藝館「拉搽」為據點，帶動同志議題在校園中的可見度，為中央大學「酷兒文化研究社」及「酷兒會社」的前身。

1994.3 台大「女同性戀文化研究社」（Lambda，後改名台大浪達社）成立，隔年2月成為正式社團，是台灣第一個立案的校園女同性戀社團。

1994.7.23 北一女二年級學生林青慧與石濟雅，在蘇澳一間旅館燒炭自殺，7月25日中午被旅館人員發現。遺書寫下：「在社會生存的本質就不適合我們，每日在生活上，都覺得不容易。」面對媒體，北一女校長丁亞雯宣稱：「北一女沒有同性戀。」

1995.5 中央大學部分女生以「二隻鱷魚」為暗號，透過電子布告欄發布號召「志同道合」的女生成立女同性戀社。

1995.6 台大男、女同性戀社聯合舉辦首屆「校園同志甦醒日」（Gay and Lesbian Awakening Day，簡稱GLAD）活動。挪用傳統節日端午節由來——屈原和楚懷王的傳説做為象徵，建立屬於台灣校園同性戀的節慶。發起者為七人「香包小組」，包括：台大外文系老師張小虹，外文系學生紀大偉、洪淩，代表台大男同性戀社的斯斯、代表台大浪達社的華齡，來自師大美術系的阿信，台大外文所某博士生C先生。

1995.6 「全國校園同志團體聯盟」（全同盟）成立，是第一個校園同志社團結盟的組織。

1995.8 台灣師大及教育部以「法令並無規定同性戀者可否當老師，但覺得同性戀者的身心發展通常並不健全」為由，反對校內的男同性戀學生成立社團。

1995.10 中央大學「性／別研究室」成立。

1995.12 台大學生代表選舉爆發「強迫曝光事件」。工學院代表候選人、建國俱樂部成員黃博群與蔡政良散發〈讓我們在陽光下做朋友——請同性戀朋友走出黑暗〉、〈讓我向你說聲抱歉，愛人同志〉文宣，惡意點名支持學生會會長王慶寧的其他六位學代參選人是同性戀，引發校園內論戰。1996年「WALE同志工作小組」製作了《台大強迫曝光事件調查報告書》，這本八十八頁的手冊詳細收集了黑函、反黑函、反反黑函等資料，也收錄當時的報導與評論。

1996.1 大專院校女同志社團首度共同舉辦的「校園女同志社團聯合幹訓」，間接促使其他大專院校女同志社團出現。

1996.2 中央大學「酷兒文化研究社」成立，兼收異性戀及非同志的性少數，創下各校同性質社團的先例。

1996.6.29–1996.6.30 由中央大學「性／別研究室」主辦的第一屆「四性研討會——性教育、性學、性別暨同性戀研究」於台大思亮館舉行。這是台灣第一次以同性戀為主題的學術研討會。

1996.9 東吳大學「同志合作社」以地下社團型態成立，開始在校內宣傳招生。

1996.10 南部最早的校園同志團體「Take That」成立。

1996.10 華梵人文科技學院掃蕩同性戀社團傳單事件引發媒體報導。

1997.12 中央大學性／別研究室推出《性／別教育通訊》創刊號，是第一本對同志友善、強調將同志議題放入性別教育中的專業刊物。

1997.12.6 嘉義國中三名女學生，因為家長反對她們交往，一起至蘭潭跳水自殺，造成吳佳榮和林淑玲兩人死亡。

1998.3 台北市八校女同志社團舉辦女同志聯合舞會，為首次女同志社團跨校檯面上的聯誼交友活動。

1998.9 台大浪達社舉辦「酷絲拉同女成長營」，為檯面上首度以女同志為號召的營隊。

1998.9 政大女同志社團「政大奇娃」成立。

1999 南台灣大專男同志社團GROUP成立，針對南部求學的男同志不定期舉辦聚會及講座活動。

1999.3 「同志公民權推動聯盟小組」舉辦「如何推動校園同志教育」論壇，廣邀學界、民間團體及教師組織討論，「高雄市教師會」公開表態支持。

1999.4 海洋大學女同志地下社團成立，為基隆地區首度有組織性的同性戀社團。

1999.5 北區大專院校女同志社團聯盟（North University Lesbian Association，簡稱NULA）舉辦「NULA聯合舞會」，包括台大、政大、中興、東吳、輔大、淡江、文化、世新、實踐等九校女同志社團共同參與。

1999.11 銘傳大學地下女同志社團GPP成立。

1999.11 東吳「同志合作社」正式登記為學校社團，原名「藝術采風社」更名為「東吳同志合作社」。

1999.11 文化大學「男同學」同志地下社團成立。

2000.4.20 屏東縣高樹國中國三學生葉永鋕，因性別氣質陰柔常遭同學罷凌，嘲笑他娘娘腔、強迫他代寫作業。他曾留字條給母親陳君汝——「媽媽救我，學校有人要打我。」母親打電話去學校要求處理，卻不了了之。他上廁所時有人脱他褲子要檢查他是不是男生，老師允許他可以在下課前先去上廁所。當天他一樣在下課前去上廁所，後來被發現時已倒臥血泊中，口鼻流血，經緊急送醫後仍於隔天凌晨不治死亡。此事引起紀錄片導演陳俊志重視，南下屏東瞭解。後來在人本教育基金會南部辦公室、性別平等教育基金會協同下調查此事。因校方當天已將該廁所清洗打掃，破壞第一現場線索，影響調查。葉永鋕長期遭罷凌導致身亡，促使立法中的《兩性平等教育法》於2004年通過時改名為《性別平等教育法》。

2000.7 台大浪達與婦女新知合辦「好自在青少女同志成長營」，為台灣首度為青少女同志開辦的正式營隊。

2000.12 教育部施壓，文大華岡BBS站「性板」被迫關閉。

2001.3 台北市建國中學學生以研究同志為名，向校方申請籌組「同志社團」獲校方同意。本將成為全國第一個獲准成立的高中同志社團，因成員對「同志」名稱無法達成共識而「功敗垂成」。

2001.5 「新竹學生同志聯盟」（簡稱新同盟）成立，為新竹地區第一個運動性質同志社團。

2001.5.27 同志諮詢熱線協會舉辦首屆「認識同志——教師研習營」，近五十位高中、職教師參與；台北縣市教育局核發教師研習時數證明。同志團體舉辦的研習課程，首次獲得教育主管單位承認。該活動是熱線進行校園認識同志教育的濫觴。

2001.6 「教師同盟」會長段建發老師公開現身，眾多媒體報導，桃園高中校長公開表示肯定段老師，教育部長曾志朗亦公開表示教育部重視老師的個人人權，不會有不正當的歧視和壓力。

2001.6 第六屆「校園同志甦醒日」擴大舉辦，北區大專院校各同志社團與北區大專院校女同志社團聯盟（NULA）合作，共二十一社團近九百位同志朋友參與晚會。

2001.10 北區大專院校女同志社團聯盟（NULA）共同在台北PUB中舉辦「拉子狂歡節」派對舞會活動，包括十五所大專院校女同志齊聚狂歡。

2001.12 首次北區男同志聯合舞會「探G熱」，由東吳同志合作社總召集。

2001.12.12 中部地區第一個跨社團的同志運動結盟組織「中部同志聯合會」（Gay & Lesbian of mind Taiwan，簡稱中同會）成立，由東海、中興、中山醫學院、中國醫藥學院、朝陽大學同志社團組成。前身為中部友好同志市長選舉觀察團。2002年3月起承接主辦第四屆「冬季雷斯盃」，每年舉辦的舞會已成為中部女同志重要大活動。

2002.5 第七屆「校園同志甦醒日」除了跨校合作，首度跨出台北市，結合玄奘大學女性議題與性別空間研究社，於新竹的清華大學舉行多場議題及影片座談會

2002.8 台灣同志人權協會於高雄醫學大學舉辦第一屆「校園性別／同志社團研習營」，培訓南部地區同志學生於校園中推動性別議題工作，以及強化同志社團的經驗交流。

2002.11 「台灣性別平等教育協會」成立，由基層教師、學者專家、學生、社工、心理師、醫師及藝文界人士共同組成，致力推動校園性別平等。

2003.3 性別人權協會與TG蝶園、台灣同志諮詢熱線、愛滋感染者權益促進會、日日春關懷互助協會與性別平等教育協會，共同召開「教育部國語辭典毀人不倦」記者會，揭露教育部國語辭典充滿性／別偏見與歧視，要求教育部立即停止發行並修訂內容，教育部初步承諾修正。

2003.4 中部同志聯合會成員到台中一中高一、高二所有班級，入班介紹「認識同志」。

2003.5 新竹學生同志聯盟等團體舉辦「風城彩虹月」活動，舉辦演講、影展，並與輔導體系合作出版校園同志手冊。

2003.7 紐約成立同志高中，教長黃榮村回應有條件贊成設置同志學校。

2004.3 金甌女中處罰短髮學生勞動服務與抄寫《金剛經》，以規訓為藉口，壓迫學生性別氣質表現。性別、婦女團體及台大浪達社、中學生權利促進會與台北律師公會婦女問題研究委員會共同舉辦「反對校園身體規馴　尊重多元性別表現」記者會，針對金甌女中限制女同學短髮規定及違規處分，違反教育對人權、以及多元性別尊重理念。

2004.5 台中三十歲女教練不滿長期指導、暗戀的國中少女溜冰選手結交男友，餵食安眠藥後將其悶死，遭判刑十七年。事件爆發後引發媒體關注。

2004.6.4 立院三讀通過《性別平等教育法》，首度將性傾向保障明文納入法條，保障不同性傾向、性別特質學生之受教權。

2004.10.17 台灣大學學生心理輔導中心試辦「同性情愛探索團體」，讓困惑於同性情愛的學生分享經驗。

2004.12.6 嘉義大學首度舉辦的「嘉義同志文化祭」，活動有同志音樂節、同志戲劇日、人權講座、同志現身說法等動態活動，活動中心內則有同志小辭典、同志運動史、同志名人簡介等靜態展出，藉此啟發校園民主思想中對同志人權重視的空間。

2005.2.18 國民中小學九年一貫「社會學習領域七至九年級（國一至國三）基本內容」草案出爐，預定九十五學年起逐年實施的九年一貫社會領域教科書，將增加教導國中學生何謂安全性行為、性自主觀念及規範、尊重同性傾向（同性戀）。

2005.3.26 高醫兩性研究中心舉辦「大專院校認識同志營」。

2005.6.13 立法院通過《性別平等教育法施行細則》，明訂「同志教育」納入性別平等相關課程。

2006.9.12 發生於2000年的屏東高樹國中國三學生葉永鋕死亡案，經六年官司纏訟，高雄高等法院依過失致人於死罪名，將校長、總務主任及庶務組長各判處五個月、四個月、三個月有期徒刑，得易科罰金，全案定讞。然該案宣判之罪名僅追究「校園設備缺失」，對於性別人權團體主張的「保障校園中性別氣質弱勢學生的處境與人權」，卻未見關注與保障。

2009.10 台灣師範大學公館校區由師大性壇社等師大團體串聯，發起一場「性教獄——同志小遊行」，高喊「還我宿舍打砲權，解放師大性教獄」口號，抗議校園中因學生於男生宿舍發放保險套，進而引發的歧視同志事件。

2010.3.2 台北市議員李慶元在民政局預算審查時提案做成附帶決議，要求教育局行文各校，防止高中職以下學校社團假藉名義誘導吸收學生從事「同志交誼」之不當活動。主管性平業務的教育局對全市高中職發出歧視公文，引發同志團體上百人聚集台北市政府前抗議。要求落實《性別平等教育法》，譴責市府帶頭歧視同志，拒絕汙名同志青少年的情感需求，還給同志青少年交友空間。抗議團體組成「新同志公民運動聯盟」，3月29日前往監察院，舉發台北市政府涉嫌違反憲法、性平法及地方制度法，應撤銷違法歧視公文，呼籲監察委員進行調查。

2010.11.29 屏東呂姓、方姓兩名高職二年級女學生，因同性戀情，遭家人和同學異樣眼光，與家人爭吵後，於車城一家民宿燒炭自殺。2010年12月14日，來自全台各地十二個同志及性別團體於屏東舉辦「屏東・同志・活下去」靜默遊行。包括前來聲援的團體及屏東在地學生、教師一百多人走上街頭，希望社會關注青少年同志處境，表達「讓屏東同志被看見，不再因無知及歧視而繼續傷害青少年同志，讓屏東同志活下去」！

2011.4 由輔大神學院生命倫理中心、靈糧堂、新店行道會為首的反同宗教團體以「真愛聯盟」名義發起連署，反對即將實施的國中及國小高年級課綱列入同志教育。該連署以「同性密友期」為由否認青少年同志存在，對教師手冊補充教材斷章取義抹黑並打壓性教育及性安全教育。5月施壓、遊説立委以附帶決議，要求教育部停止同志教育。教育部在同年7、8月於北、中、南、東舉辦八場相關公聽會，為對抗真愛聯盟，台灣各地同志社群及支持性平教育的教育工作者踴躍出席，在公聽會發言駁斥真愛聯盟的謊言。

2011.10.31 蘆洲鷺江國中一年級學生、十三歲的楊允承，不堪長期遭同學嘲笑娘娘腔，跳樓自殺身亡。他留下千字遺書，指父母沒空聽他説話，老師對他遭欺負「視而不見」，「我只能封閉自己，心已經死了。」「我試圖找方法抒壓，但無論看小説、動漫、聽音樂、畫畫，都不被認同，最後演變成消極自殘或睡覺，更加封閉自我，最後甚至放棄一切選擇消失。」「即使消失會讓大家傷心，卻是短暫的，一定很快就被遺忘，因為這是人性。」鄭智偉、劉敬弘發起，友善台灣聯盟主辦，號召同志社群於11月5日前往鷺江國中校門口進行悼念，近兩百人帶鮮花和寫給楊允承的卡片出席。

2012.4.17 友善台灣聯盟（性別人權協會、伴侶權益推動聯盟、同志諮詢熱線協會、性別平等教育協會）舉辦「台灣同志壓力處境問卷」調查結果記者會，公布2012年4月3日至4月10日進行的網路調查，以回收的2,785份問卷統計分析，58%曾遭他人傷害（傷害形式：語言暴力91%，人際排擠54%，肢體暴力14%，性暴力3%）。暴力發生集中在國中59%，高中43%，國小36%。高達29%曾因同志身分想輕生，其中18%自殺未遂。自傷發生時期：國中59%，高中53%，國小15%。

2013.11.22 針對台北市議員戴錫欽10月25日引用北市教育局提供之資訊質詢表示，《青春水漾》性教育短片內有「性感帶」、「性高潮」、「愛撫」內容，不適合小學生，卻有2,900名國小學生看過，性別平等教育協會（性平會）發聲明澄清：《青春水漾》為民間團體獨立募資出品，並非官方指定教材，亦無免費發送各校；此性教育影片是以「公播版」搭配「導讀手冊」發行、提供教育者教學使用的文本與活動設計；設定以國、高中生為主；性平會統計，發行以來看過的學生，以高中職生最多（5,065人次，22場），並無國小學生。聲明中提及，北市教育局11月1日新聞稿澄清：教育局提供給戴錫欽的統計資料錯誤，僅兩所國小曾擷取一分鐘（廣告）片段做為「身體我最大」、「身體的界線」等健康與體育課程導言，由教師融入課程教學，並無大量播放給台北市國小學童看（教育局新聞稿刊於11月14日發行《教育e週報》633期）。性平會亦收到教育局致歉電話。如此錯誤資訊引發的烏龍爆料，卻讓家長會團體及反同團體大做文章。11月1日台北國小家長會聯合總會等十多人，赴市議會抗議教育局讓影片進入國小校園公播，要求禁播。在下一代幸福聯盟發動反同、反同婚的1130群眾大會上，指控《青春水漾》「鼓勵青少年做愛，教導學生3P、多P、人獸交，彷彿A片」。

2014.4.3 監察院通過監委高鳳仙提案、自行調查的《青春水漾》一案，以「北市政府將（青春水漾）訊息轉發所轄學校，致影片在國中小等各級學校播放，引起家長恐慌及輿論撻伐」為由，糾正台北市政府。同案並以「（青春水漾）教導探索性敏感帶、性高潮及進行性行為，對未滿十八歲學生播放，可能觸犯禁止引誘兒童及少年為性交或猥褻行為之規定，將成立妨害性自主罪及性侵害犯罪。內政部（對公益彩券回饋金補助拍攝申請）審查流於形式，未依法審查分級，即同意發行公播版，致使該影片對許多國小、國中及高中學生播放，引起家長諸多恐慌及反彈」為由，糾正衛福部（原屬內政部，衛福部升格後改隸）。監察院糾正新聞稿中，對於一部討論身體自主的性教育影片為何會「引誘兒童及少年為性交或猥褻行為」，其牽強的因果推論，見解竟與反同團體主張不謀而合。七年後，反同人士曾獻瑩在基督教會媒體報導「一生秉公義為婦權及弱勢發聲　防暴三法推手高鳳仙安息主懷」訪問時承認：「推動愛家三公投期間，高鳳仙委員曾撥電話給他，詢問有無需要協助之處，並且盡她所能，連結各方的資源加以協助。」（《論壇報》，2021.6.25）

2014.6.27　《性別平等教育法》實施十週年總體檢記者會，共同主辦的台灣性別平等教育協會、台灣同志諮詢熱線協會、婦女新知基金會、台灣女性學學會、台北市女性權益促進會、台大學生會性工坊 & GLAD等團體檢視比較實施五週年所發布之「五週年總體檢」報告，觀察到倒退情況。記者會上提出十年來七大未解決問題：一、從中央到地方，運轉失靈的性平會；二、悲劇不斷，多元性別學生校園處境艱難；三、懷孕學生受教權未獲全面保障、處遇工作待加強；四、師資培育未普及，研究資源尚缺乏；五、保守勢力反撲，教材研發受阻；六、缺乏正向觀點，性教育停滯不前；七、輕忽情感教育，錯將通報當做萬靈丹。

2016.10.28　響應即將在台北舉行的台灣同志遊行，雖有教會、護家盟等團體向校方「施壓」，東華大學於運動場升起彩虹旗。校內教授、同志社團「Rainbow Kids同伴社」等百餘名師生到場觀禮。大力支持並促成此事的東華大學教學卓越中心主任張德勝說，東華的一小步是台灣性別教育的一大步。

2017.1　長期從事性平教育、在高雄教書十七年的國小老師劉育豪，因小學三年級班上學生詢問：「保險套是什麼？」決定透過正面教育為學生上一堂認識保險套課程。劉育豪事前寫聯絡簿給家長說明課程內容，超過一半以上家長表達大力支持、感謝。一堂符合《性別平等教育法》第17條、《性別平等教育法施行細則》第13條教育理念的性教育課程，在公視報導後，當年7月被反性平教育的保守家長團體截圖告上法院，指控課堂上教授使用保險套是「公然猥褻」。甚至投訴教育部和監察院，認為劉育豪不適任。高市教育局發聲明力挺第一線教師合法教學，局長范巽綠說，依《教師因公涉訟輔助辦法》，由學校聘律師辯護協助。教育部與高市教育局都認為劉育豪並無不法，並認可他推動性別教育的努力，檢察官針對公然猥褻指控也不予起訴。

2017.3.28 針對高雄反同人士以家長之名發給高雄市議員「給我品格教育，不當教材退出國中小校園」連署書，邀議員出席記者會、散播歧視同志言論，南部性別團體立即展開行動，對市議員進行反遊說，勸導撤簽並呼籲不出席反同記者會。並發起「反對假借品格教育之名，行罷凌之實」聯合聲明，獲上百個團體加入連署。同日於高雄市議會外舉辦記者會，支持性平教育的市議員高閔琳、簡煥宗及家長、學生、老師代表出席。高雄市教育局發表聲明，將舉辦性平教育家長說明會，表達對性平教育支持的立場。

2017.5.17 響應「國際反恐同日」，東華大學同伴社於校內「花師教育學院」、「人文三館」、「原民學院」、「環境學院」等四處舉辦「我在東華：升起彩虹，不再恐同」升彩虹旗活動。同伴社副社長張哲遠說，反恐同日並非製造對立，而是消弭大眾對性少數族群的刻板印象，正視校園內學生與老師對於友善性別的支持。

2018.6.28 由台灣同志諮詢熱線協會、性別平等教育協會、婦女新知基金會共同組成的「性別平等教育大平台」正式成立。希望對台灣性平教育有更多關注、監督與倡議，消除社會上的誤解和恐懼，不讓悲劇與傷痛繼續發生。

2018.9.13 反同團體9月7日指稱，台北市龍安國小張貼《穿裙子的男孩》推薦讀物海報是鼓吹變性，混淆學生性別認同。校方因家長投訴將書下架，引發熱議，社會各界先後聲援抱不平。和平實小校長黃志順穿上裙子在校門口迎接孩子上學，黃志順表示，穿裙子不是作秀，是支持教育理念。龍安國小家長會會長彭曉平發聲明表示，從作者背景到幽默筆觸描述孩子間對話，他覺得這是一本有趣的兒童書籍。學校也召開圖書委員會，親師及行政代表都正向肯定態度看待這本優良兒童繪本，重新上架提供借閱。

2018.10.13 在反同公投前，大量攻擊同志的歧視、抹黑言論襲擾下，由台灣同志諮詢熱線協會義工發起「青春藏了誰」計畫，在臉書成立粉絲頁，每天貼出一至二則影片故事，由當事人投稿，在自己過去就讀的母校拍攝，回顧、訴說過去就學時曾因同志身分遭遇的歧視、罷凌或擔心同志身分曝光的心情。此計畫持續進行刊出來自全台灣各地的一百個故事，透過影片讓社會大眾理解、並看到校園同志的艱辛處境。該粉絲頁得到超過一萬七千人關注。

2018.10.26 東華大學學生社團同伴社申請「校園升彩虹旗」，適逢反同公投前，第三年升彩虹旗活動面臨種種壓力。擴大行政會議以二十八比二十七票，一票之差險勝獲准升旗。東華大學教授兼教學卓越中心主任張德勝說，以一票之差通過「非常驚險」才讓升旗順利舉行。他認為，有二十七票主管沒有同意，代表校園還有很多不同的聲音，需要大家一起努力去改變。

2018.11.18 玫瑰少年葉永鋕母親葉媽媽在公投前夕發表談話，呼籲社會大眾公投時支持同志、支持同志教育：「有人說同志教育不可以太早教，但早點教同志教育才能讓學生認識世上不只有男女，還有更多種性別存在，大家才會知道同志沒有錯。不要我們身邊明明就有同志，卻把他活活害死了。同志教育會讓學生性氾濫嗎？我聽他們在黑白講，同志教育又不是看A片，怎麼會愈教愈癢。如果要保護學生，預防性騷擾或懷孕，性教育跟保險套才更要教。葉永鋕來不及長大，我不會知道他是不是同志，就算是，我也覺得他沒有錯。很多父母不接受小孩是同志，覺得他們被指指點點，很丟臉。但我要跟他們說，小孩是你生的，你養大的，你不接受自己的同志孩子就是不接受你自己。父母一定要先支持自己的小孩，如果我們都不接受，誰要來疼惜他們。同志是有靈魂的生命，不是任人擺布的傀儡，不是教就可以教得來，逼就可以改得掉的。」

2019.4.8 無黨籍北市議員邱威傑（呱吉）發起、跨黨派九名台北市議員及性別團體共組「台北市議會促進性別平等連線」，宣示共同監督台北市長柯文哲是否確實保障同志權益，並鼓勵北市各級學校採用符合《性別平等教育法》及修正施行細則教材。加入的市議員：民進黨王閔生、王世堅、吳沛憶，國民黨戴錫欽，社民黨苗博雅，時代力量林穎孟、林亮君、黃郁芬。響應力挺的組織：伴侶盟、同志諮詢熱線協會、婚姻平權大平台、性別平等教育協會、性別平等教育大平台、同志家庭權益促進會。

2019.5.16 高雄滿天星婦女團體聯盟召開記者會，公布《同婚公投與在學學生感受調查》統計數據，顯示學生於公投期間，因反同言論散布與不友善校園環境，帶給學生負面情緒與自我否定。記者會發言的高雄女中同志學生、高中謝姓教師、高雄市心家長協會榮譽理事長林莉菉，皆談到身邊孩子因性傾向不同遭受歧視、霸凌，最終失去生命，痛心疾呼校園必須落實性別平等教育。另外，高雄市議員黃捷、林于凱、高閔琳與簡煥宗也到場支持，宣示將於議會組成性平小組，監督市政並保障基本人權。本次調查共九百零六名學生填答問卷，近六成為同志學生。不分性傾向統計高達84％學生曾在公投後出現負面情緒。40％的同志學生在公投後，對自己同志身分產生負面觀感，其中更有10％同志學生曾有過自傷念頭，顯見公投期間對學生造成各類心理創傷。

2019.5.16 七名高市藍綠兩黨議員提案《訂定性平教育管理自治條例》案，因刪除國中小同志教育，遭持有異議的時代力量議員黃捷、民進黨市議員高閔琳批評該案逾越了《性平教育法》而擋下。雙方火藥味濃，黃捷參與在內的「議會組成性平教育監督小組」提案，也遭國民黨團以優勢人力否決。

2019.10.29 一群家長與各黨立委、議員共同召開「宗教全面退出校園！」記者會，揭露「彩虹愛家生命教育協會」所屬全台六千名「彩虹媽媽」在各地校園傳教。教材充滿「造物者」、「上帝」、「禱告」、「神」等宗教用語，內容多處一字不漏摘自基督教《聖經》，也常帶孩子唱宗教歌曲。家長Grace、Emma表示，有家長試圖瞭解內容，但學校連教材內容都不清楚，家長被禁止翻拍課本、光碟。有家長在該協會粉絲專頁質疑授課內容，遭揚言提告。民進黨籍立委尤美女表示，該協會做法已違背《教育基本法》、濫用宗教自由，教育部應正視問題拿出魄力處理。小民參政歐巴桑聯盟祕書長何語蓉表示，她自己是個同志媽媽，女兒跟兒子還在中小學讀書，她當過晨光時間說故事媽媽、也拒絕過彩虹愛家團體邀請，因為知道很多恐同言論，都在這樣的宗教志工團體裡，「我很難不擔心這件事，我不知道在他們的熱情分享裡孩子到底認知到什麼。」彩虹愛家生命教育協會創辦人陳進隆多次在公開場合提到「文化宣教」，要把孩子帶進教會。

2019.12.9 台南市市議員林易瑩向市長黃偉哲及教育局長鄭新輝質詢，台南市某國小晨光時間志工團體志工講述基督教內容，帶有強烈傳教意圖話語違反《教育基本法》第6條「宗教中立原則」，教育局和學校不應放任宗教團體入校傳教。市議員穎艾達利Ingay Tali指出，公立學校不該放任學校為宗教傳播。對於市府在議會承諾卻無實際有效作為，穎艾達利Ingay Tali表達嚴正譴責。

2020.3.16 針對彩虹媽媽入校傳教，教育部正式發出公告，廢止「彩紅愛家協會」（彩虹媽媽）於高中以下學校及幼兒園多項教師進修課程之認可資格。

2020.5.13 高雄滿天星婦女團體聯盟召開記者會，邀集高市性別友善議員高閔琳、黃捷、簡煥宗、邱俊憲、鄭孟洳、陳慧文，針對高市教育局舉辦「校園性侵害、性騷擾或性霸凌事件調查專業人員」培訓竟錄取發表過反性平言論的家長團體代表，缺乏審核機制，嚴重影響學生權益、破壞校園性平環境，民團與議員表示強烈譴責。市議員黃捷於5月22日質詢教育局長吳榕峯，培訓名額有限卻錄取了反性平教育聞名的「高雄市家長協會」三位代表。高雄市心家長協會榮譽理事長林莉菜表示，自己也是家長，支持家長需性別平等知能的培訓與增能，但並非以此種暴力方式決定調查人員培訓資格。高雄滿天星婦女團體聯盟組成：人本基金會南部聯合辦公室、台權會南部辦公室、台灣同志諮詢熱線南部辦公室、親子共學教育促進會南區共學中心、高雄市女性權益促進會、高雄市心家長協會、高雄市性別公民行動協會、高雄市彩色頁女性願景協會、高雄市婦女新知協會、彩虹平權大平台、勵馨基金會高雄分事務所。

2020.9.6 教育部贈送國小一年級新生《國王與國王》繪本，內容破除王子配公主傳統形象，提到王子也可以跟王子結婚，反同團體在網路及家長群組內散播「教育部讓低年級孩童閱讀《國王與國王》，想把學童變同性戀」，揚言向學校施壓下架此書。新北市圖書館就因此一度暫停借閱。全國家長會長聯盟9月9日召開記者會，抨擊教育部讓《國王與國王》繪本進入校園要求「全面下架」。出版該書的青林出版社總經理林訓民指出，《國王與國王》早在二十年前就在荷蘭出版，被翻譯成多國語言廣受好評。林訓民強調，「任何人都有不看、不借、不買《國王與國王》的自由，但任何人或單位也絕對沒有要求這本繪本從圖書館下架的權力。」

2020.9.9 彩虹平權大平台聯合家長團體、性別團體，包括高雄市全人教育家長協會、多元教育家長協會、同志家庭權益促進會、親子共學教育促進會、人本基金會、台灣同志諮詢熱線協會、婦女新知基金會、性別平等教育協會、勵馨基金會，召開「認識多元　社會更和諧！友善教育　家長相挺！」記者會，相挺繪本《國王與國王》及性別平等教育。對某些家長團體質疑性平教育、多元性別書籍，以及壟斷家長發聲，表達抗議。高雄市全人教育家長協會理事長顏任儀指出，自己是一個故事媽媽，和學齡前孩子、小學生都聊過《國王與國王》，小孩反應很好，沒有「不適齡」問題，真正該「零檢出」的不是國中小的LGBT教材，而是歧視言論。

2020.9.27 台灣同志諮詢熱線協會教育小組在教師節前夕推出第一支女同性戀故事短片《讓光譜說話》，該計畫共推出四支短片（另外三支為雙性戀、男同性戀、跨性別故事）。透過無遠弗屆的網路，帶著同志生命故事到更遠的地方。教育小組堅信——「唯有更認識同志，才能逐漸消弭歧視。」

2021.7 長庚大學男跨女學生小雯爭取入住女生宿舍遭拒，被迫入住男宿，引發恐慌只能深夜回寢、清晨出門，向校方求救時，陳姓學務長拿男扮女裝比喻，陳姓總教官還說「上帝造人只有男女，沒有第三性別」。小雯在伴侶盟律師團協助下提起訴訟，法院以兩人侵害小雯人格法益，各判賠八萬元、十二萬元。

四、集結／團體／遊行／大型活動／社運連結

1989 「拰角度」讀書會成立，新生代女性主義者加入，成員包括：鄭美里、王蘋、丁乃非、成令方、張小虹，以及大學女性研究社團、婦女新知義工等，共同閱讀西方女性主義經典、同性戀相關議題。

1990.2.23 台灣第一個同志團體「我們之間」成立，發起者來自「拰角度」讀書會的女同性戀成員。「我們之間」是90年代最活躍、成員最多的同志團體。曾加入的會員高達四千人。

1990.6 「我們之間」成為亞洲女同性戀聯盟（Asian Lesbian Network，簡稱ALN）之一員。10月派員參加於泰國曼谷舉行的第一屆ALN大會。

1990.8 第一屆「大專女生姊妹營」開辦，由婦女新知基金會與跨校女研社系統合辦，學生主策畫課程及營隊設計，共二十三個學校、八十多位女生參與，許多女同志開始有機會相認、集結。隔年各大學女研社成立「全國大專女生行動聯盟」（全女聯）。

1992.3.8 「我們之間」參與婦運團體舉辦的「我愛女人園遊會」，在園遊會上以DM及文宣方式公開介紹這個女同志社團。

1993.12.2 運動色彩鮮明的同志社團「同志工作坊」成立。

1993-1994 Funky酒吧開始舉行一系列同志座談會，並定期舉行同志社團幹部集會。

1994.3 佛教諮商機構「觀音線」籌組第一個女同性戀成長團體「同性之愛」，由清華大學輔導老師成蒂帶領。

1994.5 NCA新文明同志互助團體成立。

1994.9 台北仁愛誠品與王墨林的身體氣象館舉辦「男男女女新文化系列」藝文活動週，包括：劇場、講座等活動。這是第一次由商業機構舉辦的同志主題藝文活動。集結各路同志團體與論述者，大專院校同志社團也因此在新聞媒體上大幅曝光。

1994.12.9 由包括清華、交大、中華等校學生及竹科上班族等新竹地區同志透過BBS MOTSS聚集而組成的「風城同志紀事」（簡稱「風同紀事」）成立，英文名稱「WIHCAN」（Windcity Intercollegiate Homophile Comradeship AssociatioN）。成立大會有六十多人參加。社團活動包括：成長團體、讀書會、演講、電影欣賞、音樂會、同志影展等活動。曾出版八期的《WIHCAN小報》。在90年代中期網路發展之初很活躍的同志社團，每年舉辦近百人參與的「WIHCAN音樂會」、舞會是當時網路同志社群盛事，參加者來自台灣各地。活動舉辦常與清大人社院兩性與社會研究室、交大學輔中心合作。

1995.2 第一屆「雷斯盃」女同性戀運動會在台北舉行，此時運動會以個人名義舉辦，共一百多名女同性戀參加。

1995.4 反串歌舞秀團體「白雪綜藝團」成立，由國立藝術學院學生組成，團長為松田丸子（本名簡志澄），掀起話題。爾後登上台北市政府慶祝台灣首任民選總統李登輝就職典禮舞台。

1995.8 第三屆亞洲女同性戀聯盟（ALN）大會在台北召開，共有九個國家、一百四十多位女同志參加盛會。是台灣第一次舉辦國際性的同志聯誼和研討活動。

1995.10 第一個同志基督徒團契「約拿單團契」成立，由楊雅惠牧師透過網路號召同志基督徒，於台北市義光長老教會成立。

1995.12 「同志空間行動陣線」（同陣）成立。針對台北市「首都核心區規畫歷史保存計畫」規畫案中，透過更新計畫驅離新公園內的同性戀，同志聯手要求落實保留新公園做為同志歷史記憶的空間設計。此為「第一次同陣」，至次年6月結束，這是台灣首次跨團體組成的同志聯盟。

1996.2 「同志空間行動陣線」舉辦第一屆「彩虹情人週」活動（十大夢中情人票選、園遊會）。

1996.2.17 農曆年除夕清晨，台中市男同志三溫暖——夏威夷三溫暖發生大火，十七人葬身火海。根據當時報導，許多罹難者家屬不瞭解為何家人會在返鄉團圓前來到這個三溫暖。

1996.3 「同志空間行動陣線」組隊參加「女人100」遊行。這是同志們第一次以彩虹旗隊伍參加婦女運動。

1996.4 第一個佛教同志團體「童梵精舍」成立。

1996.5 第一個同志基督徒教會「同光同志長老教會」（同光教會）成立。同年6月同光教會刊物《同志之光》創刊。

1996.11.10 作家許佑生及伴侶葛芮（Gray Harriman）於台北福華飯店舉行公開的同志婚禮，媒體連日報導，這是台灣社會首次有公眾人物公開舉行同志婚禮，引起廣大的關注與討論。台灣同志社團各派代表出席祝賀，因出櫃壓力，同志團體代表所坐席位以「讀友桌」標示。原答應出席的台北市長陳水扁臨時以肚子痛為由缺席。

1996.12 台北市府聲稱提供經費辦同志活動，同志團體集結成立「同志公民行動陣線」（同陣），為結盟最多的跨社團同志組織。是為「第二次同陣」。

1996.12 香港舉辦第一屆「全球華人同志大會」，賴二哥、許佑生、安克強受邀參加，賴二哥並於會中代表報告台灣的同志運動現況。

1996.12.21 同志公民行動陣線號召同志組成兩百人彩虹大隊，參加女權團體聯合發起的「女權火照夜路——紀念婉如」大遊行。女性團體與同志團體齊聲要求夜行權得到安全保障。遊行中同志團體上前導車短講。

1997.2 「拉拉資訊推廣工作室」（拉拉資推）成立，創辦人楚軒。第一個以推廣、教育女同志上網為宗旨的義工團體，秉持理念為「向網路推廣拉子的世界，向拉子推廣網路的世界」。每年舉辦的「雷斯盃球賽」和「網路拉子普查」，成為女同志年度盛事。

1997.4.27 第一個由同志教師組成的團體「教師同盟」成立。由阿寶老師成立，擔任第一任會長。

1997.6.29 「彩虹．同志．夢公園」園遊會在台北新公園舉行，建立起台灣在6月「同志驕傲月」舉辦大型同志活動的傳統。

1997.7 台灣首見結合廣播、網路及電話的「同志百憂解專線」設立，提供多面向諮詢服務。

1997.8 中部第一個女同志社會團體「中部同心圓」成立，1999年起協辦第一屆「冬季雷斯盃」。

1997.11 第一個強調同志諮商工作的「同志助人者協會」（同助會）成立，後改名為「性與性別諮商協會」。

1997.12 婦女新知基金會解雇職員王蘋、倪家珍，引發外界關切與後續討論，同志公民行動陣線為此聲援。此事件被外界冠稱「新知家變」。

1998 拓峰網（Club 1069）成立。提供男同志網路交友，智慧型手機交友APP出現前，是台灣最大的男同志交友網站。約2018年關站。

1998.2 第二屆女同志運動會「雷斯盃」停辦多年後再度舉辦，由拉拉資推工作室接起此活動，共有二百多名女同志參與。

1998.3 同志團體參與由台北市公娼自救會、粉領聯盟、女工團結生產線所發起之「反汙名大遊行」，以行動劇和遊行的方式，來抗議社會對弱勢族群的汙名。

1998.6 「我們之間」派員參加在舊金山舉辦的第一屆「全美華人同志大會」，發表對台灣女同志處境的觀察報告。7月初轉至洛杉磯參加第二屆「亞太女同志大會」，建立「我們之間」與國際女同志交流的管道。

1998.6.26 「同志諮詢熱線」成立並於台大舊學生活動中心舉辦第一屆募款晚會，6月27日開始電話接線服務。這是台灣第一個常設性同志組織，致力於推動同志平權運動。

1999.5 台灣性別人權協會成立，同時舉辦「被放逐的母親，人權何在？」座談會。

1999.6 南台灣舉辦第一次同志驕傲月「南方彩虹不寂寞」系列活動，由「同ㄒㄧㄤˇG式會社」、「我們一家都是G」等同志團體聯合舉辦。呼籲高雄市長及公職候選人重視同志人權及政策。

1999.11.26 針對同志諮詢熱線申請立案，內政部部長張博雅署名公文，以三理由駁回申請：一、同志關係雖應被尊重，但不宜提倡；二、本申請籌組之社團，係以致力發展同志社區中心，提供同儕輔導等為宗旨任務，是否可能造成不良後果？宜再酌；三、諮商諮詢服務之提供，均應有醫師、心理、社工等相關醫事人員參與。同志諮詢熱線找來專家學者，對內政部三個理由一一反駁。

1999.12.11 同志諮詢熱線舉辦「同運與媒體充電營」，邀運動參與者及媒體工作者擔任講師分享經驗。

2000 TG蝶園成立，由中央大學性／別研究室何春蕤主持，為台灣第一個公開的跨性別團體。

2000 中興大學「興有同感」同志社團成立。

2000.6.9 台灣同志諮詢熱線協會召開會員大會正式成立，成為第一個內政部立案的全國同志組織。

2000.6 台灣同志人權協會在高雄市社會局完成立案成立，是第一個同志人權組織。

2000.7 由台灣同志諮詢熱線、晶晶書庫、搖滾看守所、Corner's酒吧共同推動「公館彩虹社區」，邀請台北公館商圈三十多家同志友善商店加入，於店門口貼上彩虹貼紙、店內擺放彩虹社區地圖，表達對同志消費者的支持。東區Funky酒吧、西門町漢士三溫暖等陸續加入。

2000.9 台北市政府民政局主辦、台大建築與城鄉基金會掛名承辦、同志團體（台灣同志諮詢熱線協會、台灣性別人權協會、我們之間、拉拉資推工作室、台大男同性戀社、台大浪達社）共同舉辦的第一屆「台北同玩節」，9月2日在華納威秀舉辦「彩虹園遊會」，9月3日台北市議會舉辦「同志國際論壇」，並印製《認識同志手冊》。這是官方首次將「同志公民運動」做為預算科目每年定期舉辦的同志相關活動。

2001.8 第二屆「台北同玩節」由台灣同志諮詢熱線協會與拉拉資推工作室共同承辦，以「陽光．活力．同性戀」為主題，舉辦「彩虹運動會暨雷斯盃」、園遊會。並舉辦十場與社會各界對話的「社區巡迴講座」（包括：婦女中心、少輔會、人權團體、工運組織、兒福團體等）、播放周美玲導演紀錄片《私角落》等活動。

2001.9 第四屆「全球華人同志交流大會」由台灣同志人權協會主辦（過去三屆皆由香港舉辦）。並首度在立法院召開國際論壇，呼籲立法院儘速在《人權保障基本法草案》增列同志的平等權，明訂中華民國人民無分性傾向在法律上一律平等。

2002 奇摩交友網成立，開啟男同志相片交友風潮。隨後「蕃薯藤交友」成立。

2002.8 拉拉資訊推廣工作室成立「前進雪梨專案」募集球員，與性別人權協會、台灣同志諮詢熱線共同舉辦「台灣同志女籃隊參加雪梨同志世運會」行前記者會，接受國家體育委員會贈與球衣、外交部授旗。成為第一個代表中華民國台灣出席國際同志世運會之團體。

2003.11.1 台灣首次舉辦同志遊行，主題為「看見同性戀」。從代表同志歷史地標台北新公園（二二八公園）集合出發，至另一個歷史空間西門町紅樓，約有近千人參加。活動屬第四屆台北同玩節系列活動之一，由承辦的台灣同志諮詢熱線協會號召同志社群響應。這是華人社會首見的同志遊行，引起國內外媒體關注報導。台北市議員王世堅於市議會質詢時批評台北市政府出資舉辦的活動不應有此「傷風敗俗」的同志遊行。第二屆台灣同志遊行開始，全由同志社群自行募款舉辦。

2004.3.27 台灣同志諮詢熱線協會家庭小組舉辦第一次「同志父母親人座談會」，提供同志父母瞭解同志子女的重要管道。此座談會至今已延續十多年固定舉辦，協助無數的同志父母瞭解同志子女。

2004 台中以勒團契正式聚會。

2004.5 台灣首個BDSM團體「皮繩愉虐邦」成立，倡議性別平等及多元情欲，後期亦從事多元情欲藝術展演。

2004.5.2 同光同志長老教會於義光教會舉行設立八週年禮拜，並舉行台灣第一位同志牧師之按牧禮拜，由四位台灣長老教會牧師共同為曾恕敏傳道師舉行封牧儀式暨就職。

2004.8 「拉拉手協會」成立，由一群社工心理背景的工作者創立，專門提供女同志成長、生活及交友服務。

2004.9 第五屆台北同志公民運動預算刪減至七十萬，舉辦蚊子電影院、同志文史藝術展、認識同志教師研習營。

2004.11.6 第二屆台灣同志遊行由同志團體組成的「台灣同志遊行聯盟」自籌經費主辦，以「喚起公民意識」為主題。隊伍於中正紀念堂集結，經景福門、凱達格蘭大道、二二八公園，最後到西門町紅樓。

2005.1.14 高雄成立「台灣人權派出所」，日後將受理警察違法侵犯人權的「報案」，目前已有台灣人權促進會、高雄市教師會、中華民國無障礙環境推廣會、人本教育基金會高雄分會、高雄市女性權益促進會等數十個團體。

2005 CQC中堅酷兒行動聯盟成立，並辦理迎新聚會、聯合影展以及酷兒舞會。

2005.3.2 彰師大同志社團「性酷社」正式向學校提出申請成立。

2005.5 「女同志媽媽聯盟MSN社群」成立，目的在凝聚女同志媽媽的認同，並提供計畫生育、成立家庭的女同志可參考的經驗及資訊。後來成立同志家庭權益促進會（同家會）。

2005.6 台灣同志諮詢熱線協會在高雄設置南部同志諮詢專線。

2005.8 淡江大學正式成立「男同性戀文化研究社」。

2005.10 社團法人台灣青少年性別文教會（簡稱「好性會」）成立，以尊重多元的精神，藉青少年、性與性別議題，進行文化、學術、教育上的交流。

2005.10.1 第三屆台灣同志大遊行，主題為「同心協力101」，地點在台北市東區。

2005.10.8 第六屆同志公民運動在台北西門町舉行，「彩虹Buffet」園遊會有二十個社團設攤，「愛的Kissy」男男女女親吻拍照，「好美麗戲院」《美麗少年》紀錄片放映。9月15日並舉辦「認識同志——教師研習營」。

2006.3.26 「女同志拉拉手協會」正式立案，成為第一個以女同志為名正式立案的全國性同志組織。

2006.6 第十屆女同志運動會雷斯盃因「生理性別為女性」成為明文資格限制，遭同志社團抗議，當屆主辦單位中部同心圓後來表示此規則不適宜，並且為此致歉。

2006.9.17 第七屆台北同玩節「當我們同在一起」系列活動揭幕，首度於台北市政府前升起彩虹旗，舊金山市長蓋文・紐森（Gavin Newsom）致函台北市長馬英九與承辦的性別人權協會祝賀並致贈彩虹旗。

2006.9.30 第四屆台灣同志遊行由台北松山菸廠遊行至華山藝文特區，遊行人數首次破萬人。該年主題為「一同去家遊Go Together」，同時舉行台灣首次公開的同志集團婚禮。由曾牧師證婚，作家許佑生、葛芮、律師王如玄、學者何春蕤、王增勇、立委鄭運鵬、市議員林奕華、戴錫欽等人共同為四對新人擔任證婚人。

2006.11 由台灣首位同志牧師曾牧師創立的同志主恩團契，正式成立並舉辦聚會。

2007.4.15 台灣同志諮詢熱線協會、性別人權協會參加由「樂生保留自救會」與「青年樂生聯盟」發起的「全台鬥陣挺樂生」大遊行。要求政府實現承諾，指定樂生院為古蹟，確保樂生院免搬遷。

2007.6 台灣第一個雙性戀社團「Bi the Way・拜坊」成立，期許凝聚雙性戀主體力量，與性少數團體合作，和主流社會展開溝通。分北中南三小組，並有由心理諮商專業成員組成的諮詢小組。

2007.9 「同志家庭權益促進會」成立，由「女同志媽媽聯盟MSN社群」重新定位後改組，關注視角擴展到更多元的同志家庭，包括人工生殖權、同志領養權等。

2007.10.13 第五屆台灣同志遊行主題為「彩虹有夠力」，一萬五千人參與，創歷年新高。天后張惠妹因長期支持同志、歌聲總是給同志最大支持力量獲選為台灣同志遊行首屆「彩虹大使」，張惠妹並於遊行終點舞台壓軸演出，全場振奮。參加遊行群眾在台北市東區的忠孝東路上，以人群拼出巨幅「彩虹地景」的歷史畫面。

2007.11.25 由高雄市政府主辦、台灣同志諮詢熱線協會及性別人權協會承辦的「港都彩虹」活動於電影資料館旁舉行。包括「彩虹港都論壇」、「彩虹市集」，十五個同志及性別團體共同參與。此活動由導演周美玲牽線促成，是高雄市政府首次由官方出資贊助的同志活動。

2008.1.6 真光福音教會創立，創辦人為張懋禛。是台灣眾多教會中，少數公開支持同志、支持婚姻平權的教會。在婚姻平權立法運動中，主任牧師張懋禛多次出席力挺。2019年4月30日婚姻平權大平台記者會上，張懋禛指出，同婚法案關心的是生命、是愛、是家庭，但很遺憾阻擋著法案的是基督教會，並給台灣社會帶來分離和爭端，反同法案不但無法真正保護弱勢的家庭和孩子，甚至利用民粹主義來打壓平權，以基督教為包裝，用錯誤的資訊讓大眾誤信是真理。反同教會提出違憲的法案不只違反憲政原則，也違反了基督教信仰的核心。

2008.8　台灣同志諮詢熱線與TG蝶園合作，成立跨性別「皓日專線」，提供跨性別社群諮詢服務，以協助處理跨性別者在生活中面臨的種種問題。

2008.9　台灣第一個身心障礙同志團體「殘酷兒」，在第六屆台灣同志大遊行上首度亮相。

2008.10.5　同志諮詢熱線協會老同小組創辦「彩虹熟年巴士」一日遊活動，每年二次，以適合中老年同志的行程，邀老大哥、老大姊參與。2020年因疫情暫停前，已經連續舉辦十二年，增進跨世代同志互相認識。

2008.11　「國際陰陽人組織——國際中文版」由陰陽人丘愛芝創辦，在第四屆國際陰陽人團結日推出，為國際陰陽人伙伴提供交流資訊平台。

2009.3.29　台灣同志諮詢熱線協會老同小組創辦「光陰的故事：彩虹三姝」講座。「光陰的故事」系列講座成為延續至今不定期講座，探討及分享各種生老病死議題。

2009.7.11　台灣同志諮詢熱線協會南部辦公室第一屆晚會於高雄國軍英雄館舉行。

2009.11　由娛樂單位女帝及台北女同志酒吧TABOO聯手推出「Miss Mr. 中性定調選拔」十二強見面會，以選秀方式企圖將中性女同志推至演藝圈。

2010.3　「熊學會」成立，由男同志熊族組成，支援各種弱勢性別平權運動。

2010.4 由聽障朋友及聽人共同發起舉辦「聽障同志聚會」，此活動由同志諮詢熱線協會、綠黨性別支黨部及米倉咖啡支持促成，提供聽障同志彼此認識與連結。首次活動二十五人參加，包括聽人及聽障同志、男女同志各半，年齡層從二十五至五十歲。

2010.9.18 首屆高雄同志遊行於高雄文化中心集合出發，終點中央公園。這是台北以外，台灣第二個舉辦同志遊行的城市。活動是高雄市第四屆同志公民運動，由民政局主辦，台灣同志諮詢熱線協會968南部辦公室承辦，吸引約三千人參與。葉永鋕媽媽陳君汝在終點舞台對參加者發表演說：「你們沒有錯！很多父母為了這種事覺得慚愧，等到孩子沒了，像我，這種就是無知。孩子們，你們要勇敢。天地創造了你們，一定有使命讓你們去爭取人權。要做自己，不要怕。我曾經誇過海口，我救不了我的小孩，我要救跟他一樣的小孩，我今天必須要站出來。」一席話令現場同志感動落淚。

2010.10 第八屆台灣同志遊行「投同志政策一票Out and Vote」在凱達格蘭大道前展開，為首次同志大遊行主題直接回應選舉及同志政策。參與人數三萬人再破紀錄。本次遊行的彩虹大使由歌手阿密特（張惠妹）擔任，這是她二度獲選為台灣同志遊行的彩虹大使，也是台灣同志遊行唯一兩度獲選為彩虹大使的公眾人物。

2011.5.21 由東華大學Rainbow kids同伴社發起的花蓮首次同志遊行「花蓮彩虹嘉年華」，這是台灣東部首見的同志遊行。

2011.7.8 亞洲第一個同志父母組成的「同志父母愛心協會」成立。創辦人郭媽媽希望能夠消除歧視、促進平權，致使不同性向的族群互相瞭解與尊重。

2011.9.24 第一屆「新竹彩虹文化祭」登場，由「GisneyLand風城部屋」發起舉辦。成為新竹地區每年固定舉辦的同志嘉年華活動（原定2020年9月26日舉辦的第十屆新竹彩虹文化祭，因疫情延至2021年9月25日舉辦）。

2011.10 台灣第一個殘障同志團體「殘酷兒展異團」（簡稱殘酷兒）正式立案，為結合殘障與同志雙重汙名的主體。

2011.10.14 台灣同志諮詢熱線協會親密關係小組為瞭解台灣女同志社群性愛經驗、價值觀、想像以及性保健知識，歷時三個半月，進行「拉子性愛一百問」之網路問卷調查。聚焦拉子性愛十大主題，包括性幻想、自慰、性經驗、性伴侶、安全性行為等，計一百題，為台灣目前最完整女同志性愛問卷，回收2,256份，有效問卷為2,219份。

2011.10.29 第九屆台灣同志遊行登場，回應該年度反同組織真愛聯盟對同志的歧視、打壓，主題定為「彩虹征戰　歧視滾蛋」。因參與人數日益增加，遊行路線首度採雙路線，六色大隊以「紅橙黃」、「綠藍紫」分兩條路線。參與人數五萬人。來自太魯閣族的原住民同志「咖啡」穿上傳統族服，首見穿族服參加同志遊行。

2011.12.10 台中「彩虹天堂」舉行「催生性別友善城市——從同志居住權侵害談起」公聽會，邀請律師許秀雯、台灣中社祕書長劉曜華、同志運動者賴正哲與談。針對彩虹天堂遭一中商圈「一中西門町社區管委會」排擠，明文在社區居民公約訂出「為了維護當地居民的安全與寧靜，不歡迎同性戀俱樂部進駐社區」條文，後來更施壓房東不准再出租。公聽會上討論同志居住權侵害的經驗與因應。對於彩虹天堂遭排擠，各社團及意見領袖也發表聲援彩虹天堂文章。

2011.12.17 由台中市性別團體及NGO組成的「中台灣同志遊行聯盟」舉行第一屆「中台灣同志大遊行」。這是中部第一場同志遊行，以「異同為愛站出來」為主題，號召同志及對同志友善的朋友參與。當天於台中公園集合出發，約有上千人參加。

2012.1 原「行政院婦女權益促進委員會」擴大為「行政院性別平等會」（簡稱性平會）。台灣性別人權協會祕書長王蘋擔任首屆性平會委員。

2012.3 原「彩虹天堂」因社區管委會排擠，遷至鄰近新址，更名為「台中基地——同志健康文化中心」。

2012.3.25 第一屆「當我們同在異起：同志與精神醫療研討會」於成大醫學院舉行，由成大學務處、成大醫學科技與社會研究（STM）中心、淡大國科會性別與科技規畫推動計畫共同主辦，台灣精神醫學會協辦。

2012.4 以多人家庭與彩虹生態集村實驗的農場「土拉客」籌備成立，為台灣首次以非血緣非親密關係為生產單位的女同志成家實驗。

2012.8.11 釋昭慧法師於弘誓學院為兩位女同志美瑜、雅婷主持婚禮，為台灣首次佛化同志婚禮。

2012.10.20 台灣同志諮詢熱線協會南部辦公室舉辦第一屆彩虹拉子巴士（後更名為「拉族巴士」），提供南部熟年女同志專屬交流管道。

2012.10.27 第十屆台灣同志遊行「革命婚姻——婚姻平權，伴侶多元」，參與者突破五萬人。遊行前，8月18日從高雄出發，展開一個月的「彩虹接力環島」活動，以宣傳「革命婚姻」主題，邀全台二十個社運團體與民眾自發性組織參與。

2013.4 台灣第一個性義工團體「手天使」成立。發起者包括多位同志在內、一群以實踐性權為理念的朋友，看見「性」對個人的重要，並看到台灣重度障礙者的欲望被綑綁、被傳統價值束縛而發起。

2013 台中基地正式立案為「社團法人台灣基地協會」。

2013.5.25 第二屆「當我們同在異起：同志與精神醫療研討會」於台大醫院國際會議中心舉行。由台灣同志諮詢熱線協會、台大醫院精神醫學部、台北榮總精神部、性別平等教育協會、淡大國科會性別與科技規劃推動計畫共同主辦。協辦單位包括：台灣精神醫學會、台灣心理治療學會、台灣兒童青少年精神醫學會、台大社會學系、教育部性別平等教育資源中心學校（羅東高中）。

2013.8.24 由台灣同志諮詢熱線協會開辦「芭樂小雞塊——青少年同志聚會」，透過固定舉辦的主題聚會，提供十二至二十歲非異性戀青少年一個安全、自在討論自身議題的聚會。

2013.10 台灣同志諮詢熱線協會跨性別小組過去固定每兩個月舉辦一次跨性別聚會，讓跨性別朋友交朋友、分享心路歷程、彼此學習和陪伴。隨著參加的跨性別朋友逐漸成長，跨性別聚會增加為每月一次，並且舉辦了第一次「跨父母下午茶」，讓跨性別者的父母與子女有機會互相瞭解、進行對話。

2013.10.26 當年同志遊行主題為「看見同性戀2.0」，主辦單位雖解釋主題含意並非只關注同性戀，但跨性別社群長久以來既存的紛爭與磨擦，使原本能見度就不高的跨性別更不被突顯。來自同志諮詢熱線協會的雙性戀和跨性別們，在同志遊行前一天，自發地主辦了「大BITch小遊行」，要讓所有的BIT（Bisexual-Intersex-Transgender，雙性戀、陰陽人、跨性別）被看見。

2013.12 性別人權協會、中央大學性／別研究室、苦勞網共同主辦「想像不家庭」座談會，針對爭取同志婚姻合法化的運動趨勢提出檢討與批評。

2014.4 台灣同志諮詢熱線協會開辦「彩虹台灣手語班」，提供更多聽人瞭解聾人文化。

2014.4.25 長老教會總會在年會中以臨時動議通過被視為「反同婚」的牧函，堅持婚姻應是「一男一女的結合」。引發教會青年信徒不滿，認為如此重大文件怎可未經討論，草率以臨時動議通過，於是組成「青年陣線」，成員不乏來自長老教會信仰家族的第四代、第五代。「長老教會青年陣線」集結超過六百份連署向總會表達抗議，並募資向《台灣教會公報》買廣告、刊登自行製作的說帖，傳達對此牧函的憤怒與不滿，未料出報前一天臨時被告知「不予刊登」。署名發布此反同牧函的是：長老教會第59屆總會議長羅仁貴、總會總幹事林芳仲。

2014.10.22–2014.10.23 台灣同志諮詢熱線協會舉辦「多元性別實務工作與對話——華語國際研討會」。促成華語地區多元性別工作領域伙伴交流與討論。

2014.10.25 第十二屆台灣同志遊行「擁抱性／別　認同差異」，參與人數六萬五千人。

2014.12 台灣同志諮詢熱線協會南部辦公室為服務南部女同志社群推出「嫚拉蕾」系列活動，包括：講座、團體聚會、讀書會、成長工作坊。

2014.12 台灣同志諮詢熱線協會南部辦公室舉辦無資源同志聚會，服務在地的青少年同志、熟年同志、跨性別同志。

2015.1 台灣同志諮詢熱線協會推出「地方的同志，需要您！——同志資源送偏鄉募資方案」，透過集體募資平台，為非都會地區、非台北地區的服務募集經費，將各種服務社群的講座、演講等推廣至全台灣各地。

2015 台中基地成立「好窩——女同志社區中心」，為台灣第一個女同志專屬社區中心。

2015.5.17 第一屆「台南粉紅點」由成大性平會主辦、性別友善社團TO・拉酷社協辦。後續交棒轉由TO・拉酷社持續主辦。

2015.5.30 由「校園同志甦醒日」主辦的第一屆「台灣粉紅點」，以「異同靠近點，野餐粉紅點！」為主題於華山大草原舉辦。

2015.7 台灣同志諮詢熱線協會成立「非典型親密關係團隊」。

2015.10.28 第六屆國際同志聯合會亞洲區域雙年會（ILGA-Asia Conference）在台北開幕，為期三天。此為亞洲區最大國際同志會議，首度於台灣舉行，由台灣同志諮詢熱線協會主辦。來自超過三十個國家的民間團體共同分享各自的運動實踐經驗與困境。

2015.11 台灣同志諮詢熱線協會首創「同志父母諮詢專線」，每週二、四，由多位同志父母義工以過來人經驗，提供同志父母求助者線上服務。

2015.12.26 第一屆彩虹台南遊行登場。這是台南第一次同志遊行，由關注環保／公益／性別平權等社會議題的「能盛興工廠」舉辦。

2016 台灣同志諮詢熱線協會舉辦第一次「原住民同志聊天會」，由義工「咖啡」擔任召集人。

2016.1 台灣同志諮詢熱線協會跨性別小組於臉書成立「熱線跨性別小站」，採申請方式加入。

2016.4.30 台灣同志諮詢熱線協會跨性別小組舉辦「跨性別巴士」，這是台灣首次為跨性別朋友舉辦出遊活動。

2016.8.1 天后張惠妹號召下，眾藝人包括：蔡依林、田馥甄、蕭敬騰、蕭亞軒、A-Lin、小S、羅志祥、楊丞琳、蘇打綠、林憶蓮、阿信、瑪莎、Hush、劉若英、家家等於小巨蛋舉辦「愛最大・其實我們都一樣！婚姻平權公益演唱會」，力挺婚姻平權。

2016.11.23 一名男同志網友於臉書上發出其二十七歲兒子撰寫文章，寫出單親男同志爸爸扶養孩子的家庭生活，包括曾面對議論及歧視。這位兒子以親身經歷告訴大眾，同志家庭和一般家庭一樣快樂，希望各界停止攻擊及誤解同志家庭。貼文感動許多人，超過七萬人按讚，一點二萬人分享。

2016.12.30 台灣世界展望會（台灣世展）發聲明反駁網路傳言，台灣世展宣稱：「不雇用同志是美國世展會立場，否認台灣世展有任何歧視同志行為」。政大社工所教授王增勇在個人部落格發表〈那一年，我因為同志身分被迫請辭世展會董事〉，揭露台灣世展謊言。王增勇指出，2008年受聘為台灣世展董事，當年9月被董事會要求辭職，理由竟是「董事對外代表世展應保持純潔形象」。王增勇說，這是生平第一次因同志身分而遭歧視，他怒寫了一封三千字辭職信，告訴台灣世展這是歧視同志。

2017.1 台灣同志諮詢熱線協會「花蓮小團隊」成立，固定在花蓮舉辦聚會。

2017.9.24 花東彩虹嘉年華台東場登場。這是台東首見的同志遊行。

2017.12.25 位於台北市杭州南路、曾是台北人氣最旺的Gay bar——Funky宣布停業。90年代開始引領風騷超過二十年的Funky由賴二哥創立，週末夜的恰恰時間曾是台北男同志酒吧的特有文化，Funky被視為台灣同志夜店聖地。後來幾經轉手，人氣不再。

2018.2.22 衛福部發布函釋，確定禁止「性傾向扭轉治療」。衛生福利部醫事司司長石崇良表示，不論世界精神醫學會、聯合國人權理事會或世界衛生組織等都認同性傾向、同性戀並不是疾病，任何宣稱可以扭轉性傾向的治療都是不被科學或醫學認可的治療方式。

2018.3.18 高雄市性別公民行動協會成立，該協會計畫培訓性別繪本志工，透過志工進入校園、社區，致力為平等與多元種下種子。主任籌備委員劉育豪期許透過成立協會，和高雄在地性別運動團體與婦女運動組織合作，深耕高雄進步價值。

2018.5.21 針對《天主教週報》491期將於5月28日刊出〈狄剛總主教給教會的一封公開信〉指責露德協會「子機構『台灣基地協會』鼓勵年輕人從事約炮性愛、三溫暖雜交、雙性戀、多P濫交、性虐待，以及倡導同志文化、支持同志運動。露德知音電台倡議愛滋感染者性權（反對《愛滋條例》21條），以及介紹娛樂性用藥（毒品）和如何對付警察臨檢」。譴責露德協會不合乎天主教信仰及中華倫理文化的作為，呼籲信徒莫被欺瞞。露德協會發表聲明澄清，一、台灣基地協會已於2013年獨立，非露德協會子機構；二、露德知音廣播絕無鼓吹違法使用毒品，對節目斷章取義曲解原意讓人遺憾；三、對藥癮者的認識與接納不應被曲解為鼓吹藥物濫用與性濫交。聲明也表示，狄剛總主教從露德協會成立以來長期支持，亦有密切聯繫、交流，而今住院無法會客，未能與本人取得聯繫，對公開信內容震驚與遺憾。

2018.5.26 第一屆宜蘭驕傲大遊行登場。這是宜蘭第一次同志遊行。

2018.6.9 台灣同志諮詢熱線協會成立廿週年，舉辦「20週年義工同學會」，現場三百多位過去、現在的義工參與。7月15日熱線與周美玲導演、用力拍電影公司合作，推出六支熱線20系列短片，回顧熱線二十年來關注的議題。7

月15日熱線二十年募款晚會首次在TICC（台北國際會議中心）舉行。

2018.12.15 首屆「ADJU阿督音樂節」於屏東縣三地門地磨兒國小操場舉行。ADJU（原住民多元性別）音樂會，希望藉由音樂消弭對ADJU的偏見歧視、撫慰受傷的心靈與關係、建立性別友善環境、支持ADJU多元發聲。原住民多元性別聯合陣線（Colorful Wi）團長，也是阿督音樂節創辦人的董晨皓（Remaljiz Mavaliv）表示，「同志的叫法太漢人了，在排灣族部落我們都叫『阿督』（Adju）。」（阿督原是排灣族女性友伴間的相互稱呼，似中文「姊妹」之意。部落中性別氣質不符合主流的生理男性、男同志或跨性別也會挪用以阿督相互稱呼。）

2019.4.14 第一屆「嘉義彩虹生活節」於嘉義文化創意園區舉行。3月開始舉辦系列活動：五場述說各行各業彩虹故事的「彩虹生活講座」、二場繪本說故事及手作「親子活動」、「彩虹店家串連」、六十個支持性別平權的在地品牌及NGO團體參與的「彩虹生活市集」。活動期間獲得一百零一間在地店家響應支持，願意張掛彩虹旗。

2019.5.11 第一屆「苗栗愛轉來平權遊行」登場。這是苗栗第一次同志遊行。

2019.9 台灣原住民同志聯盟（原同盟）成立。同年台北的同志遊行有超過二、三十名原住民同志聯盟的朋友一起上街。

2019.9.25 台北市於西門町徒步區漢中街地面設置13.2公尺長的永久性彩虹地景。

2020.3 「台東縣同寮協會」立案。立案前，「同寮」伙伴從2017年就開始持續深入台東在地的社區、學校，進行性別平權演講，舉辦台東同志遊行、彩虹市集、講座，並連結在地議題性社團，致力耕耘在地多元性別平權運動。

2020.5.1 婚姻平權大平台正式立案，更名為「社團法人彩虹平權大平台協會」。

2020.5.15 彩虹平權大平台舉辦「同婚一週年，大家接受同志了嗎？」社會態度研究調查記者會，執行長呂欣潔表示，透過民調為立案後的組織目標「邁向多元共好的台灣」提供數據基礎。調查期間：4月29日到5月2日，調查對象：全台年滿十八歲民眾，有效樣本：一千零八十六人。調查顯示，92.8%表示同婚通過對個人沒有造成影響；針對同婚通過未完成事項，53.8%支持跨國同婚，56.8%支持同志收養小孩，42.1%支持同志透過人工生殖生育下一代。同事／同學、上司／老師或醫生、親戚是同志的接受度都有超過6成5，不到5成接受自己小孩是同志。對於自己小孩在學校學習同志課程，接受度高達5成3，30至39歲接受度67.6%，40至49歲接受度55.1%。

2020.6.27 「高雄同志大遊行」加入「國際驕傲組織」（InterPride），參與「全球驕傲（Global pride）」線上全球同志大遊行活動，排灣族歌手阿爆代表高雄和台灣演出。首次舉辦的「全球驕傲」線上同志大遊行，超過一百個主辦團體，當日進行二十四小時線上活動。

2020.9.5 第一屆桃園彩虹遊行於桃園市政府前出發，遊行至朝陽森林公園。當天雙主場同時舉辦第七屆「桃園彩虹野餐日」。主辦單位為舉辦多屆「桃園彩虹野餐日」的在地志工團隊。

2020.10.26 中華民國陸軍在官方的臉書粉絲頁貼出陸軍聯合婚禮貼文，其中包括陸軍少校王翊和配偶孟酉玫的照片。這是我國軍方的官方媒體首見同志婚禮的訊息。

2020.12.19 第一屆雲林彩虹遊行在斗六人文公園登場。參與者包括：十八個性別友善團體，在地青年團體「肥皂箱公民教育協會籌備會」，以及千名來自全台各地LGBT支持者現身斗六街頭。籌備期有六十三間在地性別友善商家願意張貼活動海報，分別在斗六市、虎尾鎮、西螺鎮展現對多元性別朋友的支持。

2021.8.17 東京奧運獲羽球男雙金牌的李洋、王齊麟，不但以高超球技贏得比賽，也因大方展露對同性搭檔真情，打破傳統男性刻板化陽剛氣質，吸引球迷圈粉。返國後，麟洋經紀人吳宜倫遭公布，曾以家長會聯合會長身分反同。吳宜倫貼文辯解：「我自己這麼多同志朋友，為何要反同。我反的只是那些無理的要求。」貼文再引發爭議。過往反同事蹟一一被揭露：吳宜倫曾於2016年12月4日召開記者會，批評性教育不適當、抗議同志教育，一同召開記者會的包括反同人士曾獻瑩。而曾與吳宜倫在台北市女性權益相關會議一起開過會的鄭智偉指出，吳宜倫在會議中，只要與性平教育、跨性別權益、同婚相關議題一律反對，無任何理性溝通討論意願。媒體報導，台北市性平會開會，吳宜倫以家長會聯合會會長身分，偷渡不是性平委員的反同人士曾獻瑩進會場發言。

參考及引用來源

- 第一屆台北同玩節「台北同志國際論壇」，喀飛：〈台灣同志運動十年回顧〉附錄十三——台灣同志運動大事紀（2000年9月4日）
- 《2007認識同志手冊》（台北市民政局主辦、性別人權協會承辦台北同玩節製作）「同志運動大事紀」（喀飛整理）
- 《台灣同志諮詢熱線協會20週年專刊》（2019年）「熱線大事紀」（喀飛整理）
- 《以進大同——台北同志生活誌》（2017年11月，台灣文學發展基金會出版，邱怡瑄主編）陳韋臻整理「台北同志組織、集結、運動年表」（P.112-126），邵祺邁整理「台灣同志文學年表（1961-2017）」（P.127-136）
- 《揚起彩虹旗：我的同志運動經驗1990-2001》（2002年9月，心靈工坊，莊慧秋主編）附錄一：台灣同志平權運動大事紀（P.256-268）
- 蔡雨辰：【女同志書寫】專題——關於1990年代的同志運動六篇（2019年5月20日，《典藏》）
- 臉書「一次重訪台灣同志汙名史的邀請」（沃時文化）網頁
- 2013年中台灣同志遊行「同志歷史牆」展出文稿（彥慶整理）
- 彩虹平權大平台官網
- 台灣伴侶權益推動聯盟官網
- 黃道明主編《愛滋治理與在地行動》（中央大學性／別研究室，2012年11月）附錄一：台灣愛滋大事紀（宋柏霖、張文文、黃道明製作）
- 愛滋感染者權益促進會官網
- 台灣露德協會官網

台灣同運三十
一位平權運動參與者的戰鬥發聲

作　　者　喀飛
選　　書　陳慶祐

編輯團隊
封面設計　陳恩安
內頁排版　高巧怡、陳恩安
責任編輯　何韋毅
特約主編　孫梓評
總 編 輯　陳慶祐

行銷團隊
行銷企劃　陳慧敏、林瑀
行銷統籌　駱漢琦
業務發行　邱紹溢

出　　版　一葦文思／漫遊者文化事業股份有限公司
地　　址　台北市松山區復興北路331號4樓
電　　話　(02) 2715-2022
傳　　真　(02) 2715-2021
服務信箱　service@azothbooks.com
漫遊者書店　www.azothbooks.com
漫遊者臉書　www.facebook.com/azothbooks.read
一葦文思臉書　www.facebook.com/GateBooks.TW
劃撥帳號　50022001
戶　　名　漫遊者文化事業股份有限公司

發　　行　大雁文化事業股份有限公司
地　　址　台北市松山區復興北路331號11樓之4

初版一刷　2021年10月
定　　價　台幣550元
ＩＳＢＮ　978-986-99612-6-4

國家圖書館出版品預行編目 (CIP) 資料

台灣同運三十：一位平權運動參與者的戰鬥發聲／喀飛著.-- 初版.-- 臺北市：一葦文思，漫遊者文化事業股份有限公司出版：大雁文化事業股份有限公司發行，2021.10
384 面；17×23 公分
ISBN 978-986-99612-6-4（平裝）
1. 同性戀 2. 性別平等 3. 社會運動史 4. 臺灣
541.45　　110014626